Ellas y nosotras

Estudios lesbianos sobre literatura escrita en castellano

Ellas y nosotras

Estudios lesbianos sobre literatura
escrita en castellano

Elina Norandi (coord.)

BARCELONA - MADRID

© Elina Norandi, 2009

© Editorial EGALES, S.L., 2009
Cervantes, 2. 08002 Barcelona. Tel.: 93 412 52 61
Hortaleza, 64. 28004 Madrid. Tel.: 91 522 55 99
www.editorialegales.com

ISBN: 978-84-92813-09-4
Depósito legal: M-49208-2009

© Ilustración de portada: *Complements* de GG Kopilak. Getty Images

Diseño gráfico y maquetación: Cristihan González

Diseño de cubierta: Nieves Guerra

Imprime: Top Printer Plus. Pol. Industrial Las Nieves.
   c/ Puerto de Guadarrama, 48. 28935 Móstoles (Madrid)

Cualquier forma de reproducción, distribución, comunicación pública o transformación de esta obra sólo puede ser realizada con la autorización de sus titulares, salvo excepción prevista por la ley. Diríjase a CEDRO (Centro español de derechos reprográficos, www.cedro.org) si necesita fotocopiar o escanear algún fragmento de esta obra.

ÍNDICE

Prólogo: Ellas y Nosotras, un diálogo a dos
ELINA NORANDI.. 9

1. Retratos en sepia: las imágenes literarias de las lesbianas a principios del siglo XX
ANGIE SIMONIS... 13

2. Identidad lesbiana: ausencia y presencia en la poesía de Gloria Fuertes
ELENA CASTRO... 37

3. Cuerpos poéticos. Erotismo y subversión en la poesía de Cristina Peri Rossi
NORA ALMADA.. 53

4. La cama donde te imaginas o la poética de Concha García
MARÍA CASTREJÓN 75

5. Materias sex/textuales. Deseo, cuerpo y escritura en la obra narrativa de Flavia Company
MERI TORRAS... 97

6. Feminismo, genealogía y cancelación del patriarcado en las novelas de Isabel Franc-Lola Van Guardia
ELINA NORANDI... 115

7. Dos cabalgan juntas: reescritura y militancia en la narrativa de Jennifer Quiles
MARÍA ÁNGELES TODA IGLESIA... 133

8. Con voz propia y sin complejos: el desarrollo de la identidad lesbiana en la obra de Libertad Morán
JACKIE COLLINS 151

9. Construyendo una tradición poética lésbica y de «otras rarezas» en Sudamérica
VIOLETA BARRIENTOS 167

10. Índice bibliográfico de literatura lesbiana en lengua española
THAIS MORALES 179

11. Una selección bibliográfica sobre teoría y crítica lesbiana
ELINA NORANDI 187

PRÓLOGO
ELLAS Y NOSOTRAS, UN DIÁLOGO A DOS
Elina Norandi

La idea de realizar este libro nació vinculada a mi asistencia durante años a congresos internacionales sobre literatura y cuestiones de género, presentando ponencias y comunicaciones relativas a la producción cultural lesbiana. En estos espacios, y de manera cada vez más frecuente, fui coincidiendo con otras mujeres que también estudiaban este tema. Así tuve la fortuna de escuchar charlas interesantísimas sobre la obra literaria de escritoras que yo leía y me encantaban pero de las que, cuando investigaba o escribía sobre ellas, apenas encontraba referencias bibliográficas. De esta manera, fui constatando que existía un número considerable de profesoras y críticas literarias que estaban investigando sobre la representación del deseo lesbiano, pero que aún no habían publicado su trabajo más allá de revistas especializadas o actas congresuales. Al ir entrando en contacto con ellas, y después de muchas charlas e intercambio de opiniones sobre sus trabajos e intereses, el proyecto de publicación comenzó a tomar forma.

Desde un primer momento me pareció que era importante delimitar el contenido del libro a la literatura escrita en castellano, porque sobre literatura lesbiana anglosajona, por ejemplo, se ha escrito muchísimo; de hecho, la mayoría de las referencias teóricas y hermenéuticas con las que trabajamos las investigadoras de nuestro país proceden de ese ámbito. Y la falta de análisis críticos se detecta tanto en el Estado Español como en los países latinoamericanos. De hecho, una de las finalidades de esta compilación es poner en contacto algunas de las obras e investigaciones que se están llevando a cabo a ambos lados del océano. Si bien es cierto que en Latinoamérica, debido a circunstancias editoriales y económicas, se está más al día de lo que hacemos aquí, en España nos perdemos conocer muchas de las escritoras y poetas interesantísimas que se encuentran allí, así como difícilmente nos llega el trabajo de investigación que sobre teoría y crítica feminista se está formulando. No obstante, en este sentido, este libro no hace más que dar un paso muy pequeño en una tarea enorme de la que queda mucho por hacer, y tenemos la esperanza de que no se haga esperar mucho.

Se trata pues de compilar una serie de ensayos críticos sobre literatura en castellano. En ningún momento este libro pretende continuar con la tan traída y llevada polémica de qué es la literatura lesbiana, si existe o no, etcétera; nuestra posición tiene más que ver con la necesidad de hablar de aquella escritura que nombra el deseo lesbiano, que lo hace simbólico y visible, sin entrar en cuestiones identitarias que limiten la potencia de ese deseo. Pero sí que nuestro punto de partida es claro: escribimos sobre literatura utilizando como marco interpretativo la teoría feminista lesbiana que, a estas alturas, por suerte, ya supone un *corpus* teórico lo suficientemente amplio como para que cada autora pueda expresar sus puntos de vista de una manera plural. Así los lectores encontrarán poesías, novelas y cuentos interpretados a la luz de la política de la diferencia sexual o de la teoría *queer*, por ejemplo, sin olvidar las muchas referencias al pensamiento de Adrienne Rich y de otras autoras que ya podríamos considerar como clásicas.

En cuanto a la elección de las escritoras a estudiar, hemos procurado que en su mayoría fueran autoras sobre las que aún no se han publicado ensayos interpretativos, bien porque todavía no han sido suficientemente investigadas, bien porque aún no son muy conocidas. El hecho de que se escriban y publiquen ensayos críticos sobre autoras emergentes o poco conocidas contribuye a difundir y cualificar la literatura sobre la experiencia lesbiana, así como a estimular la propia creación literaria.

Sin embargo, por encima de todo, un libro que nace de la relación intelectual entre mujeres, que habla de las inagotables formas de expresión que las relaciones entre mujeres adquieren en las palabras de otras, quería continuar poniendo el énfasis en este aspecto relacional, y debido a esto la estructura y el contenido de la presente compilación se han basado en el diálogo establecido entre la obra de una escritora y la mirada de una investigadora. En ocasiones, cuando ha sido posible, este diálogo ha tenido formas más personales, pues algunas de las autoras hemos tenido la suerte de entrevistarnos con la escritora escogida, y la mirada con la que hemos indagado en su obra, seguramente, haya nacido en nuestra propia vida, fruto de nuestras propias vivencias. Así pues, de este diálogo rico y fecundo entre ellas y nosotras nace este libro que ustedes, ahora, han escogido leer.

Esta compilación de ensayos se inicia con un capítulo introductorio realizado por Angie Simonis, que nos habla de la literatura producida en las primeras décadas del siglo XX, cuando las obras que trataban el tema de las relaciones de amor y deseo entre mujeres lo hacían desde las teorías que formulaba la ciencia de entonces. En esta época, además, resulta muy difícil encontrar escrituras desde la existencia lesbiana, puesto que las lesbianas eran fundamentalmente objeto de la literatura. Simonis analiza obras de Carmen de Burgos, Ramón Gómez de la Serna y Ángeles Vicente, entre otros.

Seguidamente, Elena Castro, profesora de la Universidad de Louisiana, ha preparado un ensayo sobre la poesía de Gloria Fuertes. Nos hace especial ilusión presentar este trabajo, puesto que prácticamente no se ha escrito nada sobre el pensamiento lesbiano de esta autora y nos parecía ya imprescindible emprender esta tarea. Por este motivo es un texto que, estoy segura, resultará pionero en los estudios sobre Fuertes, al mismo tiempo que su inclusión en este libro constituye un tributo a su vida y su obra.

Nora Almada, poeta, ha elegido hablar de Cristina Peri Rossi. Precisamente el trabajo de esta escritora uruguaya es el que, sin duda, más se ha estudiado y analizado desde diferentes perspectivas, pero siendo su obra tan vasta y abundante, los aspectos a interpretar se nos antojan inagotables. Almada ha escogido algunos poemas de su trayectoria, que va desde *Evohé* (1971) hasta *Estrategias del deseo* (2004), para hablar de los múltiples significados que el cuerpo de mujer —los cuerpos de las mujeres— adquieren en la obra de Peri Rossi, fijándose, sobre todo, en la carnalidad y el erotismo con que se teje esta poesía.

Continuando con la poesía, María Castrejón entabla un diálogo con la escritura de Concha García, indagando en el entramado simbólico, la noción de tiempo, el lenguaje de los sueños y la mitología doméstica que esta autora elabora en sus textos poéticos. Castrejón emplea categorías formuladas en el ámbito del pensamiento de la diferencia sexual para explicar también el deseo del mismo sexo en la novela de García *Miamor.doc*, recientemente reeditada por la Editorial Egales. Un estudio que nos hará ver la obra de esta escritora con ojos nuevos.

Meri Torras ha escogido examinar algunos textos de Flavia Company: la novela *Melalcor* y, fundamentalmente, sus últimas publicaciones, incluidos algunos cuentos de la compilación *Con la soga al cuello*. La autora, profesora en la Universitat Autónoma de Barcelona, ya ha escrito varios ensayos sobre esta escritora, teniendo muy en cuenta aquellos aspectos susceptibles de ser vinculados a la teoría *queer* y a la performatividad del yo, así como a la representación de la existencia lesbiana.

Elina Norandi se ha centrado en las novela *Las razones de Jo,* de la escritora Isabel Franc, y en la trilogía que escribió bajo el pseudónimo de Lola Van Guardia. La autora ha reflexionado sobre la elaboración de la genealogía femenina que lleva a cabo Franc en su obra, así como sobre la creación de un entramado de personajes lesbianos que se han constituido ya en modelos para las generaciones más jóvenes. La negación del patriarcado y el uso tan particular del lenguaje que practica esta novelista son otros de los puntos de análisis.

A continuación, María Ángeles Toda Iglesia, profesora de la Universidad de Sevilla, ha realizado una nutrida interpretación de los cuentos de Jennifer Quiles y de la novela que la autora dejó inacabada al fallecer prematuramente, *Rápida Infernal*. La autora estudia cómo en esta obra Quiles lesbianiza un género tan tradicional como las películas del oeste, al mismo tiempo que analiza los paralelismos trazados con la serie *Xena, la princesa guerrera* en un ensayo que, a partir de ahora, nos consta resultará imprescindible.

Jackie Collins ha elegido estudiar la narrativa de Libertad Morán, principalmente sus dos primeras novelas, *A por todas* y *Mujeres estupendas*, realizando un capítulo que consideramos absolutamente precursor en los estudios sobre esta escritora. La profesora de la Universidad de Northumbria profundiza en los aspectos más sociológicos de estas obras, analizando unos personajes que no escatiman críticas ni reflexiones sobre las mil formas de vivir el lesbianismo hoy, así como los recientes cambios legales ocurridos en el Estados Español y que afectan directamente a la experiencia homosexual.

Por último, la poeta peruana Violeta Barrientos ha desarrollado en su capítulo un recorrido fascinante por la obra de diversas poetas latinoamericanas que indagan en sus obras en el deseo del mismo sexo, vinculándolas estrechamente a sus contextos. Se trata de autoras cuya obra aún no está muy difundida en España, por lo que creemos que este ensayo constituirá una importante aportación para el conocimiento de estas poetas, así como un punto de partida para investigaciones posteriores.

El libro se cierra con dos selecciones bibliográficas, la primera realizada por la escritora Thais Morales, que ofrece una relación de títulos tanto de prosa como de poesía, prestando especial atención a las obras de autoras aún no muy conocidas, así como a las de escritoras latinoamericanas prácticamente ignotas en Europa y cuyo descubrimiento será para muchas una enorme alegría. Por lo que respecta a la relación de libros, capítulos y artículos de revistas académicas sobre teoría y crítica lesbiana, se ha intentado recopilar la mayor cantidad de material posible, con la intención de suministrar una herramienta útil a futuras investigaciones sobre literatura y cultura lesbianas.

Finalmente, quisiera añadir unas palabras de agradecimiento a todas las autoras por su inestimable colaboración, así como a las editoras por su amoroso apoyo y constante confianza durante el proceso de elaboración de este libro.

1. RETRATOS EN SEPIA: LAS IMÁGENES LITERARIAS DE LAS LESBIANAS A PRINCIPIOS DEL SIGLO XX
Angie Simonis

Que no se conozca apenas la presencia histórica de las lesbianas en España no significa que no exista, sino que no se ha investigado. De hecho, en el terreno literario al menos, hay un principio desde el que partir, mientras que en otros campos artísticos la ausencia es mucho más flagrante. Disponemos de unos cuantos ejemplos que pueden servir de base para reconocer otros que probablemente estén ocultos y que nos conduzcan a sacar a la luz la posible presencia de mujeres que han amado o sentido atracción por otras mujeres. Si bien no hay muchos casos de lesbianas reales (autoras), sí los hay de lesbianas dibujadas como personajes literarios; podemos presuponer entonces que en todo acto literario hay una reciprocidad entre los elementos fruto de la ficción y los elementos reales. Desentrañar cuáles son los elementos que en una ficción narrativa se han tomado de la realidad y cuáles son creaciones imaginarias puede ser un primer paso para reconstruir el pasado lesbiano en España. Recurrir a la literatura se convierte, de esta forma, en un prometedor comienzo del rescate, hasta ahora soslayado, de la tradición lesbiana, y nos permite inquirir una gran variedad de interrogantes, entre los que yo planteo los siguientes: ¿Ha habido o no escritoras lesbianas conocidas? Y, si las ha habido, ¿cómo eran, cómo vivieron su condición de lesbianas? ¿Escribieron textos lesbianos o se amoldaron a las escrituras heteronormativas? Y si los escribieron, ¿cómo eran estos textos? ¿Cómo plasman los escritores o las escritoras la experiencia lesbiana desde el punto de vista del objeto? ¿En qué grado se aproximan o se alejan de los que han elaborado las propias escritoras lesbianas?

Basándome en los estereotipos utilizados en la literatura para construir la imagen objeto de «la lesbiana», sugiero mi teoría del «contraestereotipo»[1],

---

1. El contraestereotipo se puede definir como una estrategia literaria para reflejar la realidad e intentar anular o atenuar la ficción que invisibilizaba y negaba a las lesbianas con estereotipos y tópicos.

emitido en este caso desde la perspectiva del sujeto, y por medio del cual se han podido mostrar paulatinamente sus experiencias vitales hasta desvelar del todo sus identidades (Simonis, 2008: 233-239).

Mi exploración del estereotipo desde disciplinas ajenas a la crítica literaria (como son la psicología y la sociología), desde el ámbito de los estudios de género y desde el de la teoría *queer,* me sirve para determinar el alcance de éste en la visión generalizada de la sociedad española ante el colectivo lesbiano: determina un estereotipo público y tradicional, basado en simplificaciones y generalizaciones que han permanecido inalterables a lo largo del tiempo y que apenas se han cuestionado desde espacios ajenos al propio lesbianismo. Este estereotipo contribuye a la propagación de prejuicios y a la continuidad de su discriminación histórica. El estereotipo negativo manejado socialmente se puede articular en torno a dos dualidades que han determinado el imaginario histórico sobre el lesbianismo:

- El de la lesbiana masculina, imitadora del comportamiento y la apariencia de los hombres, que presenta como su opuesta/compañera a la lesbiana femenina, extremo de la delicadeza, pasividad y dedicación a su pareja/opuesta, reproduciendo la dicotomía heterosexual de los roles de género (la pareja *butch/femme* en el lenguaje de la teoría feminista lesbiana).
- El de la lesbiana como objeto altamente sexualizado o producto de la pornografía, que practica el sexo con otras mujeres para deleite del varón heterosexual, frente a su opuesta, la lesbiana como ser asexuado o, como variante de ésta, la insatisfecha sexualmente que no ha tenido la oportunidad de disfrutar de los «verdaderos» placeres con un hombre.

Existe en la literatura de mujeres en España una primera fase de imitación de la cultura dominante, donde el elemento primario para describir la experiencia lesbiana es el estereotipo negativo, y donde he rastreado débiles intentos de contraestereotipación. La lesbiana[2] es descrita como un objeto carente de identidad propia.

Empiezo mi análisis con la mención de textos donde se encuentran experiencias lésbicas, desde el punto de vista del objeto, con novelas de finales del siglo XIX en las que se describe una lesbiana fruto de la desviación o inversión de la naturaleza y se indaga sobre las causas patológicas de la homosexualidad. Otro tipo de novelas son las que la crítica literaria clasifica como eróticas, que refuerzan los estereotipos negativos de la lesbiana, casi siempre en la vertiente de objeto sexual y que parten de la pluma masculina. Existen excepciones, con un tratamiento más serio y menos tópico del lesbianismo, como las de *La*

---

2. Cuando nombro a «la lesbiana» en singular no pretendo restringir el concepto a una visión esencialista de su identidad, sino que me refiero a la figura que evoca este concepto como ente convertido en tópico por el discurso heteronormativo y tradicional, que sí remite a una visión unívoca y limitadora, a la que precisamente aspiro subvertir en mis investigaciones.

quinta de Palmyra (1923) de Ramón Gómez de la Serna, en la que se sugiere por primera vez en la literatura que la orientación sexual lesbiana puede ser una elección, adelantándose medio siglo a las ideas de Adrienne Rich. Esta novela sirve de contrapunto a la novelística de Carmen de Burgos, conocida popularmente por su seudónimo *Colombine,* que en el tema del lesbianismo se decanta por la perspectiva de la denuncia social y refleja en sus novelas los dos estereotipos negativos descritos. Aunque está sobradamente demostrado el talante progresista de *Colombine,* en lo referente a su postura totalmente moderna y avanzada para las mujeres de su época, no se advierte esto respecto a la homosexualidad, ya que no he encontrando en sus novelas ningún retrato positivo, ni femenino ni masculino respecto a la diversidad sexual.

La novela de la época que más se acerca a la tradición lesbiana es *Zezé* (1909), de Ángeles Vicente, donde se nos brinda un retrato totalmente sorprendente y una visión nada estereotípica sobre las relaciones homoeróticas entre mujeres. Esta novela es la prueba temprana de que las estrategias contra el estereotipo social comenzaron casi simultáneamente a la creación de éste mismo por parte de la cultura hegemónica, aunque no tuvieran la misma suerte de difusión ni de influencia mediática.

Antes de las teorías de Krafft-Ebing en *Psychopathia Sexualis* (1886) sobre las causas patológicas de la homosexualidad, se dieron otros intentos «científicos» para explicar el origen de lo que entonces se considera como una desviación o inversión de la naturaleza. El testimonio más antiguo de estas tendencias en la narrativa lo he encontrado en una novela de 1866, *La Condesita*, de Francisco de Sales Mayo[3], donde se desarrolla la curiosa y obsoleta teoría frenológica de Franz J. Gall, según la cual se afirmaba poder determinar el carácter y los rasgos de la personalidad, así como las tendencias criminales, basándose en la forma de la cabeza. Se titulaba: *Anatomía y Fisiología del sistema nervioso en general y del cerebro en particular, con observaciones sobre la posibilidad de reconocer muchas disposiciones intelectuales y morales del hombre y de los animales por la configuración de sus cabezas.* Se publicó en 1810 y el extenso título nos da una idea clara y precisa de su contenido «científico».

La protagonista, Felisa, descubre en su niñez, en una exploración del afamado doctor Bucket, que tiene muy desarrolladas en su cerebro dos facultades contradictorias: la «amatividad» o propensión al amor físico y la «concienciosidad» o disposición a contemplar las cosas con rigurosa justicia y rígida moralidad, por lo que «habrá un combate de angustiosas consecuencias, llegado que sea el caso de entrar en ejercicio las dos propensidades dominantes» (De Sales, 1866: 21). Hija única de una familia aristocrática arruinada, mantiene una

---

[3]. El autor adquirió cierta fama en la segunda mitad del XIX con novelas de tendencia realista naturalista como *Jaime el Barbudo o Los bandidos de Crevillente, La Chula, Historias de muchos, Los gitanos, su historia, sus costumbres, su dialecto* o *La gloria en un ataúd. Crónica novelesca de los últimos tiempos de Carlos V.*

amistad durante toda su vida con Aurora, bella y rica heredera que la ayudará económicamente en secreto y la acompañará en su vida social. Aurora tiene costumbres muy poco habituales en una señorita de su entorno, como la franqueza en su trato con los hombres, la independencia en sus maneras, el gusto por la caza, la monta, el tiro al blanco e incluso el travestismo: «Gustaba de cambiar algunas veces su traje femenino por el del otro sexo, ya en representaciones de comedia casera, ya en algún ejercicio varonil, en que más de un hombre no podía competir con ella» (1866: 44). Lo que desconoce Felisa de su amiga es que tiene aún más desarrollado que ella el órgano de la amatividad y que ambas vivirán una lucha constante en sus vidas para no abandonarse a la «degradación sexual». Felisa caerá en el solitario vicio del «abuso de sí misma» (o masturbación) y tras un largo calvario de remordimientos de conciencia rechazará el matrimonio y se irá a vivir con un tío suyo sacerdote. Aurora, resistente al matrimonio y coqueta empedernida, hará un viaje de recreo a París «y en aquel centro de abominación, en la Sodoma de nuestros días, fue iniciada contra naturaleza donde el bello sexo allí se inicia, en los almacenes de modista» (1866: 47). Más tarde accederá a casarse con un príncipe ruso con el que por fin puede hablar sinceramente de sus pecaminosos deseos sensuales, pero su noche de bodas resulta todo un fiasco: «Mi esposo es incapaz de satisfacer mis necesidades amatorias. Con toda su pasión, con todo su ardor, con toda su ilimitada sumisión a las exigencias todas de la voluptuosidad... mis goces son incompletos. ¡Amarga, amarguísima realidad!» (1866: 179). Al fin, ambas amigas se reencuentran cuando Aurora visita a su amiga, afectada de «erotomanía e histeria» causadas por la represión de su facultad amatoria, que le provocan fiebre, convulsiones, ahogos y «demostraciones lascivas» fuera de control. Decidida a cuidar de su amiga, se queda a dormir con ella y, por el testimonio de la criada, conoce el encargado de su tratamiento, el doctor Salces, que ambas han pasado la noche riendo, quejándose y suspirando. Así, le comunica a su tío el vicario que:

>—Aurora del Espino ha sido esta noche una nueva Safo de Lesbos.
>— ¡Cómo! ¿Qué quiere usted decir, amigo Salces?
>—¿No ha leído usted en la historia de Roma lo que eran las fricatrices, las tríbades, las subrigatrices, las sacerdotisas del amor lesbio?
>—¡Flaca humanidad! —exclamó el eclesiástico.
>
> (1866: 165)

Seguidamente, conocemos por el diario de Aurora la versión de ésta:

> ¡Ah! Yo ignoraba que había aún placeres en la vida de mujer. He vuelto a ver a mi amiga Felisa... ¿Cómo hemos podido tratarnos durante tantos años sin comprendernos, sin revelarnos nuestras sensaciones secretas?

> ¡Ay! Si los deleites que ambas hemos pasado esta noche juntas, los hubiera yo conocido antes... ¡Ay! ¡No sería yo hoy día la princesa de Emiepatopft!
>
> (1866: 179)

Pero la dicha de la pareja dura tan solo tres meses, ya que ante las sospechas del marido de Aurora y la muerte del zar Nicolás, marcha a Rusia, y Felisa ingresa en un convento, convencida de que allí logrará ponerle freno a su «instinto sensualista». Vana esperanza, puesto que pronto descubre que en el claustro también las «vírgenes del señor» son atacadas por el «histerismo» y la mismísima priora tiene a la secretaria del convento como «niña dulce». Felisa, enferma de consunción pulmonar y antes de morir, recibe la visita de su amada. Aurora, por su parte, una vez muerta su amiga, «comprendió que su condición amatoria, tan excesivamente desarrollada, podía conducirla a la locura del erotismo» y conociendo que «la ciencia poseía un remedio para prevenir tan terrible accidente [...] se sometió a la cauterización de aquel su emblema orgánico del amor físico» (1866: 197). Poco tiempo después, aunque calmada en su sensualidad, se agrava su «sensibilidad moral» y empujada por los remordimientos de su matrimonio sin amor, muere en su lecho, no se sabe de qué extraña dolencia.

La novela es todo un muestrario de los presupuestos pseudocientíficos que consideran manifestaciones de la sexualidad como la masturbación, el deseo femenino o el voyeurismo como enfermedades del cerebro que conducen a la degeneración y al vicio. Las «víctimas» son tratadas con compasión, pero a todas les espera un destino fatal: histerismo, consunción, mutilación de los órganos sexuales y muerte.

A este compendio de tópicos negativos sobre la sexualidad (especialmente en lo que atañe a la libertad de las mujeres) se añadirá más tarde el refuerzo del estereotipo físico, que reproduce de modo caricaturesco el par femenino/masculino heterosexual y que niega poderosamente cualquier atisbo de diversidad entre los dos polos.

La pareja estereotípica lesbiana masculina/lesbiana femenina es evidente en las novelas eróticas de los autores más leídos (como Hoyos y Vinent, Retana o Felipe Trigo, verdaderos fabricantes de *best sellers* de la época, envidiados y criticados por los autores de literatura «seria»), así como también en las descripciones de parejas homosexuales masculinas. Son tiempos marcados por las teorías del tercer sexo y las ideas sobre la intersexualidad de Gregorio Marañón[4] en España, que no ofrecen otra definición que la del tópico «un alma

---

4. Establier resume en las novelas de Carmen de Burgos la influencia de Marañón y su teoría de la intersexualidad, sobre todo en *Quiero vivir mi vida* (que prologó el propio doctor con un ensayo sobre los celos). Según Marañón, la intersexualidad es un proceso degenerativo en el que los caracteres de ambos sexos latentes en los individuos se activan, disputándose violen-

de hombre encerrada en un cuerpo de mujer», en el caso de las lesbianas, y lo contrario en el caso de los homosexuales masculinos, y que en nuestra visión actual se correspondería mucho mejor con una persona transgenérica. Pero ésta era la única imagen de la que se disponía y a ella se ceñía tanto la cultura dominante como la propia comunidad homosexual. Este estereotipo cumplía su misión social moralizante porque estaba rodeado de un halo de perversión y degeneración (causada por la enfermedad psíquica en el mejor de los casos) que favorecía su exclusión de los sectores biempensantes; ni los propios homosexuales lo cuestionaban, siendo el único con el que podían manifestar su transgresión de alguna forma, rozando siempre un escándalo que les era provechoso para su arte (no olvidemos que las corrientes seguidas por los sectores más marginales del arte siguen los movimientos poéticos malditos como el decadentismo o el modernismo, adoradores de Wilde o de Verlaine).

Esta limitada visibilidad sólo existía en casos como los de algunos aristócratas, burgueses de clase alta o artistas famosos que se permitían la «inmoralidad», amparados por su popularidad (o el deseo de lograrla a costa de su reputación), su dinero o su posición social; en el extremo más bajo socialmente, estaban las/los que llevaban una vida «frívola», dentro o en los bordes de la prostitución y vivían a costa de los anteriores.

Hasta el estallido de la Guerra Civil, durante el primer cuarto del siglo XX, la representación de los homosexuales en la literatura española, lastrada por la estética realista/naturalista que retrata la realidad circundante en sus aspectos más desagradables y morbosos, delata que su presencia real era asumida y aceptada (por supuesto con reticencias) en los círculos artísticos e intelectuales de ambiente bohemio (Simonis, 2008: 250). Las crónicas de Cansinos-Asséns y sus referencias frecuentes a «invertidos, homosexuales y sarasas» que deambulan por los ambientes nocturnos de Madrid y se cotillean en el salón literario de Carmen de Burgos, *Colombine,* así lo demuestran. En las controvertidas memorias del célebre escritor se relatan infinidad de anécdotas protagonizadas por Antonio de Hoyos y Vinent, el escritor decadente, aristócrata y anarquista «que pasea impunemente la leyenda de su vicio, defendido por su título y su corpulencia atlética», el que «tiene todo el aspecto de un boxeador» (Cansinos, 1996, T1: 118), y va siempre en compañía de su inseparable compañero (su *secretario*), Luisito Pomés, «que parece una señorita amazona con su hongo y su cara de rosa» (117); del inmortal Jacinto Benavente, «con su bigote y su perilla, que pasaba siempre acompañado de su efebo granadino, un joven flaco y con bigote negro, al que llamaban la *Virgen del Albaicín*» (p.127); el cubano Alfonso Hernández Catá, autor legendario de *El ángel de Sodoma* que «hizo

---

tamente el predominio y provocando degeneraciones como el homosexualismo, el hermafroditismo, el virilismo y otras tendencias inversivas. Carmen utiliza esta teoría para defender la diferencia entre los sexos que eliminaría la superioridad de uno sobre otro (Establier, 2000: 119-145).

llorar de emoción a todos los invertidos de la literatura» (Cansinos, 1996, T2: 357); el ambiguo Álvaro Retana, el Marqués de Campo, Pedro de Répide, Francisco Villaespesa... De «invertidas» no hay mucho, alguna mención a Gloria Laguna, prima de Antonio de Hoyos «morena, pequeñita, pizpireta, y con aire y voz varoniles», «la Benavente hembra, famosa como el comediógrafo por sus epigramas» (1996, T1: 340-341) o una tal *Olimpia D'Avigny*, la perfecta cupletista, que es «una virtud, que rechaza a los hombres, tanto que se ha granjeado una leyenda de lesbiana» (1996, T1: 349).

Observo una clara diferencia entre la literatura escrita por hombres (homosexuales o no) y la de las mujeres: mientras la masculina se ciñe exclusivamente al género erótico-pornográfico (con las únicas excepciones de Gómez de la Serna y Felipe Trigo que exploraron el tema del lesbianismo en novelas de corte más serio), Carmen de Burgos se decanta por la perspectiva de la denuncia social y Ángeles Vicente (aun calificada por la crítica su novela *Zezé* de erótica[5]) nos brinda un retrato totalmente sorprendente y normalizado de las relaciones homoeróticas entre mujeres, si bien podrían albergarse ciertas dudas en la consideración de lesbiana para esta novela, como explicaré más adelante.

Desde los autores con perspectiva heterosexual, el estereotipo de lesbiana masculinizada tiene menos representación literaria, quizá por el desconocimiento por parte del hombre de la sexualidad femenina, lo cual le hace difícil imaginar su placer «poseyendo» a otra mujer. Sin embargo, la lesbiana sexualizada e hiperfeminizada es un personaje bastante habitual en la literatura pornográfica o erótica, con carácter marcadamente voyeurista, escaso valor artístico y contenidos diversos: como variedad exótica dentro de un repertorio amatorio heterogéneo, como seducción iniciática en un internado de señoritas, en las relaciones entre ama y criada, etc. (Ena, 2005: 38-41). Desde la óptica masculina heterosexual las relaciones sexuales entre mujeres no se conciben ni por asomo que puedan ser un opción vital, sino un antojo pasajero, una aventura excitante en la trayectoria sexual de mujeres «descocadas» que desean probarlo todo en el terreno erótico y que, la mayor parte de las veces, se llevan a cabo, directa o indirectamente, para complacer al hombre.

Un ejemplo paradigmático es la novela de Joaquín Belda, *La Coquito* (1915), de enorme éxito de público en donde, enmarcadas en las aventuras sexuales de una cupletista, se describen este tipo de aventuras femeninas. Las descripciones del acto sexual entre mujeres son un mero remedo del coito heterosexual, con toda la fraseología erótica al uso: pezones como «nutritivos botoncitos» o

---

5. Habría que matizar que bajo la etiqueta de erótico-pornográfico se incluían todo tipo de obras en las que se trataban de una forma más o menos libre, considerada escandalosa para la moral de la época, las relaciones amorosas o sexuales, muchas de las cuales consideraríamos hoy totalmente normales e incluso ingenuas según nuestra moderna concepción de la erótica literaria.

como «dátiles no maduros, que de un momento a otro parecía iban a abrir sus bocas para soltar un río con el que pudiera nutrirse media humanidad», «lubricidades de mulatas atacadas de furor erótico», «acoplamiento» con «cambio de esposo», vaginas como hornos, sudor «oliente a chirimoya soltera», caderas «de yegua lustrosa», aullidos, mordiscos, y desmayo final en el orgasmo (Belda, 1915: 107 y ss.). Recuperada la conciencia, Adela, la protagonista, se percata de que su amigo las contempla «cruzado de brazos ante nosotras, con el rostro transfigurado por la lujuria y una repugnante sonrisa cruzándole la cara como un latigazo. Contemplaba su obra, porque entonces comprendí que todo aquello lo había preparado él» (Belda, 1915: 228).

Existen retratos más verosímiles desde las plumas homosexuales, como los de Álvaro Retana, que a veces resulta incluso un precursor de lo *queer* (Simonis, 2008: 251). En *Los ambiguos* (1922), se narran las aventuras de Amalia y Julio, dedicados a la prostitución, en la que «ella era el chulo y él la *cocotte*» (Retana, 1922: 31). Amalia, hija de una ilustre familia castellana, ha huido del convento donde está recluida y destinada nada menos que a santa; víctima durante su huida de una múltiple violación decide dedicarse al amor de las mujeres hasta que encuentra al bello Julio y éste se convierte en su proxeneta:

> Mi aventura del río me curó para siempre del amor del hombre, y sólo he tenido queridas, que se me han comido el dinero y me han envenenado con los vicios más inconfesables, pero también me han hecho pasar muy buenos ratos.
>
> (Retana, 1922: 28)

Un ejemplo de cierta dignidad en el tratamiento de las relaciones lésbicas lo ofrece Felipe Trigo. Según Alonso, la pareja gallega de Marcela y Elisa que protagonizó el primer matrimonio lésbico en el siglo XX[6], inspiró a Felipe Trigo en su novela *La sed de amar*, publicada en 1902 y con nada menos que once reediciones, aunque

> no aparece en las principales bibliotecas de la ciudad. Es evidente que un libro cuya intención es tan manifiestamente «educar en sexualidad» a sus lectores no ha recibido el visto bueno de los censores de estas instituciones a lo largo de la historia. Sin embargo, ha sido uno de

---

6. El periplo de esta pareja apareció por primera vez de la mano de Carlos Fernández en dos artículos de *La Voz de Galicia*, del 19 y 20 de junio de 1988. Posteriormente volvió a aparecer en el mismo periódico en el 2000. A escala nacional, sin embargo, se dio a conocer en Madrid, el «Primer matrimonio gay en España. Son dos mujeres y se casaron en 1901», Crónica, *El Mundo*, Domingo, 22/06/2002. Las dos muchachas se casaron por la iglesia haciéndose pasar por hombre una de ellas y cuando se descubrió el engaño huyeron de España, se supone que a América.

los libros más vendidos a principios del siglo XX en todo el estado español[7].

Dado el contexto de principios de siglo, la novela incluye un protagonista masculino que compite con Claudia (Elisa en la novela), por el amor de Rosa (personaje basado en Marcela) que sale, sin embargo, perdiendo en la contienda al preferir ésta la lealtad amorosa hacia su compañera.

> Trigo no condena su relación, más bien la disculpa, pues entiende que la hipocresía del mundo en que vivía (principios del siglo XX) enrarecía de tal manera las relaciones humanas de las personas que no se puede esperar de ellas un comportamiento razonable. Trigo manifiesta en voz de Jorge (protagonista de la obra) el disgusto del desplante al hombre al perder éste a su enamorada en beneficio de otra mujer, pero esto no supone una presunción de que una relación entre dos mujeres sin implicar a terceros fuese recriminable[8].

Aunque ni la historia real ni la novela son muy conocidas en España, esta última ha merecido atención en dos estudios publicados en inglés y en español (Taylor, 2005 y Cialella, 2006).

Salvo raras excepciones que tratan el tema del lesbianismo (o de la homosexualidad en general) con un progresismo profético del trato moderno, nos encontramos constantemente con una doble perspectiva: por una parte es una enfermedad, una degeneración o inversión de la propia naturaleza de la que los afectados no son culpables y que responde a las teorías científicas en boga; por otra, es una afición de viciosos y abyectos, de pervertidos ávidos de experiencias trasgresoras.

Quizá podríamos esperar una visión distinta de la pluma femenina y desde la literatura más «seria» y elogiada por la crítica del momento, como podría ser la obra de la renombrada feminista *Colombine* (y en algunos aspectos sí lo es), pero una lectura detenida desde el punto de vista lesbiano nos conduce a la misma ambigüedad.

El lesbianismo que retrata Carmen de Burgos en sus novelas es para Helena Establier «un personaje colectivo sexualmente alternativo», compuesto por

---

7. En palabras de Alonso: «En las páginas 333 a 337, Felipe Trigo desgrana de forma casi literal lo publicado por *La Voz de Galicia* en junio de 1901 sobre la historia de Marcela y Elisa. En nota a pie de página hace saber que "lo que se cuenta como ficción en el libro no es tan inverosímil pues aconteció en La Coruña. De la misma manera que aconteció en nuestra ciudad con Marcela y Elisa, Rosa y Claudia se casan por la iglesia, media la disculpa para este matrimonio de un embarazo y al final las dos mujeres tienen que marcharse de España"». http://www.milhomes.es/marcela_y_elisa_historicos_la_sed_de_amar.html. Alonso continúa investigando el caso por su cuenta y tiene un libro en preparación. Se puede consultar toda la información recopilada por él en la página web citada.

8. http://www.milhomes.es/marcela_y_elisa_historicos_la_sed_de_amar.html.

«una diversidad lesbiana que va desde la aristócrata donjuanesca a la ingenua decepcionada por el matrimonio, a la perversa que disfraza su degeneración y a la marimacho que envidia a los hombres» (2000: 138). Para Establier, *Colombine* no pretende con su narrativa la lección moral como prevención de comportamientos sexuales aberrantes, sino que la anima la intención tolerante que más bien critica a la sociedad hipócrita que «sacia su sed de morbo transformando en espectáculo casi circense la desviación enfermiza de la norma» (Simonis, 2008: 252). Sin embargo, en mi opinión, la propia crítica de Establier nos perfila unas intenciones dispares por parte de *Colombine*. Por un lado, los desviados son exculpados de la condena social «pues sea por procacidad, por afición, por subsistencia o por pura y simple degeneración, todos ellos sufren, al fin y al cabo, el peso de una sexualidad enfermiza, quebrada, incompleta e insatisfecha» (Simonis, 2008: 252) y es la propia sociedad «da última responsable de la transformación de la enfermedad inofensiva, de la patología degenerativa digna de compasión, en sórdida abyección sexual» (Establier, 2000: 143). Por otro lado, son tratados con extrema severidad y antipatía todas y todos aquellos que, según su criterio, «no son producto de un error de la naturaleza, sino hijos del vicio y de la abyección» (Simonis, 2008: 252), que disimulan sus perversas inclinaciones y se confunden con el resto de la sociedad. En palabras de Establier, *Colombine* «llama a la indulgencia», a la «mirada compasiva», incluso a la «piedad» ante la degeneración física, lo que no se aproxima mucho a una postura tolerante, de solidaridad con la diferencia sexual, y se inclina más hacia la actitud caritativa, que dispensa magnánimamente su indulgencia y clemencia a aquellos que, según su criterio (insondable para mí), la merecen (Simonis, 2008: 253).

Según mi propia interpretación del texto no hay ningún retrato positivo en su narrativa de personajes homosexuales, femeninos o masculinos. O son tratados con lástima o son estereotipos avinagrados por los que difícilmente se puede sentir ninguna simpatía. Desfilan entre sus páginas personajes como el de Adela la Baronesa, que es

> [...] una mujer flexible, de mediana estatura, morena, con dientes de loba, muy blancos, en una boca firme y voluntariosa. Ofrecía una agradable impresión de fuerza, de salud, con un aire varonil; de mirada burlona, audaz, dominadora, algo irónica, como llena de confianza en sí misma.
> (De Burgos, 1917: 12)

Es tachada como una conquistadora nata, procaz y marimacho, que pelea con la que mire a su pareja y tiene espías para vigilar a sus amadas, «a las que propinaban soberbias palizas por sus infidelidades» (1917: 49).

Como contrapunto está Luisita, la *Sirena*, que recibe su apodo de sirena «por el arte que tiene para seducir a sus amigas». Joven, rubia, delicada, viste y mira modestamente, con un aire de «mosquita muerta» que es sólo una estrategia para cautivar, puesto que en realidad es «veleidosa, inconstante por naturaleza, como una muñeca preciosa que gustase de ser admirada y codiciada de todos» (1917: 16). Las mujeres como ella «eran como un cebo de corrupción para hacer caer y contagiar a las vírgenes, a las incautas» y su mayor placer es vencer «una de estas resistencias ariscas, de las que abominan de nosotras y hacerla nuestra» (1917: 36). Aunque tiene rendidas a sus pies a cupletistas de moda y a lesbianas aristocráticas

> no quería que se declarasen sus aficiones oficialmente, y gustaba de seguir envuelta en su aire de misterio, de candor, para perderse y anegarse en todas las intrigas y los amoríos que su belleza le ofrecía, ya con ellas o ya con ellos.
>
> (1917: 37)

En el más puro estilo rufianesco se retrata a Juana, el gran amor de Luisita, amada «por su fealdad hombruna, malsana, por su tiranía», ya que Juana es «una mujer baja, gruesa, chata, con semblante de perro pachón, boca grande, de una morenez hepática, ojos pequeños y vivos y el cabello negro, espeso, fosco, cortado en melena». Una marimacho violenta, agresiva y maltratadora, profundamente machista, que no se considera ella misma mujer: «a las mujeres hay que ganarlas así, a puñetazos; son un sexo despreciable». Juana tiene «bruscos accesos de celos que le hacían maltratar a Luisa en plena calle; llevársela del teatro en medio de la función, y otras mil impertinencias por el estilo (1917: 40)».

De otras no conocemos ni siquiera el nombre, sólo el apodo, como «la jorobada» que «a pesar de su debilidad, de su fealdad repugnante, se vestía de hombre y se embozaba en su capa para rondar por la calle a las chicas que pretendía» (1917: 49). De ella cuenta *Colombine*:

> [...] iba siempre detrás de su favorita del momento, que tenía los ojos pitarrosos y un aire de pez-espada, de perfil aplastado y nariz picada. La jorobada parecía un bichillo empinándose sobre los pies, y hablando en tono doctoral y frases meditadamente construidas; era al lado de la otra como un perro ridículo, pero un perro fiel, porque sus ojos malignos registraban y desnudaban a todas las mujeres, en cuanto no la veía su compañera [...]. Era una mujer tramposa que explotaba a todas sus amistades, con pretexto de obras caritativas, y les inspiraba confianza hablando huecamente de sus ilustres antepasados, uno de los cuales fue secretario de un virrey de la India, o cosa así.
>
> (1917: 64)

Mientras los retratos de los homosexuales, aunque igual de estereotípicos, suelen ser más benévolos «tiernos, románticos, quejumbrosos, exquisitos, decadentes, iniciados» (1917: 67), es en ellas donde más se advierte la dualidad heterosexista:

> El prototipo era Adela, la Baronesa, pero se dividían las tendencias. Unas gustan de la sobriedad del traje masculino, sin un adorno o encaje y otras abusaban de las gasas y de los accesorios, con una profusión provocativa y verdaderamente cocotesca.
>
> (1917: 67)

En otra de sus novelas, *El veneno del arte* (1910), se repite el estereotipo *butch*: «[...] fea, alta, lisa, hombruna, fumaba un cigarro de a cuarenta entre un grupo de efebos, que admiraban su masculinidad y reían sus desvergüenzas y atrevimientos como si fuesen chistes ingeniosos» (De Burgos, 1910: 4).

La siguiente cita podría ser una síntesis de la actitud patriarcal de su época hacia el lesbianismo:

> Había en él, como en casi todos los hombres, una tolerancia para la pasión de la mujer a la mujer considerada como cosa frívola, de mera diversión, con la disculpa de la impunidad, puesto que su amistad, aunque despertaba malévolas interpretaciones, no llegaba jamás a constituir el deshonor oficial, ni a tener funestas consecuencias. La mayoría de los hombres veían sin repugnancia aquellas amistades.
>
> (De Burgos, 1917: 85)

La ambigüedad y la contradicción moral respecto a los sentimientos que inspiran los invertidos se convierte en el colofón de su novela:

> Se veía con estupor que en aquellas relaciones frívolamente consideradas, había algo más que un vicio o un placer; había algo que tocaba al corazón. Era preciso prevenirse, era menester atajar aquella fiebre, aquella viruela, aquel tifus, aquel cáncer, que aparecía tan arteramente; se imponía aislar, vacunar, curar a los enfermos. No podía consentirse la tolerancia si no se quería que la enfermedad se ramificase para corroer y comerse toda la belleza del ser moral.
>
> (1917: 89)

Coincidiendo con lo expuesto anteriormente, los personajes homosexuales retratados hacen de su «anormalidad sexual» y su «predisposición a los placeres» una forma de vida para mantenerse: «Una de ellas era una de esas entretenidas que emulaba al chulillo, dedicándose a las damas de posición; esas viejas lúbricas, que no prescinden de la sensualidad, y que son bastante hipócritas para preferir la compañera» (1917: 50), otras se dedican a intrigar cerca de la jorobada «para buscarse una vida independiente» o «las amigas de la baronesa, a las que ponía casa y vivían a su costa» o «las actrices que se dejaban querer de ella por una joya» (1917: 51). La sociedad es duramente reprendida por su hipocresía:

[...] unos y otras eran así por afición, por degeneración o por procacidad. ¡Qué más daba! ¿Se les podía condenar? ¿No sería mejor condenar a esa sociedad que engendraba el desequilibrio, la ostentación, el lujo y la tentación viciosa de los medios de conseguirlo? Era un círculo vicioso, de moral y de cinismo, del que no sabía salir.

(1917: 51)

En ningún momento propone De Burgos que sea a la sociedad a la que haya que educar para curarla (no condenarla) de su fobia contra los invertidos. En cuanto a sus intenciones a la hora de dedicar algunas novelas al tema de la inversión sexual, no parecen tan altruistas si atendemos al testimonio de Cansinos-Asséns. Su interés por la homosexualidad es tachado de frivolidad por éste al «traer a su salón a todo personaje conocido, cuyo nombre suene» (Cansinos, 1996, T1: 335-336) y «al mismo tiempo parece curiosa de conocerlo todo, incluso las zonas del vicio anormal» por lo que invita a su salón a Antonio de Hoyos, del que admira su talento y al que trata maternalmente, agradecida de que ponga a su disposición el automóvil eléctrico de su madre, la marquesa. De él dice: «¡Qué buen muchacho es este Antonio! [...] ¡Lástima que sea sarasa! [...] Pero él no tiene la culpa..., ha nacido así...». Durante un tiempo frecuenta los ambientes homosexuales y anuncia su intención de sacarlos en una novela porque la novelista «debe buscar el documento humano en todas partes». Cansinos acompaña a Carmen a una visita a casa de Hoyos, donde muestra «un gesto de repugnancia piadosa» ante los retratos de los amigos de Hoyos. Tras la visita a las habitaciones particulares del aristócrata y su presentación a la Marquesa de Hoyos, *Colombine* decide marcharse porque, según Cansinos, «se advierte que no se encuentra en su elemento en este ambiente aristocrático, donde tiene todo el aire de una advenediza» y «además, le molesta no ser el centro de la atención general» (Cansinos, 1996, T1: 335-336). Ya en la calle, tiene lugar el siguiente diálogo:

Salimos a la calle... Dieguito comenta: —Hay que ver en qué mundo vivimos... Benavente..., Hoyos..., Répide..., el marqués de Campo..., ¡cómo está la literatura!... si seremos nosotros los equivocados...

—No diga simplezas, Diego... Pero sí, es verdad... Habría que hacer una sátira contra esta gente..., combatir esa plaga social... Bien..., yo ya tengo elementos bastantes para una novela..., realista, fuerte... tengo hasta el título: *El veneno del arte*[9]... ¿Qué les parece a ustedes?...

(Cansinos, 1996, T1: 342)

---

9. Por cierto que en esta novela la protagonista es una álter ego de Emilia Pardo Bazán, que goza de gran amistad con un homosexual, y donde las lesbianas salen, como siempre, bastante malparadas estereotípicamente por la autora.

Cuando *Colombine* conoce a Ramón Gómez de la Serna y empieza a interesarse por él, éste muestra admiración por escritores como Baeza y Goy de Silva en cuyas reuniones solo «son admitidos los exquisitos, los raros...» y Carmen se muestra celosa y desconfiada de estas relaciones: «Ramón hace grandes elogios de sus amigos y me anima a ir allá», pero Carmen habla de ellos con cierto desdén irónico y alusiones ambiguas, dando a entender que son de la cuerda de Benavente, Répide y Antonio de Hoyos: «¡Estetas!... Por su gusto, dejaría Ramón estas amistades» (Cansinos, 1996, T2: 378).

En otra ocasión muestra claramente su homofobia en una conversación donde se comenta el caso de Álvaro Retana, que había publicado una novela con el seudónimo femenino de Claudina Regnier:

> —¡Oh! —se escandaliza *Colombine*—. ¡Qué plaga de invertidos!... ¡Qué asco! Yo los mandaría a todos a una isla desierta... Se escudan con Wilde y Benavente..., pero si tuvieran su ingenio... son simplemente unos pedantes como Baeza... Ramón, tú, por mi gusto, no irías a esa tertulia... No debías tratar a esa gente... Te desacreditas.
>
> (Cansinos, 1996, T2: 375)

Asimismo Ricardo Krauel, por su parte, defiende que

> ese rechazo despectivo manifestado por *Colombine* hacia la homosexualidad [...] a menudo tendría que ver con motivos personales de la escritora como una especie de mecanismo de defensa frente a lo que ella podría estar percibiendo como una amenaza a su seguridad personal, a su bienestar afectivo, a su confianza en sí misma.
>
> (2001: 152)

Una vez más, el temor que inspira el/la homosexual, el/la disidente ante su evidente deseo de escapar del control de la heteronormatividad, provoca la homofobia y una reacción dirigida a desacreditar y subvalorar su lugar dentro de la cultura dominante. Por ello no es extraño que también *Colombine*, a pesar de sus sobradas credenciales como defensora de los derechos de la mujer, no renuncie a favorecer y fomentar el estereotipo denigratorio en las/los homosexuales. La ambigüedad percibida en el trato que les es dado evidencia, al menos en estas novelas tempranas, la concepción tan extendida de la época que «veía en la difusión del homoerotismo un signo de debilitamiento cultural y de "degeneración" de las costumbres». Para Krauel, «la distinción entre individuos no trasgresores y trasgresores de las convenciones sexuales se proyecta en la dicotomía "sano/enfermo" [...] en la que la noción de "enfermedad" tiende a diluir la distinción entre desvío moral y contaminación física» (2001: 153). Pero, a modo de justificación, es posible cierto deseo de protegerse de algunos sectores que la tildaban de mujer hombruna, actitud identificada claramente con el lesbianismo: «Ser heterosexual [...] no le libró de ser vista como una mujer recia y de pelo un poco a lo chico que tuvo que sufrir algunos dardos envenenados por su apariencia hombruna, según jocosamente lo recoge en su novela *Las máscaras del héroe* Juan Manuel de Prada» (Aliaga, 2001: 106).

Dejando aparte las declaraciones de Cansinos (muy discutidas por la comunidad académica, que lo tachan de poco verídico) y la visión unilateral de Krauel, es evidente que, al igual que evolucionó su feminismo, evolucionaron también su estilo literario y su propio carácter. En estas primerizas novelas comentadas de la autora es innegable la influencia del naturalismo, con el afán de observación que esto comporta, su carga de cientificismo, determinismo, e inclinación al feísmo que ella practica al pie de la letra y con gran entusiasmo. Por otro lado, en su concepción de lo literario (y en la de todos los autores de su tiempo que querían ver publicadas sus novelas y alcanzar el éxito en un público principalmente conservador y católico) no puede escapar de su concepción del relato como instrumento pedagógico con intenciones moralistas, un verdadero lastre para su talento creador (Establier, 2000: 21).

Colombine nos ha legado un variado muestrario de las mujeres de su época, a las que a veces juzga severamente y a las que en otras ocasiones defiende, pero «la mayoría son simples encarnaciones literarias de casos reales» (Establier, 2000: 22). Por tanto, concluyo que sus personajes no son imaginarios, sino retratos más o menos fieles, filtrados por su formación y su contexto, de lo que la autora vivió. El estereotipo que plasma Carmen de Burgos es de por sí un documento realista de la imagen social que tuvo la lesbiana.

Como nota positiva, sin embargo, creo que a pesar de su rechazo personal, su censura y su piedad, que aparenta ser una muestra de su convicción de superioridad moral ante la desviación sexual, estas novelas no dejan de ser un hito en la historia de los discursos sobre la disidencia sexual en la España del siglo XX, contemplando las prácticas e identidades homosexuales con excepcional profundidad y libertad (Krauel, 2001: 155). *Colombine* es realmente pionera en la exposición literaria de la dualidad estereotípica *butch/femme* lésbica; no olvidemos que la que se considera «biblia» del lesbianismo, la novela *El pozo de la soledad* de Radclyffe Hall, que inmortalizó definitivamente el estereotipo de la lesbiana masculina, víctima de un error de la naturaleza al haber nacido como mujer poseyendo un alma varonil, se publicó por primera vez en 1928, dieciocho años después de *El veneno del arte* y once más tarde que *Ellas y ellos y ellos y ellas*.

Resulta irónico que precisamente el extremo opuesto a la visión de Carmen de Burgos sobre el lesbianismo partiera de una pluma masculina y que esta pluma fuera nada menos que la de su pareja, Ramón Gómez de la Serna. Una sorpresa inaudita desde mi punto de vista nos ofrece su novela *La quinta de Palmyra* de 1923. Cuenta el periplo de una bella y sensual mujer que, tras una larga serie de fracasos sentimentales con hombres, decide buscar la estabilidad amorosa en brazos de una mujer, una opción que ya había contemplado en el pasado y que había arrinconado en su búsqueda del hombre que deseara quedarse con ella para siempre en su hermosa quinta:

> Una idea antigua bullía en su mente y la recorría el cuerpo como una vergüenza mezclada de voluptuosidad.
> Aquella paz, llena sólo de la sombra de los grandes navegantes y descubridores cansados y desdeñosos de sus descubrimientos, podía ser compartida sólo por otra mujer.
> [...] Necesitaba la amiga que sabe abrazar con abrazos que desean curar y curarse de todas las nostalgias.
>
> (Gómez de la Serna, 1982: 299)

Con ello, el autor parece rechazar de plano el esencialismo subyacente a las teorías imperantes sobre la homosexualidad de los años veinte, así como el extendido concepto de la homosexualidad como enfermedad. Además, Gómez de la Serna ni condena ni disfraza su tolerancia de actitud compasiva, como es costumbre en la época. Antes al contrario, describe la relación entre dos mujeres con una carga de lirismo y sensualidad que resultan totalmente atípicos en la literatura masculina que hemos comprobado sobre la experiencia lesbiana:

> Las dos sentían en las mejillas del alma el sabor de los musgos y en un día lluvioso encontraban profundidades de amor y naufragio, cantigas de tristeza y presagios.
> [...] Las dos eran árboles que enlazaban sus raíces blancas, sus piernas desangradas por la alucinación voluptuosa.
> —Estoy como una galleta mojada en té —dijo Palmyra.
>
> (1982: 312)

Gómez de la Serna no sólo critica reiteradamente durante toda la novela la actitud machista del hombre hacia la mujer, sino que se muestra incluso feminista en sus apreciaciones sobre la relación de Palmyra y Lucinda: «Ya los chales de las dos mujeres se enlazarán en una visita eterna, como pegándosela a los hombres que creen inferior a la mujer y se atreven a decírselo en muchos momentos» (1982: 303). Juntas, hallarán en su mutua compañía una existencia idílica, repleta de ternura y complicidad, sin las asperezas y humillaciones de la subordinación patriarcal al hombre: «Ni vicio ni alarde. Compañía, compañía inmensa, compañía insaciable con un momento de pegarse una a otra como lapas del desvarío» (1982: 313). «Estaban libres del temor de ser pisoteadas, que acude a las mujeres después de ser holladas por el hombre entre besos y picotazos de la nariz, como con pico de águila» (1982: 314). Aunque Ramón no deja de reconocer la soledad y las dificultades a que se enfrentan: «El hombre está hallado nada más encontrado. Pero mujer con mujer, luchan como sedientas en el desierto ¡en tan larga tarea, en tan largo rechinar!» (1982: 314). Aún así, cargado de optimismo, vaticina un tiempo donde se contemplará su relación con otra perspectiva: «En el porvenir se las perdonaría por la época de hombres violentos y zafios que fue aquella en que realizaron sus locuras» (1982: 311).

La Quinta, esa mansión suntuosa que resulta ser la otra protagonista indiscutible de la novela, a la que Palmyra ama más que a cualquiera de los hombres que desfilan por ella, se nos dibuja como una metáfora de la estabilidad y la plenitud amorosa: «La Quinta se sentía eterna, con gentes en su seno, con la alegría aprovechada, con el interior satisfecho». El amor lesbiano entre su dueña y Lucinda significará pues para la Quinta la tranquilidad sin miedo de ser abandonada (Richmond, 1986: 99). La relación de Palmyra con su casa es un vaticinio constante de las inclinaciones de la protagonista, negadas inconscientemente durante toda la novela en su búsqueda incesante e infructuosa de sexualidad plena y relación estable con los hombres: «El amor entre ellas (entre la casa y su dueña) tiene desde el principio todas las características de la relación lesbiana, subrayadas por las repetidas referencias al pecho de ambas y por el motivo de la matriz, símbolo del carácter cerrado de la Quinta» (Richmond, 1986: 100). Los símbolos femeninos del agua, la luna, el espejo, la naturaleza, la fuente, las mujeres como árboles, las ventanas como pechos maternos, la leche y un largo etcétera, convierten a la novela en un texto «de mujer» más que de novela erótica escrita por un hombre. Además, Gómez de la Serna se apoya en la tradición lesbiana, con constantes alusiones y metáforas de la literatura lésbica. El último amante de Palmyra la contempla mientras toca el arpa y, relegado el hombre al único papel que puede interpretar ante el homoerotismo femenino (el de mirón), la referencia a Safo es inevitable, «como si se diera cuenta de que este amor no es el de otro hombre, se entrega a los placeres del voyeurismo en una de las escenas más explícitamente eróticas de las muchas de este género que tiene la novela» (Richmond, 1986: 107):

> El marino sentía celos en medio de su adoración, como si contemplase los abrazos de un amor mayor. Gracias que ante el safismo, que era tocar el arpa, mitigaba sus celos la voluptuosidad de poder presenciar a la lesbiana.
> (Gómez de la Serna, 1982: 281-282)

El París de la *Rive Gauche* se asoma como referencia cultural y simbólica en sus autoras más representativas. Lucinda acude a su segunda cita con Palmyra, en la que se culminará su encuentro sexual, con «libros de mujer, entre los que se destacaba el de la regia muerta, de Renée Vivien, la diosa de todas, la que volvía de la muerte con viva morbidez» (1982: 305) y le recita los versos de ésta y de otras autoras «dañadas por el mal insaciable» (1982: 307). Las constantes referencias a la figura mítica de las amazonas, son una velada inclusión a la cultura lesbiana parisién que difundió Natalie Barney[10].

---

10. Richmond nos cuenta en su estudio sobre la novela la visita de Gómez de la Serna a la Barney y nos menciona el gran impacto que le produjo al escritor el ambiente pagano de su casa parisina, reflejado tanto en su texto «Miss Barney» (*Retratos contemporáneos,* de 1941), como

Quizá hubo otras autoras desconocidas que no se ciñeron al estereotipo denigrante del lesbianismo pero que, tal vez por eso mismo, no tuvieron apenas repercusión, de manera que no nos han quedado rastros apreciables de ello. Es un apartado prácticamente inexplorado en la crítica literaria y en la historia de la literatura de mujeres en España.

Recientemente ha sido rescatada del olvido por Ángela Ena Bordonada la novela *Zezé*, de Ángeles Vicente, autora más conocida por sus novelas de ambiente espiritista. Escrita en 1909 (anterior a la de *Colombine*) nos ofrece una visión nada estereotípica sobre las relaciones homoeróticas entre mujeres. Esta novela es la prueba temprana de que las estrategias contra el estereotipo social comenzaron casi simultáneamente a la creación de éste mismo por parte de la cultura hegemónica, aunque no tuvieran la misma suerte de difusión ni de influencia mediática. Vicente cuenta las confesiones de Zezé, personaje encarnado en el tópico de atractiva cupletista, a su compañera de camarote, una escritora con talante feminista y álter ego de la autora, en el transcurso de un viaje nocturno. La breve novelita desgrana con sorprendente frescura y modernidad las aventuras sexuales de la artista, desde su iniciación al sexo con una compañera de internado hasta sus fallidos amores con hombres.

Para Ena Bordonada, *Zezé* no es un texto propiamente lésbico, sino una novela con episodios lésbicos y de «ideología antilesbiana» (Ena, 2005: 37). Desconozco exactamente en qué consiste este «antilesbianismo», cuyos motivos centra Ena en la condición frívola de Leonor (la compañera de internado de Zezé que vuelve a encontrar más tarde) que sólo cultiva el homoerotismo como placer alternativo dentro de su feliz matrimonio, o de la trayectoria de la protagonista Zezé, que, tras su aventura con Leonor, explora la sexualidad heterosexual y finalmente elige la soledad porque la convivencia con un hombre tampoco le satisface. Como la propia Ena comenta, «esa soledad sólo la compartirá con la persona que, al escucharla, la comprende y se convierte en su confidente: la escritora que ha conocido en su viaje por mar; a la que ha contado sus peripecias y que vuelve a encontrar cuando ya ha elegido su modo de vida» (2005: 56).

El final de la novela es abierto y aunque Zezé brinda su amistad a la escritora «sin las aficiones de Leonor» (Vicente, 2005: 84), el modo de vida (libre,

---

en «La amazona airada». En palabras de Richmond «una respuesta abierta y algo irónica a una "sabrosa reprimenda" que nuestro autor había recibido de la escritora lesbiana Natalie Clifford Barney con ocasión de un extracto publicado en traducción francesa del libro *Senos*» (1986: 122) en la que la *Amazona* le censura su desconocimiento del Eterno Femenino. Para Richmond es indudable la relación entre el tema amazónico de la novela y el dominio de «la militante retórica lesbiana» (1986: 124) del autor, muestras del interés y la fascinación de Ramón por la subcultura lésbica parisina que conoció en el salón de la Barney y a través de los textos de Gourmont, un adorador frustrado de la escritora, autor de *Lettres à l'Amazone*, publicadas en *Le Mercure de France* entre 1912 y 1913.

independiente, luchador y que prescinde sin traumas de los hombres) de la protagonista y su decisión de compartir su vida con otra mujer, haya o no relaciones sexuales en su convivencia, nos acerca irremediablemente al ideal lesbiano y al *continuum lésbico* propuesto por Rich (1996: 13), donde las relaciones sexuales no son imprescindibles (o no han sido posibles por el contexto o la presión social) en el amor entre mujeres y que se inserta en una larga tradición de «amistad» entre mujeres que arranca literariamente en el siglo XVII con la poesía de Sor Juana Inés de la Cruz, sigue en el XVIII con las cartas de Madame de Sevigny, continúa en el XIX con los matrimonios bostonianos y aún hoy sigue siendo la opción de muchas mujeres que, antes que vivir solas, prefieren compartir su vida con otra mujer amiga.

Las estrategias contra-estereotípicas de la novela se empiezan a advertir casi al principio de la novela, con una descripción de la protagonista que nada tiene que ver con la mascarada *butch/femme* habitual de la novela erótica: «una joven hermosa, alta, elegantísima, trigueña, con grandes ojos negros. Vestía un traje sastre, color azul marino. El negro y abundoso cabello lo llevaba sujeto con horquillas y peinetas adornadas con brillantes. Al verla, sentí simpatía por aquella arrogante mujer» (Vicente, 2005: 4). Su compañera de internado y amante, Leonor Portilla, «era rubia, de ojos verdes, y tenía un cuerpo admirable» (Vicente, 2005: 23). Conforme avanza la narración, conocemos la personalidad de Zezé, la de una mujer apasionada por la libertad: «No acepto convenciones que estén fuera de mí misma», «para mí no existe ni el bien ni el mal, ni lo feo ni lo bonito» (Vicente, 2005: 17); fascinante y contradictoria: «Parece como si hubiera un desdoblamiento de mi yo, y éste fuera múltiple, o que mi materia sea instrumento donde se manifiestan varias personalidades, cada una con su carácter propio y diferente» (Vicente, 2005: 17) y que no se ajusta en absoluto al carácter plano y sin matices o atormentado y superficial del estereotipo habitual en esta narrativa.

Otra estrategia positiva es la dignificación de los tópicos habituales en las novelas eróticas de la época: «en un lenguaje distinto al de la novela erótica de autoría masculina, la autora [...] presenta el despertar de una joven de catorce años a la sensualidad y al sexo, en un gradual proceso que va desde la pérdida de la inocencia al descubrimiento del placer unido al sentimiento de culpa, en lo que, sin duda, es el primer orgasmo femenino descrito por una mujer en la literatura española» (Ena, 2005: 43-44):

> De pronto, una boca caliente se posó sobre la mía y una mano ciñó mi espalda; un estremecimiento corrió por todo mi cuerpo. Creía soñar despierta, y mantuve los ojos cerrados para no interrumpir aquella sensación tan agradable; luego el soplo suave de un aliento me sacudió la cara..., abrí los ojos dulcemente, y vi a Leonor. [...]
>
> Nos abrazamos embriagadas en el perfume de nuestros cuerpos, y el fuego interior que nos abrasaba degeneró en un espasmo voluptuoso.
>
> —Dime que me quieres —me decía Leonor exaltada.

>   —Sí, mucho, mucho —le contestaba, y sus labios ardientes, como una llama, me quemaban al resbalar en una lluvia de besos. Mis miembros se estiraban en suprema convulsión. Perdí las fuerzas..., me sentía morir...
>
>   (Vicente, 2005: 29-30)

Esta escena romántica y llena de ternura poco tiene que ver con las descripciones del acto sexual de los autores masculinos.

Dentro de la adscripción de *Zezé* al subgénero de las novelas de internados o conventos, Vicente nos narra una relación de Zezé con una monja profesora suya, a la que se siente muy unida y a quien profesa un cariño casi filial. Atemorizada por la noche a causa de las sombras en la semioscuridad del dormitorio común, acude a la monja «la que, al comprender mi temor, me hacía ir a su cama. Allí le contaba mis penas, y ella me acariciaba dándome consejos». Pero «el cariño que profesaba a sor Angélica, y las distinciones que ella usaba conmigo, dieron lugar a disparatados comentarios» (Simonis, 2008: 256). Una relación inocente y de compenetración amistosa entre alumna y profesora muy distinta de la que, por ejemplo, nos rescata Ena de un autor masculino (y no de novela erótica, sino de tipo social, *La ascensión de María Magdalena* de Ángel Samblancat, de 1927):

>   Las maestras no querían más que a sus alumnas bonitas. Daban a estas los premios, las buenas notas, los bombones. Se las comían a besos; les incendiaban la cara con ósculos inflamados. Las chicas tenían relaciones monstruosas entre sí y se desfloraban con los mangos de las plumas, con los bolillos del encaje, los canutos alfileteros, los golletes de las botellas y, cuando no, con otra cosa: con estacas.
>
>   (Ena, 2005: 42)

El tópico de la perversidad de la profesora que seduce a la alumna fue tratado con asiduidad en la sub-literatura, y sus consecuencias bastante dañinas para la imagen que el grueso de la sociedad se forjó sobre las lesbianas. Puede interpretarse como estrategia defensiva del patriarcado, reflejo del temor atávico del hombre a que el lesbianismo pudiera contagiarse o transmitirse como cualquier otra enseñanza y socavar la virtud de víctimas inocentes. Presente al menos desde la Edad Media, se reforzó a lo largo de los siglos con este tipo de historias morbosas y truculentas.

En 1929, por ejemplo, se estrenó la película *La prisionera*, de Edouard Bourdet, que narra la historia de la inocente Irene, joven de buena familia seducida por su profesora de internado, la peligrosa lesbiana Madame D'Aiguines, sobre la que el mismísimo Manuel Machado comentó lo siguiente:

>   Toca Eduardo Bourdet en su comedia —y lo toca con suprema habilidad y maestría que aleja toda sospecha de grosera complacencia o de

intención malsana— el escabroso tema de la homosexualidad femenina en relación con el amor del hombre, y nos muestra en escenas admirables la lamentable irreductibilidad de la mujer, «prisionera» de esa desviación sexual al amor real y verdadero.

(Mira, 1999: 590)

Aunque Mira afirma que «el planteamiento del instinto lésbico como algo superior a las fuerzas de la heterosexualidad resulta interesante y sin duda pudo tener un profundo sentido para muchas lesbianas que rara vez se habían visto en los escenarios» (Mira, 1999: 590), fue una obra tremendamente misógina y homófoba y nos ofrece una lectura más de la lesbiana como amenaza. No es extraño entonces que uno de los contra-estereotipos más trabajados en la literatura lesbiana posterior sea precisamente este, como se manifiesta en la narrativa lesbiana más moderna de Riera o Tusquets.

Ese mismo año, como polo contraestereotípico a la obra de Bourdet, en la sala de teatro experimental Caracol[11], del productor teatral Cipriano Rivas Cherif, cuñado del presidente Manuel Azaña y gran amigo de Lorca, se estrena la obra *Un sueño de la razón*, «obra de tema extremadamente atrevido para la época, la homosexualidad femenina» (Gibson, 1998: 349)[12]. La obra, cuyo título alude al grabado de Goya, parte, además, de un planteamiento totalmente trasgresor desde el punto de vista de género, utilizando al hombre como objeto sexual y meramente reproductor: Livia, una mujer rica y Blanca, pintora, son una pareja que contrata a un príncipe arruinado para que haga de modelo de desnudo de Blanca. Livia «se lo compra» a Blanca como marido y más tarde, ante la imposibilidad de ésta de quedarse embarazada, es ella misma quien lo seduce hasta conseguir el embarazo. Una vez que tienen el bebé (el «monstruo» de la razón), el príncipe descubre que ha sido utilizado y se suicida en el mar.

---

11. El Caracol lo funda Rivas Cherif con Azorín en 1928 en la Sala Rex de la calle Mayor que tenía un aforo para 200 espectadores. En él colaboran también Salvador Bartolozzi, Felipe y Luis Lluch, Gloria Martínez Sierra, Eusebio Corbea, Juan Calibau, Ernesto Burgos, Magda Donato, Carmen de Juan, Natividad Zaro, Josefina Hernández, Antonio Ramón Algorta, Enrique Suárez de Deza y Esther Azcárate. Inauguran su andadura con un programa Azorín-Chéjov (*Lo invisible, Un duelo, Doctor Death de 3 a 5, La arañita en el espejo* y *El Oso*). Posteriormente estrenarán *Dúo* de Paulino Masip, *Asclepigenia* de Juan Valera y *Un sueño de la razón* de Rivas Cherif, siéndoles censuradas el *Amor de don Perlimplín con Belisa en su jardín* de García Lorca y *Las nueve y media, o por qué don Fabián cambia constantemente de cocinera* de Enrique Suárez de Deza. En 1930 se trasladarán al Teatro Español donde ponen en escena *La zapatera prodigiosa* de García Lorca y *El príncipe, la princesa y su destino* de Kuli Chen. Ver de Carlos Alba: «La Independencia, un factor de mediación en el Teatro Contemporáneo», Teatr@ - Revista Digital de Investigación, www.doctoradoteatro.es. La orientación homosexual de Rivas Cherif era bien conocida en la sociedad artística de su tiempo, hasta el punto que la derecha la utilizó sobradamente en la prensa fascista como blanco de burlas y comentarios soeces sobre él y el presidente Azaña en la campaña de desprestigio anterior a las elecciones de 1936.

12. Publicada la noticia del estreno en *Heraldo de Madrid*, 7/1/1929, p.6 (Gibson, 1998: 731).

Ello nos confirma que el período de la República fue bastante fructífero en discurso sobre diversidad sexual y al menos despuntó tímidamente el primer esbozo de visibilidad lesbiana.

Tras esta bocanada de aire fresco que supone la obra de Rivas Cherif, quisiera concluir este trabajo precisamente con su última y profética frase: «Entonces... ¿el futuro es nuestro?» (Rivas Cherif 2003: 396).

BIBLIOGRAFÍA

ALIAGA, Juan Vicente (2001): «La *garçonne*: mujeres masculinizadas de los años veinte en Francia y España», Aliaga, Juan Vicente, Haderbache, Ahmed y Pujante, Domingo (eds.): *Miradas sobre la sexualidad en el arte y la literatura del siglo XX en Francia y España*, Universidad de Valencia, Valencia, 99-111.

BELDA, Joaquín (1915): *La Coquito*, Biblioteca Hispania, Madrid.

CANSINOS-ASSÉNS, Rafael (1996): *La novela de un literato (Hombres-Ideas-Efemérides-Anécdotas). Tomo 1: 1882-1914 y Tomo 2: 1914-1923*, Alianza, Madrid.

CIALLELLA, Louise (2006): «Making Emotion Visible: Felipe Trigo and *La sed de amar (Educación social)*», *Decimonónica. Revista de producción cultural hispánica deciomonónica*, Utah State University, Utah, vol. 3, 1, 28-43.

DE BURGOS, Carmen (1910): *El veneno del arte*, Los Contemporáneos, Madrid, 57.

DE BURGOS, Carmen (1917): *Ellas y ellos y ellos y ellas*, Imprenta de Alrededor del Mundo, Madrid.

DE HOYOS Y VINENT, Antonio (1922): *El juego del amor y de la muerte*, La Novela de Hoy, Madrid.

DE RIVAS CHERIF, Cipriano (2003): «Un sueño de la razón. Drama único en forma de trío, sobre un tema de Goya», en Muñoz-Alonso López, Agustín (ed.): *Teatro Español de Vanguardia*, Castalia, Madrid.

DE SALES MAYO, Francisco (1870): *La Condesita. Estudio fisiológico no menos interesante al facultativo que al hombre de mundo*, Oficina Tipográfica del Hospicio, Madrid.

ENA BORDONADA, Ángela (2005): «Prólogo», en Vicente, Ángeles: *Zezé*, Madrid, Lengua de Trapo, 9-61.

ESTABLIER, Helena (2000): *Mujer y feminismo en la narrativa de Carmen de Burgos «Colombine»*, Instituto de Estudios Almerienses, Almería.

GIBSON, Ian (1998): *Vida, pasión y muerte de Federico García Lorca (1898-1936)*, Plaza & Janés, Barcelona.

GÓMEZ DE LA SERNA, Ramón (1982): *La Quinta de Palmyra*, Espasa Calpe, Madrid.

KRAUEL, Ricardo (2001): *Voces desde el silencio. Heterologías genérico-sexuales en la narrativa española moderna (1875-1975)*, Ediciones Libertarias, Madrid.
KRAFFT-EBING, Richard von (1969): *Psychopathia sexualis*, Payot, París.
MIRA, Alberto (1999): *Para entendernos. Diccionario de cultura homosexual, gay y lésbica*, La Tempestad, Barcelona.
RETANA, Álvaro (1922): *Los ambiguos*, La Novela de Hoy, Madrid.
RICH, Adrienne (1996): «Heterosexualidad obligatoria y existencia lesbiana», *Duoda. Revista de estudios feministas*, Universitat de Barcelona, Barcelona, 11, 13-37.
RICHMOND, Carolyn (1982): «Una sinfonía portuguesa ramoniana. Estudio crítico de *La quinta de Palmyra*», en Gómez de la Serna, Ramón: *La Quinta de Palmyra*, Madrid, Espasa Calpe, 11-151.
SAMBLANCAT, Ángel (1927): *La Ascensión de María Magdalena*, Bauzá, Barcelona.
SIMONIS, Angie (2008): «Yo no soy ésa que tú te imaginas: representación y discursos lesbianos en la literatura», en Platero, Raquel (coord.): *Lesbianas. Discursos y representaciones*, Melusina, Barcelona, 233-279.
TAYLOR WATKINS, Alma (2005): *El erotismo en las novelas de Felipe Trigo*, Renacimiento, Sevilla.
TRIGO, Felipe (1903): *La sed de amar*, Pueyo, Madrid.
VICENTE, Ángeles (2005): *Zezé*, Lengua de Trapo, Madrid.

2. IDENTIDAD LESBIANA: AUSENCIA Y PRESENCIA EN LA POESÍA DE GLORIA FUERTES
Elena Castro

> Una lesbiana que no reinventa la palabra es una lesbiana en proceso de desaparecer.
> NICOLE BROSSARD, *The aerial letter* [1]

Gloria Fuertes (1918-1998) es, sin lugar a dudas, «una de las voces más singulares de la poesía española de posguerra» (Acereda, 2000: 143-144). Aunque nunca ocultó su lesbianismo, a pesar de haber vivido la mayor parte de su vida bajo la represión franquista, éste ha sido sistemáticamente borrado de las referencias biográficas. Del mismo modo, y a pesar de que la mayoría de la crítica especializada coincide en afirmar que hay una estrecha relación entre la vida y la obra de Gloria Fuertes[2], la presencia de una voz lesbiana o el intento de hallar un espacio para ésta en la poesía de la madrileña queda aún por explorar[3]. A través del análisis de su obra poética, recogida en tres libros, *Obras incompletas* (1980), *Historia de Gloria (Amor, humor y desamor)* (1981) y *Mujer de verso en pecho* (1996), se demostrará cómo aparece en la poesía de Fuertes una subjetividad lesbiana que surge a partir de las estrategias de representación usadas por la poeta en sus versos. El carácter auto-referencial de su poesía, la trasgresión y cuestionamiento de los géneros sexuales, el humor, la subversión del valor monológico del lenguaje y el propio acto de escribir serán el medio principal usado por la poeta para introducir al «otro», identificado en este caso con la lesbiana, en el texto.

Terry Castle en *The Apparitional Lesbian: Female Homosexuality and Modern Culture* comenta, en relación a la figura de la lesbiana, lo que ella llama «el

---

1. Todas las citas de textos publicados en inglés aparecen traducidas. En dichos casos, las traducciones son de la autora del ensayo.

2. Por ejemplo, Pablo González Rodas en su introducción a *Historia de Gloria* comenta que «si en alguna poeta contemporánea la relación poesía y vida se presenta con evidencia, esa es Gloria Fuertes» (Fuertes, 1981: 31).

3. Existe un único artículo que se acerca al tema pero sin llegar a mencionar más que cierta presencia de poemas amorosos, que el autor del artículo defiende como dirigidos hacia una mujer pero sin entrar en un análisis de la posible identidad lesbiana del yo poético. El artículo fue escrito por Alberto Acereda y se titula «Gloria Fuertes. Del amor prohibido a la marginalidad».

efecto fantasma» en el sentido de que para la mayoría de la sociedad la lesbiana simplemente no existe, es invisible, aún cuando se les sitúe delante de ella. La apuesta de subversión que aparece en la poesía de Gloria Fuertes puede así, a partir de esta negación social apuntada por Castle, ser interpretada como un intento de dar visibilidad a la lesbiana en la sociedad y discurso patriarcal/heterosexual. Como ha indicado Jill Robbins en «The (in)visible lesbian», las autoras y temáticas lesbianas han sido tradicionalmente marginadas tanto en la esfera pública como en la académica, incluso en la España democrática. Mediante el texto escrito, la mujer formula una presencia femenina que le permite alzarse y retar a la cultura establecida. Se trata, por consiguiente, y como ha hecho notar Catherine Bellver, de hacer presente lo ausente[4].

Si la mujer se relaciona con la ausencia, la lesbiana está doblemente ausente del texto por su condición de mujer y de lesbiana. Debe, por tanto, combatir doblemente esa ausencia para hacerse ver, porque

> La homosexualidad es la celebración de una identidad que, a través de la propia contingencia de sus manifestaciones, pone en cuestionamiento la autoridad del sujeto que la deconstruye; se niega a asumir el papel del «otro» en los juegos epistemológicos de la historia y la antropología.
> (Dhairyam, 1994: 40)

De este modo si, como ha indicado Bellver, para el orden establecido la poesía es el más amenazador de los géneros literarios, se puede afirmar también que la presencia lesbiana es la más subversiva de las posibles representaciones de lo femenino en el texto poético. Dicha presencia es la única que posiciona a la mujer en función de sí misma y no del orden masculino y heterosexual.

Pero la figura de la lesbiana no es sólo subversiva a nivel de identidad, sino también al nivel del lenguaje, puesto que éste es un dominio masculino y heterosexual. Dicho dominio falocentrista intenta, como ha señalado Judith Butler en *El género en disputa*, reproducir el mundo a su imagen y semejanza a través de un acto de representación o construcción lingüística y cultural. Es por este motivo por el que Marilyn Farwell opina que: «La palabra "lesbiana" es una de las pocas en nuestra lengua, sino la única, que privilegia la sexualidad femenina» (1993: 66). Será, por tanto, cuestionando el discurso del poder, alterándolo mediante el propio lenguaje, como se consiga dar voz a lo silenciado y proponer un discurso/espacio/identidad otra o marginal. Así se llega a ese espacio de subversión y ausencia o invisibilidad en el que se mueve el sujeto lesbiano, la escritura lesbiana y este estudio sobre la poesía de Gloria Fuertes.

---

[4]. Catherine Bellver en *Absence and Presence: Spanish Women Poets of the Twenties and Thirties* (2001) presenta esta idea de la mujer como ausencia, silencio y pasividad y el hombre como presencia, acción y autonomía, al hablar de las poetas españolas de los años veinte y treinta.

Wilfredo Hernández, en su artículo «From the Margins to the Mainstream: Lesbian Characters in Spanish Fiction (1964-79)», estudia la evolución de la imagen de la lesbiana en la literatura contemporánea española y demuestra que, durante la censura impuesta por el gobierno fascista, las autoras debían de usar referencias cifradas y ambiguas para representar el lesbianismo en sus obras. Hernández defiende que aunque las obras tempranas de ciertas escritoras puedan parecer mudas respecto al tema lesbiano si los comparamos con los textos actuales, no por ello dejan de representar un reto a las normas y leyes contra la comunidad homosexual, dado el clima político y social en el que fueron escritas. Es en este contexto en el que la poesía de Gloria Fuertes puede ser vista como un espacio de subversión e (in)visibilidad para el sujeto lesbiano y para su escritura, ya que si bien el sujeto poético se presenta únicamente en contadas ocasiones como claramente lesbiano, las constantes alusiones veladas al tema de la homosexualidad femenina son fácilmente identificables, como se verá en este estudio. Si, según ha indicado Sylvia Molloy, en la (re)creación de una realidad, completamente femenina, donde las mujeres puedan ser libres en su diferencia, se encuentra la autora lesbiana, esperando ser nombrada[5], no encontramos otra cosa en la poesía de Gloria Fuertes, para quien el carácter auto-referencial de su poesía no será más que una forma de reafirmar la voz de un sujeto distinto, un sujeto femenino y lesbiano creado en el lenguaje y por el lenguaje.

Ya en su primer poemario, *Isla ignorada* (1950) Gloria Fuertes se presenta, en el poema que da título al libro, como un ser diferente, aislada del resto del mundo:

> Soy como esa isla que ignorada
> late acunada por árboles jugosos,
> en el centro de un mar
> que no me entiende [...]
> (1980: 21)

Este sentido de no pertenencia, de estar y ver el mundo de otro modo, sitúan ya a su poesía en una perspectiva lesbiana puesto que, como ha comentado Bonnie Zimmerman, la identidad lesbiana se establece, más que por un acto sexual o por nacimiento, mediante el acto de mirar y mirarse en el mundo con ojos nuevos, de descubrirse y saberse diferente. Cuanto más se acepte la propia diferencia, piensa Zimmerman, más se adquiere una subjetividad propiamente lesbiana[6].

En este intento de reafirmar su propia identidad, con frecuencia la poeta se sitúa a sí misma en el texto. Es por ello que en el prologuillo a sus *Obras Incom-*

---

5. Sylvia Molloy defiende este planteamiento en su artículo «Disappearing Acts: Reading Lesbian in Teresa de la Parra».
6. Este concepto es planteado por Zimmerman en su artículo «Perverse Readings: The Lesbian Appropiation of Literature».

pletas dirá que «Reconozco que soy muy "yoista", que soy muy "Glorista"» (Fuertes, 1980: 22) y en «Al terminar este libro», poema que cierra *Historia de Gloria*, comenta que al leer su poesía «[...] has entrado en la Gloria», especificando en una nota «(en la Gloria Fuertes)» (Fuertes, 1981: 376). El yo de Gloria Fuertes se escribe en sus poemas a partir de la experiencia de su cuerpo, de su sexualidad, como diría Hélène Cixous[7]. El uso constante de la primera persona en la poesía de la madrileña supone un acto de rebelión lingüística y cultural, al situarse a sí misma, mujer lesbiana, en el texto. Al hacerlo, al adquirir voz propia, se convierte en sujeto y se sitúa, como explica Monique Wittig en «La marca del género», en una posición de poder desde la que proponer su visión del mundo, desde la que derrocar la tiranía de las categorías sexuales y el sistema de la heterosexualidad compulsiva que las origina. La soledad es uno de los elementos usados por Fuertes para plasmar en el poema su estado vivencial y cuestionar el rol social asignado a la mujer según el imaginario patriarcal y el heterosexismo hegemónico de la cultura española. Sylvia Sherno ha explorado la constante presencia de la soledad en la obra de Gloria Fuertes. En la misma línea de lo ocurrido con otras poetas hispanas y lesbianas, tales como Teresa de la Parra o Gabriela Mistral, la crítica especializada ha puesto gran énfasis en «aclarar» las condiciones que provocaron la soltería de la poeta y atribuirlas a un desgraciado primer amor, heterosexual, por supuesto[8]. Frente a esta interpretación, Sherno, en «Gloria Fuertes and the poetic of solitude», toma una postura menos paternalista y apunta como motivo para esta soledad a una consciencia por parte de la poeta de ser «una figura anómala [...] aislada de los demás por naturaleza y diseño» (1987: 312), pero no llega a explicar qué quiere decir con esto. La soledad, por la que tanto se criticó a la poeta, se convierte en su poesía en un medio más de subversión. Así, por ejemplo, en el poema «Cabra sola», Fuertes cuestiona las normas establecidas y proclama su soltería por derecho propio:

> Hay quien dice que estoy como una cabra;
> lo dicen, lo repiten, ya lo creo;
> pero soy una cabra muy extraña
> [...]
> Vivo sola, cabra sola
> —que no quise cabrito en compañía—,
> [...]

---

7. Esta idea es desarrollada por Hélène Cixous en «La risa de la Medusa».

8. En el caso de Gloria Fuertes se trata de una relación con un joven obrero que murió durante la Guerra Civil. La poeta se ha referido en varios poemas a este primer amor al que califica como «mi primera equivocada sexualidad» en el poema «Del 34 al 46» incluido en su libro *Mujer de verso en pecho*.

> Y vivo por mi cuenta, cabra sola;
> que yo a ningún rebaño pertenezco.
> [...]
>
> (1980: 212)

En este poema se subvierte el estereotipo asignado a la mujer por parte del discurso patriarcal: la mujer debe ser esposa y madre. El único motivo por el que una mujer no se casa, según este discurso, es porque no ha podido conseguirlo o porque tiene algún problema físico o mental. Gloria Fuertes subvierte la norma al invertir los valores: ella está sola por elección propia, de ahí el verso «que no quise cabrito en compañía». Si esta elección implica ser marginada de la sociedad y considerada cabra, es decir, loca, no sólo no le importa, sino que aquí lo asume como parte de su persona. A la vez, introduce una nueva posibilidad para su soledad: su lesbianismo, que aparece en referencia a su rechazo al encasillamiento en un grupo genérico en el verso «que yo a ningún rebaño pertenezco». Esta lectura viene enfatizada por la conexión soltera/lesbiana en el poema. La asimilación de la soltera, más conocida en la época como solterona, a la figura de la lesbiana o mujer rara o loca, ha sido apuntada por Jill Robbins quien comenta, en el artículo ya mencionado, que dado que la sexualidad femenina era reducida en la época franquista a un mero acto reproductivo, la idea de una sexualidad lesbiana era inconcebible y por tanto las lesbianas fueron invisibilizadas bajo el manto de la solterona o la chica rara. También Carmen Martín Gaite en *Usos amorosos de la posguerra española* se refiere a esta conexión: «[...] de las chicas poco sociables o displicentes que, [...] descuidaban su arreglo personal y se aburrían hablando de novios y trapos se decía que eran "raras, que tenían un carácter raro"» (1987: 38). Por tanto, el tono desafiante del poema queda ahora claro. Si durante el franquismo, como ha señalado Hernández, sólo había dos salidas para las lesbianas: la bisexualidad —que implicaba casarse y tener amantes mujeres— y/o la maternidad, Gloria Fuertes rechaza ambas, reta al sistema establecido, y propone la abierta aceptación, con todas sus consecuencias, de su diferencia. Identidad y poesía se unen también aquí ya que Fuertes supera el estereotipo de la escritora loca a través de la ironía y el humor y con ello subvierte el mito falologocentrista de la creación literaria. También en el poema «Celibato (lección tercera)» la hablante se autodefine como soltera y se distancia a sí misma del concepto de solterona:

> [...]
> La soltera por vocación,
> lo lleva a la perfección.
>
> La solterona
> —soltera a la fuerza
> con ramito de azahar—,
> lo lleva fatal.

> Amargada (la pobre)
> cotilla y tal,
> —como no vive su vida
> vive la de los demás—.
>
> En cambio, comparad,
> la perfecta soltera
> (perdón Fray Luis)
> es una dulce pera,
> perita en dulce,
> su amor sin papeleos
> ¡Qué bien la luce!
> (1981: 285)

Fuertes reta aquí al orden social no sólo al subvertir el rol de esposa y compañera asignado a la mujer, sino también al proponer otra identidad para la mujer: la mujer soltera que, siguiendo con la conexión soltera/lesbiana ya establecida, aquí tiene una clara alusión a la homosexualidad femenina en el verso «su amor sin papeleos». La mención al «ramito de azahar» no hace sino acentuar la separación entre el uso de la figura de la soltera aquí establecido por la poeta y el de la solterona, ya que es a esta última a la que se vincula con la castidad y pureza virginal mediante el símbolo del azahar[9]. A la vez, al aludir a Fray Luis de León, transgrede el canon literario que legitima el rol femenino de la perfecta casada, asignado por el orden masculino, al que opone el de la «perfecta soltera». Se desplaza así a la lesbiana, perfecta soltera, desde el margen hasta el centro, al negarse la voz poética a asumir el papel del otro y proclamar con orgullo su diferencia. Gloria Fuertes propone, de este modo, un modelo de identidad alternativa creado por la mujer para la mujer; es decir, una identidad lesbiana.

La individualidad como mujer y su inconformismo con los roles femeninos tradicionalmente asignados son dos de los elementos más relevantes en su poesía. A la vez, como se ha visto en el poema anterior, Fuertes reclama un espacio propio desde el que poder hablar y descubrirse en su condición de lesbiana. Por eso dirá en el poema «Desde siempre» que «Desde siempre mi alma cabalgando al revés» (1980: 74), situándose a sí misma fuera de la norma y los valores de la sociedad falologocentrista. Por su parte, en «Dentro tengo» se presentará como cordero y león y dirá que: «el cordero está siempre dispuesto a dejarse querer/ El león sólo surge ante vuestros rugidos» (1981: 234), en clara referencia al rechazo por parte del orden establecido al amor entre mujeres y el desafío del yo poético frente a dicha oposición.

---

9. En la tradición popular, la flor del azahar es considerada símbolo de pureza y por ello era parte del ramo de las novias.

En otros poemas, la subversión se producirá al rechazar abiertamente el amor heterosexual, eso sí, siempre a través de la ironía y el humor. Por ejemplo en «Cada uno copula como puede» Fuertes niega el proceso de fecundación tradicional:

> Los peces
> se reproducen sin «hacerlo».
> La hembra suelta los huevos
> en el mar,
> y el macho atraído y excitado
> por aquella pedrea,
> los «padrea».
> [...]
>
> (1981: 326)

Al mismo tiempo rehúsa el contacto sexual con el otro sexo, ya que ella «[...] Quisiera ser como los peces» (1981: 326). A su vez, en «La marioneta y el robot», se pone de manifiesto lo que Adrienne Rich llamó «heterosexualidad compulsiva», en referencia a la falacia establecida por el poder dominante que presenta la heterosexualidad como la norma[10]. Judith Butler retoma esta idea en «Imitación e insubordinación de género»:

> La heterosexualidad forzosa se presenta como lo original, lo verdadero, lo auténtico; la norma que determina lo real implica que ser lesbiana es siempre una especie de imitación, un vano esfuerzo por participar en la fantasmática plenitud de una heterosexualidad naturalizada que siempre estará condenada al fracaso.
>
> (2000: 97)

Se trata de uno de los poemas más abiertamente subversivos de Fuertes al esconder tras su aparente inocente humor, una fuerte crítica de los valores establecidos. Dicha crítica se consigue a través de la representación de la mujer y el hombre como marioneta y robot en clara alusión a cómo son manipulados por el discurso dominante que es el que determina su comportamiento social y sexual:

> La marioneta y el robot
> formaban la clásica pareja,

---

10. Esta idea es defendida por Adrienne Rich en su ensayo «Compulsory Heterosexuality and Lesbian Existence» (1980). Aunque en la edición en castellano se traduce como «heterosexualidad obligatoria», me parece más acertado para la tesis que defiendo la traducción literal, ya que alude mejor al carácter de asunción automática, por parte de los individuos, de la condición de heterosexuales.

> ella, inculta, pueblerina,
> cálida, inexperta.
> Él, culto, técnico, científico, frío.
> [...]
>
> (1981: 327)

Si ambos, marioneta/mujer y robot/hombre, son representados aquí en su condición más estereotípica reflejando así su falta de individualidad, en el resto del poema Fuertes se concentra en cómo perpetúan, a través de su unión, el mito heterosexual:

> La marioneta y el robot se casaron
> y tuvieron dos títeres.
> Les pusieron de nombre Adán y Eva,
> y vuelta a empezar.
>
> (1981: 327)

El diálogo subversivo con textos canónicos se hace aquí evidente a través de la identificación de Adán y Eva con títeres. A la vez, la inclusión de estas dos figuras bíblicas, en su representación del género humano, hace que se trascienda el caso particular para dar una dimensión colectiva a la crítica establecida por Fuertes en estos versos. La estructura circular del poema, enfatizada por el verso final, «y vuelta a empezar», junto a su tono irónico, ponen de manifiesto el carácter autómata, mecánico, y como tal repetitivo, del discurso patriarcal, y denuncian la perpetuación por parte del mismo de la heterosexualidad compulsiva a la que exponen como construcción artificial. El poema entra así en diálogo con Judith Butler, en el artículo antes mencionado, quien se ha referido precisamente a este carácter reiterativo del discurso heteronormativo: «la heterosexualidad sólo se constituye como original por medio de una repetición convincente. Cuanto más se expropia este acto, más ilusoria se revela la pretensión heterosexual de originalidad» (2000: 101). Es decir, Gloria Fuertes denuncia aquí cómo el dominio falologocentrista intenta reproducir el mundo a su propia imagen a través de un acto de representación o construcción lingüística y cultural:

> Los discursos que nos oprimen muy en particular a las lesbianas, mujeres y a los hombres homosexuales dan por sentado que lo que funda la sociedad, cualquier sociedad, es la heterosexualidad [...]. Estos discursos de la heterosexualidad nos oprimen en la medida en que nos niegan toda posibilidad de hablar si no es en sus propios términos [...]. Estos discursos nos niegan toda posibilidad de crear nuestras propias categorías [...]. Insisto en esta opresión material de los individuos por los discursos.
>
> (Wittig, 2006: 49)

Por tanto, al cuestionar la legitimidad del discurso patriarcal/heterosexual, en este caso alterándolo mediante la parodia, Gloria Fuertes consigue dar voz a lo silenciado y proponer un discurso otro o marginal, un discurso lesbiano.

El mismo tono de denuncia frente al poder dominante y sus estrategias discursivas de control aparece en el poema «Soledad invadida» en el que la poeta madrileña juega con frases hechas o estereotípicas, muchas de ellas de contenido absurdo, en un intento de revelar cómo el poder dominante legitima e impone su visión del mundo a través del lenguaje:

> Y de pronto se llena nuestro cuarto de seres;
> frases ojos detalles dibujos y pistolas/ (todo menos recuerdos)
> [...]
> —¡Por favor, no beba líquido antes de comer!/ (carcajada universal).
> [...]
> La que no se casa es porque no quiere
> el que no es feliz es porque no quiere...
> (y vuelve la voz:)
> [...]
>
> (Fuertes 1980: 310)

Pero, sin duda, el aspecto más relevante en la presencia de un discurso lesbiano en la producción de la madrileña es su rechazo marcado a la construcción cultural de los géneros sexuales. Según han señalado teóricas como Judith Butler en *El género en disputa* o Monique Wittig en *El cuerpo lesbiano*, entre otras, se puede definir la identidad lesbiana como aquella situada más allá del binarismo falologocentrista, como «una categoría que problematiza radicalmente el sexo y el género en tanto categorías políticas estables de descripción» (Butler, 2007: 228). Se trata, por tanto, de una identidad que posiciona al sujeto más allá de la marca de género. Como ha explicado Farwell, la lesbiana, desafiando el dominio masculino, lingüístico y social, se separa de toda construcción masculina de lo femenino y al hacerlo se descubre a sí misma como mujer auténticamente libre. Gloria Fuertes parece entrar en diálogo con esta perspectiva en un gran número de poemas al situar al hablante poético en un universo habitado por seres andróginos. Por ejemplo, en «La aparición», el sujeto poético ante la figura de Dios dice que «yo no sabía si Él era Él o Ella» (1996: 37) en «De profesión fantasma» nos dice que el fantasma «a veces me parecía un hombre y a veces una mujer» (1980: 214), en «El del Pez» nos habla de un pez que tenía «nombre de mujer,/ y agallas de hombre» (1980: 85), en «Final de cuento» nos presenta el final de un cuento en el que «la gallina de los huevos de oro,/ se convirtió en gallo» (1981: 167). En otros poemas juega con la ambigüedad sexual de los travestis y del propio sujeto poético convirtiendo en inestables las categorías sexuales y, al hacerlo, denunciando «La necesidad de reglamentar el sexo mediante discursos útiles y públicos» (Foucault, 2006: 25). Así, por ejemplo, en «A Jenny», la persona poética de Gloria Fuertes dialoga con un travesti a la que ella acaricia «[...] de verdad/ sus pechos de mentira» (1996: 105), y en «Mis amigas los hombres» la «travesti operada» la confunde con un hombre:

> [...]
> En la depresión me decía:
> —Te quiero porque eres poeta
> y porque eres un hombre...
> —No, mira, no soy un hombre,
> pero bueno sí,
> es igual...
> [...]
>
> (1981: 355)

En ambos ejemplos, discurso e identidad quedan ligados al mostrar también como inestable al lenguaje. Dicha inestabilidad se consigue mediante la ruptura de las normas de concordancia gramatical en el título del segundo poema, «Mis amigas los hombres», y al romper la frontera entre lo verdadero o real y aparente o falso en «A Jenny», en el acto de acariciar «de verdad» unos pechos de «mentira» o silicona. En este poema se da al mismo tiempo una vuelta de tuerca más en esta (con)fusión de géneros, ya que al mencionar que la voz poética, identificada con la poeta, acaricia unos pechos, se introduce otra trasgresión: una relación física entre dos mujeres, aunque una de ellas sea «de mentira». Del mismo modo, en el poema «Mis amigas los hombres» la voz poética se incluye a sí misma en esta desestabilización de los géneros al ser confundida con un hombre, hecho que no parece importarle, para al final indicar que no hay diferencia en si se la considera un hombre o una mujer: «—No, mira, no soy un hombre,/ pero bueno sí,/ es igual...». De este modo Gloria Fuertes consigue presentar el género como representación/dramatización, ya que, como Butler comenta en «Imitación e insubordinación de género» el efecto paródico o de imitación de las identidades homosexuales no supone una copia o un intento de emular la heterosexualidad, sino que la expone como construcción artificial que se presenta a sí misma como el original.

En este contexto, uno de los ejemplos más interesantes y subversivos en lo que al binarismo sexual se refiere es el titulado «Tenemos que» en el que el sujeto poético nos exhorta a «Reencontrarnos/ reencantarnos/ [...] Rehabilitarnos» (Fuertes 1981: 320), creando un mundo en armonía en el que esté «Todo parejo,/ cada almeja/ con su almejo» (Fuertes 1981: 320). Estos versos, que cierran el poema, parecerían indicar a primera vista una apuesta por la visión heterosexual y binaria —masculino/femenino— del mundo. No obstante, hay que recordar que en el universo poético de Gloria Fuertes pocas veces las cosas son lo que parecen. En primer lugar el sustantivo «almeja» carece de masculino, y por consiguiente no existe el concepto de un «almejo». Por tanto, la lógica lectura de estos versos sería «cada almeja con su almeja». Al forzar la masculinización de una palabra que en castellano sólo tiene femenino, la imposición social del binarismo sexual se hace evidente. En segundo lugar, la frase «todo parejo, cada almeja/ con su almejo» está haciendo alusión a la frase hecha «cada oveja con su pareja», es decir, cada uno/a con su compañero/a, pero al introducir el absurdo comentario al almejo Fuertes hace evidente la disonancia y a lo que realmente nos remite, en traducción de John Wilcox quien también defiende esta interpretación, es a «Every Jane with her Jane, every Johnny with his Johnny»[11] (Wilcox, 1997: 229). El hecho de que en castellano la palabra almeja sea utilizada también, en el habla vulgar, para referirse a los genitales femeninos, no hace sino reforzar esta lectura del poema. Es decir, en el mundo ideal del sujeto poético se nos invita a participar no de la heterosexualidad compulsiva sino de un mundo homosexual donde la lesbiana puede definirse en función de sí misma y no del orden masculino. Se convierte así el poema en el espacio en el que escribir la propia diferencia.

En este intento de dar entrada al otro en el texto, aunque de modo velado dadas las circunstancias socio políticas de la época en que se inscriben estos poemas, hay que mencionar el uso por parte de la poeta madrileña de la figura del mendigo. En 1954 el régimen franquista aprobó la Ley de vagos y maleantes por la cual se convertía a los homosexuales en delincuentes y por tanto se legalizaba su detención y encarcelamiento dada su peligrosidad social. En el texto de la Ley de vagos y maleantes se incluye a los homosexuales en la misma categoría que proxenetas y mendigos cuyas actividades podían ser castigadas incluso con trabajos forzados[12]. De este modo el uso eufemístico del término vagabundo o mendigo para referirse a los homosexuales quedó establecido en el propio discurso de la autoridad. Una vez más, Gloria Fuertes parodia el discurso del poder al tomar su propio lenguaje y transformarlo para sus propios fines. Aunque en muchos de los poemas dedicados a los mendigos la preocupación social, la simpatía de la poeta hacia el marginado en su doble referencia a mendigo y/o homosexual, es la nota predominante, en el poema «Mendigos del Sena» la afirmación de su diferencia como mujer/lesbiana prevalece. Publicado el mismo año en que apareció la Ley de vagos y maleantes, la voz poética nos presenta en este poema a un grupo de mendigos a las orillas del Sena de los que dice que «Hay muchos/ [...]/ los hay de todas las edades/ y ni siquiera tienen ideas de izquierdas» (1980: 55), en alusión a la presencia del mendigo/ homosexual en todos los estratos sociales y tendencias ideológicas. Pero el comentario más interesante y que mejor apoya esta lectura del poema, aparece en los dos versos finales: «Llegamos a lo más sorprendente,/ también hay mendigas» (1980: 55). La inclusión de las mujeres en este grupo de mendigos, alude así a las lesbianas. El tono irónico del comentario reafirma la presencia

---

11. «Cada Jane con su Jane, cada Johnny con su Johnny.»
12. Para más información sobre el tema se puede consultar el libro de Arturo Arnalte, *Redada de violetas: la represión de los homosexuales durante el franquismo*.

de un grupo que ha sido sistemáticamente borrado del discurso de la autoridad, en este caso el franquista. La invisibilidad de la lesbiana en la España franquista le permitió gozar de una cierta impunidad ante la ley, que no quería ver su existencia, en contraste a la constante represión de la homosexualidad masculina. Gloria Fuertes se solidariza aquí con el grupo de «mendigos» a la vez que juega con el propio lenguaje cifrado del patriarcado para defender su derecho a ser diferente, para dejar constancia de su existencia, para dar visibilidad a la lesbiana.

El amor y/o erotismo lesbiano, también surge en su poesía como modo de dar voz a lo silenciado. Aunque en su mayoría la poesía amorosa de Fuertes carece de marca de género, en algunos poemas aparece de modo más explícito especialmente en su poesía más tardía, escrita con posterioridad a la muerte de Franco y por tanto en un clima más propicio para la expresión abierta de su amor diferente. Por ejemplo, en «Letra bailable» el sujeto poético reconoce que: «Me gustan las sevillanas/cuando bailan sevillanas,/ se cogen de la cintura/ ¡qué gran orgía lesbiana,/ criatura.» (1996: 48), en alusión a su preferencia por el contacto físico entre mujeres. Para más tarde, en el mismo poema y en tono desafiante, decir que «nunca me importó ser huérfana/ ni ser lo que soy, miradme/ [...]» (1996: 48). En el poema «Lo que me enerva» la hablante se queja de no poder acariciar bastante las «risas, manos, muslos, senos, hombros, brazos» (1981: 307) de la amada. En el poema «Hundidos en amor» aun cuando usa el plural masculino para referirse al encuentro amoroso, la explícita mención al deseo y relación sexual entre mujeres aparece en los versos «Por las puntas de nuestros senos/ al rozarse, nos electrifican» (1996: 138). Por su parte, en «Ser antorcha», la mención al deseo carnal por otra mujer aparece expresado de modo más velado bajo la referencia a la cenagosa cueva como metáfora de la vagina: «[...]/ si yo fuera a tu cueva encenegada/ para alumbrar tu cuerpo oscurecido/ [...]» (1996: 140). Se trata, por tanto, de un amor que desafía las normas heterosexuales a nivel moral pero también lingüístico, al nombrar en el texto lo innombrable: el amor entre mujeres. Su sola mención, lo convierte en real y por tanto peligroso, desestabilizador, para la sociedad heterosexual.

El último elemento de la poesía de Gloria Fuertes que quiero comentar aquí es la relación escritura/identidad, a la que ya he hecho mención en este estudio. Al haber sido borrada de la historia, el arte y la literatura, la lesbiana no tiene un modelo a seguir. Debe inventarse a sí misma en el texto a través del acto de la escritura. Por eso en el poema «Escribo» el yo poético nos indica que «Escribo sin modelo/a lo que salga» (1981: 58). En el poema «Ya no tolero ningún tipo» la voz poética afirma que «mi poesía es una confesión/ Es un secreto a voces» (1981: 325). Estos versos, a la vez que unen creación literaria y búsqueda de la propia identidad, apoyan la lectura de la obra de Gloria Fuertes como espacio para la voz lesbiana, aunque ésta aparezca de modo velado pero reconocible, según afirmación de la propia poeta en los versos anteriores. A la vez, en «Mis mejores poemas», identifica el acto de escribir como el único modo de dar voz a lo silenciado en la sociedad y discurso falologocentristas, al afirmar que «escribo porque eso/ porque no puedo hablar» (1980: 252-53). En «Difícil, por ahora, ser demente» frente a la denuncia, ya desde el título, de la falta de espacio para una voz femenina/lesbiana, relacionada aquí con la demencia, es decir, el mito de la escritora loca, la voz poética apuesta por una escritura del cuerpo y la emoción, una escritura femenina, frente a la escritura lógica, de la mente —«de mente»— del discurso masculino: «porque yo no escribo de mente/ escribo de corazón,/ de ojos,/ de manos/ de un ser,/ [...]/ Escribo de ovarios/ (inclusive)» (1981: 272). El juego con las palabras «demente» y «de mente» subvierte, de nuevo a través del propio lenguaje, el discurso de la autoridad. Esta reafirmación de la escritura del cuerpo como estrategia discursiva aparece también en el prologuillo de *Historia de Gloria*: «esto no es un libro/es una mujer» (1981: 57) y en «Yo, en un monte de olivos», poema en el que el sujeto poético presenta el proceso de creación literaria, como si de la pasión de Cristo se tratara, y explica que:

[...]
brotan de mi costado las palabras
sudo tinta y tengo sed, mucha sed de manos enlazadas.
Por la punta del monte de mis senos
por la punta del lápiz va la lava.
[...]

(1980: 254)

Se establece así, mejor que en ningún otro poema, la fusión entre palabra poética y cuerpo. A su vez, los versos finales «—Ahí va Gloria la vaga./ —Ahí va la loca de los versos, [...]» (1980: 254), vinculan cuerpo, escritura y lesbianismo a través de la asociación, ya mencionada, de loca o mujer rara con lesbiana, pero también con una escritura «demente», como indicaba el poema anterior[13]. Así, encontrando una voz propia, a través de la escritura, el sujeto lesbiano se hace presente, se convierte en agente. O como señala Liz York, al definirse en función de sí misma a través del acto de la escritura la lesbiana «se hace a sí misma, a su sexualidad y su cuerpo visibles» (1992: 188).

A partir de su condición de lesbiana, en la poesía de Gloria Fuertes aparece una visión del mundo diferente, una realidad alternativa que se materializa en sus poemas. De sus versos emerge una nueva subjetividad lesbiana que rechaza cualquier estereotipo respecto a roles culturalmente asignados y propone una visión fluida de los géneros sexuales. Gloria Fuertes, con esta subjetividad lesbiana, apuesta por una sexualidad femenina que no necesita o quiere ningún

---

13. A su vez, el verso «Gloria la vaga» refuerza la lectura loca/lesbiana ya que la incluye en el grupo de vagos y mendigos y por tanto apunta doblemente a su marginación social por tener un trabajo no reconocido como tal por la sociedad, el de poeta, y a su lesbianismo si lo enlazamos con la Ley de vagos y maleantes ya citada.

tipo de control o influencia masculina y al hacerlo desafía el orden simbólico que caracteriza a la civilización occidental. A la vez que denuncia la imposibilidad del ser diferente de hacerse visible, el sujeto poético se rebela ante este hecho y mediante el acto de escribir se hace presente. Su poesía ejemplifica una estética de marginalidad al dar visibilidad a la lesbiana en el espacio de la página en blanco.

BIBLIOGRAFÍA

ACEREDA, Alberto (2000): «Crítica y poesía en Gloria Fuertes: Intertextualidades culturales de una poética contestataria», *Monteagudo*, Universidad de Murcia, Murcia, 5, 143-157.

ACEREDA, Alberto (2002): «Gloria Fuertes. Del amor prohibido a la marginalidad», *Romance Quarterly*, Heldref, Washington, 49, 228-240.

ARNALTE, Arturo (2003): *Redada de violetas: la represión de los homosexuales durante el franquismo*, La Esfera de los libros, Madrid.

BELLVER, Catherine G. (2001): *Absence and Presence: Spanish Women Poets of the Twenties and Thirties*, Bucknell University, Lewisburg.

BROSSARD, Nicole (1988): *The aerial letter*, Women's Press, Toronto.

BUTLER, Judith (2000) «Imitación e insubordinación de género», *Revista de Occidente*, Fundación José Ortega y Gasset, Madrid, 235, 85-109.

BUTLER, Judith (2007): *El género en disputa. El feminismo y la subversión de la identidad*. Paidós, Barcelona.

CASTLE, Terry (1993): *The Apparitional Lesbian: Female Homosexuality and Modern Culture*, Columbia University, Nueva York.

CIXOUS, Hélène (1995): *La risa de la Medusa: ensayos sobre la escritura*, Anthropos, Madrid.

DHAIRYAM, Sagri (1994): «Racing the Lesbian, Dodging White Critics», en Doan, Laura: *The Lesbian Postmodern*, Columbia University, Nueva York, 25-46.

FARWELL, Marilyn R. (1993): «Toward a Definition of the Lesbian Literary Imagination», en Wolfe, Susan y Penelope, Julia: *Sexual Practice, Textual Theory: Lesbian Cultural Criticism*, Blackwell, Cambridge, 66-84.

FOUCAULT, Michel (2006): *Historia de la sexualidad. Volumen 1: La voluntad de Saber*, en Varela, Julia y Álvarez-Uría, Fernando (eds.), Siglo XXI, Madrid.

FUERTES, Gloria (1980): *Obras incompletas*, Cátedra, Madrid.

FUERTES, Gloria (1981): *Historia de Gloria: Amor, humor y desamor*, Cátedra, Madrid.

FUERTES, Gloria (1996): *Mujer de verso en pecho*, Cátedra, Madrid.

HERNÁNDEZ, Wilfredo (2003): «From the Margins to the Mainstream: Lesbian Characters in Spanish Fiction (1964-79)», en Torres, Lourdes y Pertusa, Inmaculada: *Tortilleras. Hispanic and U. S. Latina Lesbian Expression*, Temple University, Filadelfia, 19-34.

MARTÍN GAITE, Carmen (1987): *Usos amorosos de la postguerra española*, Anagrama, Barcelona.

MOLLOY, Silvia (1995): «Disappearing Acts; Reading Lesbian in Teresa de la Parra», en Bergmann, Emilie L. y Smith, Paul Julian: *¿Entiendes? Queer Readings, Hispanic Writings,* Duke University, Durham, 230-56.

SHERNO, Silvia (1987): «Gloria Fuertes and the Poetics of Solitude», *Anales de la literatura española contemporánea*, Society of Spanish and Spanish-American Studies, Colorado, vol.12, 3, 311-326.

RICH, Adrienne (1996): «Heterosexualidad obligatoria y existencia lesbiana», *Duoda. Revista de estudios feministas*, Universitat de Barcelona, Barcelona, 10, 15-45.

ROBBINS, Jill (2003): «The (In)visible Lesbian: The Contradictor Representations of Female Homoerotics in Contemporary Spain», *Journal of Lesbian Studies*, Routledge, vol.7, 3, 107-131.

WILCOX, John (1997): *Women Poets of Spain, 1860-1990: Toward a Gynocentric Vision*, University of Illinois, Urbana.

WITTIG, Monique (2006): «El pensamiento heterosexual», *El pensamiento heterosexual: y otros ensayos*, Egales, Barcelona-Madrid, 45-58.

WITTIG, Monique (2006): «La marca del género», *El pensamiento heterosexual: y otros ensayos*, Egales, Barcelona-Madrid, 103-116.

WITTIG, Monique (1977): *El cuerpo lesbiano*, Pre-textos, Valencia.

YORK, Liz (1992): «Constructing a Lesbian Poetic for Survival: Broumas, Rukeyser, H. D., Rich, Lorde», en Bristol, Joseph: *Sexual Sameness: Textual Differences in Lesbian and Gay Writing,* Routledge, Londres-Nueva York, 187-209.

ZIMMERMAN, Bonnie (1993): «Perverse Readings: The Lesbian Appropiation of Literature», en Wolfe, Susan y Penelope, Julia: *Sexual Practice, Textual Theory: Lesbian Cultural Criticism*, Blackwell, Cambridge,135-49.

3. CUERPOS POÉTICOS: EROTISMO Y SUBVERSIÓN EN LA POESÍA DE CRISTINA PERI ROSSI
Nora Almada

Sólo las miradas son obscenas. Los cuerpos, son todos amados.
Cristina Peri Rossi

A MODO DE INTRODUCCIÓN

En los años 70, la lucha de las feministas lesbianas provocó que las relaciones de amor entre mujeres pudiesen (re)conocerse socialmente, y fue ese acto el que permitió, como señala Rivera Garretas, «el paso del yo al nosotras» (1998: 119), una acción que marcó al feminismo y logró que las lesbianas pudiesen *salir*, hacerse visibles, más allá de los estigmas que siempre las han patologizado.

Las relaciones entre mujeres, esas que se convertían para el patriarcado en un riesgo para su propio orden, eran vistas por Charlotte Bunch no sólo como una identificación entre mujeres para oponerse a la opresión sino también el compromiso entre ellas, mediante el que se otorgarían el amor dado a los hombres por imperativo y para generar así una actitud política mediante la cual lograrían su liberación (Rivera Garretas, 1998: 122-123).

En ese *nosotras* de Rivera Garretas, que señalé anteriormente, quisiera centrarme; en ese *nosotras* con el que las mujeres podemos amarnos, estar en relación, sean cuales sean los diversos significados de estas palabras. Y es desde ellas desde donde me propongo leer la poesía de Cristina Peri Rossi.

El presente volumen, una recopilación de estudios lesbianos hechos sobre autoras que escriben en castellano, me lleva a reflexionar en torno a las clasificaciones y a todas las preguntas que se han suscitado en numerosos artículos[1]. ¿Sobre qué pautas puede establecerse la categoría de *literatura lesbiana*? Al definirlas, ¿no se estrecha cada vez más el círculo? Ya hemos podido comprobar el riesgo de las clasificaciones a partir de las buenas intenciones que conllevaban algunas, como, entre otras, el *continuum lesbiano* de Adrienne Rich (1996b), que abarca un amplio espectro y que refuerza la unión entre mujeres, más allá de

---

1. Sugiero leer al respecto los artículos de Meri Torras (2000: 132 y 2004: 10) y de Beatriz Suárez Briones (1997: 273-274).

la experiencia sexual o la de Catherine R. Stimpson, que regresa al poder de la carne, y lo reafirma (Suárez Briones, 1997: 272).

Si he elegido la poesía de Peri Rossi para el presente trabajo, una escritora difícil de ubicar dentro de la tradición, es porque en todos los géneros que ella lleva a cabo, además del especificado (cuento, narración, novela, ensayo), el amor y la pasión se han aplicado a la mujer, pero esta mujer no es sólo objeto del deseo, corporizado y objetivado, sino que está ubicada en el epicentro de un territorio (el de las leyes establecidas) al que la autora no deja de mover ni de sacudir.

He escogido poemas que ejemplifican que la trayectoria trazada desde *Evohé* en 1971 hasta *Habitación de hotel* en 2007, va desde lo simbólico hasta la más clara contextualización y que en ese proceso continuo, la mujer, su cuerpo físico, se potencia como cuerpo poético en el que la norma es subvertida a través del goce, la disidencia y el desorden. El cuerpo de la mujer es mostrado a través de una mirada frenética, que lo traspasa, lo aborda, lo asume, lo aprende, lo desea. Mediante el erotismo y la subversión, el deseo de Peri Rossi nunca se aleja de la lucha por la libertad de las mujeres, siempre busca denunciar. Mujer ante/bajo/sobre/desde otra mujer.

DECIR EL CUERPO

En 1971, Peri Rossi ya ponía, en su obra poética, a la mujer como centro, una poesía prohibida por los hombres y por la dictadura uruguaya. Eran ellos los que establecían lo adecuado o no, de lo escrito. Pero esa(s) mujer(es) colocada(s) centralmente, no sólo evidenciaba(n) la posibilidad de un deseo que se dirigía directamente a ella(s) desde otra mujer, sino el sistema bajo el cual el mundo se regulaba. El patriarcado, con sus imposiciones, la había dejado en los márgenes, adjudicándole naturaleza a una cultura de roles y tareas impuestas, que la delimitaban y coaccionaban.

Sobre esa cultura de géneros estrictos y sexualidades dirigidas, ha planteado Judith Butler su teoría de la actuación de género, una idea que planea sobre las formas en que las figuras femeninas de Peri Rossi actúan, por y para su deseo.

La identidad no se puede *atrapar* en un género y lo que hace Peri Rossi es subvertir la norma (o evidenciarla si la intención del poema lo requiere) para insistir, como aboga Butler, en que «el género propio no se hace en soledad, siempre se está haciendo con otro o para otro» (2006: 26). Para Peri Rossi, el deseo actúa como transformador, no puede normativizarse ni encapsularse.

Este deambular genérico, que presentará en muchos de sus poemarios, hará que en algunos, el yo poético, la voz que dice, se posicione en masculino, un masculino que evidencia los signos de la heterosexualidad y que oscila y también se intensifica cuando quiere reforzar la idea de un sistema aplastante, erigido en una cultura falo(go)céntrica. Así lo dice el poema de *Descripción de un naufragio* de 1975:

> [...] con el hacha le abre
> una herida profunda que lo parte en dos
> —por donde la virginidad fluye—
> y eligiendo la mejor mitad
> erige el palo mayor [...]
> izará banderas
> señalará la mujer.
>
> (2005: 157)

Ese ir de una voz a otra se presenta entonces como una provocación que activa, en quien lee, una posición, una forma de confrontación que se da también cuando el yo poético se convierte en mujer, en la mayoría de los casos. Los hombres de Peri Rossi intentan (sin poder hacerlo) entender por qué sus mujeres los dejaron por otra mujer. La ambigüedad se intensifica porque la mujer, erigida como Babel, puede ser «[...] poblada y confusa/ virgen y pública/ sagrada y profana» (1991: 40).

La mujer acumula y suma pares que, por opuestos, parecen imposibles. Peri Rossi ha explicado en numerosas entrevistas, que el inconsciente colectivo es masculino y que su posición es la frontera, ese lugar donde todo se pone en tela de juicio. Ella sabe que quien lee, quien vive, espera ser definida/o, pero confía en su disidencia. Ella es poeta:

> Hay gente que espera que la palabra
> del poeta la nombre,
> deje constancia de su identidad.
> No saben que el poeta no habla de los seres
> sino de símbolos.
>
> (1991: 42)

Al utilizar el yo poético masculino, da un nuevo giro porque quien lee, no puede permitir que el lenguaje de los poetas, lo/la defina.

Si la autora deconstruye el género, definiéndose a veces y de manera ambigua otras, también juega a mover del lugar otorgado por el patriarcado, a los seres clasificados y anulados, sean locas/os, niñas/os, ancianas/os, enamoradas/os:

> [...] Babel gime como las parturientas,
> como los condenados,
> como los mudos,
> como los que acaban de nacer.
>
> (1991: 37)

La teoría performativa de Butler en relación a los géneros, podría visualizarse en Peri Rossi, no como un escondite que disfraza dos seres en hombre o mujer, sino que ese disfraz se pone en evidencia para provocar. Si los representantes de la ley quieren jugar el juego de los roles impuestos, la autora trasviste para poner en evidencia y conseguir lo que se propone:

> Pero quien le provoca la lascivia
> más ardiente es una criada
> de cara de ninfa
> y cuerpo de varón
> a quien no cesa de convocar a su lecho. [...]
> Ella la insulta primero
> y luego se da a organizar
> unas bodas falsas.
> Se vestirá de varón
> y se pondrá a los hombros unas pellizas de cuero.
> (1976: 39)

También lo expone así en *Lingüística general*, escrito en 1979:

> [...] y a la noche quizá salgamos a pasear
> tú o yo vestida de varón
> y la otra de mujer
> como consagra el uso de la especie [...]
> (2005: 438)

Si la ropa responde a las pautas del medio, al deseo de mostrar y ocultar a la vez, Peri Rossi hace que vestirse se convierta en un acto de «travestismo (que) se ofrece como *performance* de un cambio sexual y sensual, en que el vestido es icono de una identidad otra respecto a la que le corresponde» (Mirizio, 2000: 139). El cuerpo de la mujer se expone, no se oculta, pero si queda guardado debajo de las ropas que nunca le han pertenecido, es por la voluntad de transgredir, para que el vínculo mujer/mujer siempre se ponga de manifiesto. Y si una mujer se desnuda ante los hombres que alaban su cuerpo, lo importante no será el despojamiento, como ellos pretenden creer, sino el cartel que también la define «[...] Je suis lesbianne – I am Beautiful» (1976: 63).

El uso del inglés y francés en medio del idioma en que el poema está originalmente escrito, parece querer ampliar las fronteras del poder de las mujeres frente a los hombres.

Pero el disfraz no sólo abarca las ropas sino también la ley simbólica, que convierte a las nuevas palabras en atuendos que los hombres no pueden reconocer. Dice en *Evohé*, en 1971, su primer poemario:

> [...] Mujer —le dije—, quiero conocer el contenido.
> Pero ninguna de las palabras con que ella se había vestido estaba en el diccionario.
>
> (2005: 59)

Quisiera volver a emparentar otra vez a Peri Rossi con Butler, ya que ambas abordan el cuerpo como una construcción hecha de múltiples significados. Si para Peri Rossi, lo importante es esa relación de la mujer enamorada/deseante de otra (su objeto de deseo) para Butler «lo femenino y lo masculino puede ser intercambiable porque varía según el contexto» (2006: 25) y porque «da sexualidad no puede ser capturada nunca por ninguna regla, más bien se caracteriza por su desplazamiento» (Butler, 2006: 33).

Si como indica Rich, «da sensualidad erótica ha sido precisamente, el hecho más violentamente erradicado de la experiencia femenina» (1996b: 18), Peri Rossi ocupa el cuerpo desde el deseo y no desde el poder, que es lo que Rich tanto ha denunciado en relación al patriarcado. Ese abordaje se conviete entonces, en un camino liberador.

Si en el siglo XIX el cuerpo era una materia insignificante, Peri Rossi lo realza, lo desviste, lo hace visible, lo poetiza, y es desde las palabras cuando el cuerpo deambula objetivado, abordándolo, como un explorador llega a un continente, un visitante a un santuario, un entomólogo inspecciona bajo la lupa. Ella atraviesa los límites, planea sobre el cuerpo y luego se sumerge en él. De esta manera, el cuerpo se agranda, no sólo es lo que es, es más, porque la autora trasciende lo que es visible a través del deseo. El cuerpo se conoce en todas sus dimensiones, porque Peri Rossi evidencia la falta de cuerpos visibles dentro de la literatura, de cuerpos expuestos, a pesar de que, como afirma la propia autora, «no existe psique sin cuerpo» (2003a: 13). El cuerpo puede objetivarse y convertirse en espacio arquitectónico, con la acción de entrar en el sujeto femenino. Pero ese entrar no tiene el sentido de la penetración heterosexista, sino la posibilidad de ver que el cuerpo de la mujer es también un espacio sagrado. Y la devoción es mutua. Otra vez en *Evohé*:

> Cuando entro
> y estás poco iluminada
> como una iglesia en penumbra
> Me das un cirio para que lo encienda
> en la nave central [...]
> Te tiendo la mano
> me mojo en la pila bautismal
> tú me hablas de alegorías
> del Vía Crucis
> que he iniciado
>   —las piernas, primera estación—
> me apenas con los brazos en cruz

> al fin adentro
> empieza la peregrinación
> muy abajo estoy orando
> mento tus dolores
> el dolor que tuviste al ser parida
> el dolor de tus seis años
> el dolor de tus diecisiete
> el dolor de tu iniciación
> muy por lo bajo te murmuro entre las piernas
> la más secreta de las oraciones [...]
>
> (2005: 73)

Con un movimiento de cámara, el poema provoca, no sólo por la manera en que el cuerpo se expone sino por el hecho que reproduce una acción erótica, con símbolos fácilmente reconocibles de la Iglesia católica, que tanto ha censurado el goce físico. Bataille decía que el erotismo lucha contra lo prohibido pero que es indudable que también existe por ello, porque «en la designación simbólica, la mediación intuitiva del símbolo es esencial: la comprensión se realiza en el símbolo mismo, en sus atributos naturales» (Ferraté, 1968: 89).

La idea de clausura del cuerpo femenino es saboteada e intensificada por la acción de carácter religioso, en donde el cuerpo presenta dos vertientes: la física y la divina. Aquí el cuerpo no es martirizado. Si el Vía Crucis de Jesucristo, desde que fue apresado hasta su crucifixión, expresaba la dificultad para alcanzar los objetivos, el abordaje del cuerpo se transforma en un viaje en el que una parada lleva a otra, todas son importantes, en todas se descubre, no hay jerarquías. El recorrido se solapa con la historia y la memoria (el cuerpo) de esa mujer, desde el nacimiento hasta la adultez. La mirada se completa con el tacto y es en esa apropiación, cuando el cuerpo abordado agradece, no sólo fisiológicamente sino también desde el movimiento[2]. El cuerpo que estaba echado y quieto, cierra las piernas ante el rezo acabado y lo que ahora mueve es la cabeza, una señal que podría parecer de sumisión pero que no es otra cosa que la ratificación de que ese cuerpo es tratado como una diosa, una virgen que repetirá como una imagen especular, la misma acción que realiza la amante. La mujer que es *ocupada*, entrega un cirio, (ese objeto religioso que se ofrece por fe o agradecimiento), como quien entrega la luz.

El rito sexual es transformado en un rezo y viceversa, una relación que nunca es evidente. Las mujeres hablan, se murmuran y «la más secreta de las oraciones», (que también nombra el cuerpo), será formulada entre las piernas, marcando que la comunicación no verbal puede generar un hecho único e

---

2. Es destacable que el dolor de la iniciación es el último de la serie enumerativa, por lo que queda sugerido, que podría estar refiriéndose también a ese momento en el que sucede la acción.

inolvidable. Y en ese trueque que va de la palabra al gesto, se incluyen todas las palabras (el logos) y todos los signos, de los que las mujeres son aquí portadoras. No existe aquí la ley del padre, la posesión del cuerpo, con sus actos no verbales, genera un descontrol ilimitado. El cuerpo femenino se sacraliza y convierte al credo en anti-credo, donde la mujer nunca es sumisa. Ya no se persigue al cuerpo porque produce placer, en detrimento del alma, sino que se lo expone sin pecado.

Los cuerpos de Peri Rossi pasarán por todas las fases del amor, desde antes que existan hasta la desaparición, regodeándose en el clímax. Por eso, toda su obra narrativa y poética, tiene un hilo conductor que se complementa y contradice, a la vez porque «para el enamorado, el contacto físico con el objeto amoroso es fundamental: sin él, el amor no existe [...]. Reivindicar el amor como ejercicio de una sensualidad toda corpórea, como apertura de nuestro propio cuerpo a todos los sentidos» (Vázquez, 1998: 101):

> Aúllan las entrañas
> trepidan las piernas
> crujen los omóplatos
> palpita el paladar
> tiemblan los pómulos [...]
>
> Como los obreros, luego de un día de trabajo,
> me seco el sudor de la frente
> dejo tu cama
> enciendo un cigarrillo:
> *trabajar cansa*[3].
>
> (1994: 44)

El inventario es una técnica recurrente en la prosa de la autora, y también en la poesía, el yo poético abraza y captura cada una de las partes del objeto del deseo y se recrea en ellas. Como investigara Sonia Mattalia en relación a la literatura de mujeres en América Latina, para Peri Rossi «el amor cubre una falta en el sujeto amante, quien fragmenta el todo del otro, aísla rasgos significativos en virtud de su falta y los captura en su imaginario» (2003: 229). El cuerpo deseado volverá a quedar expuesto. Como ni yo poético ni objeto de deseo se presentan con sexo/género, se refuerza la idea de que no importa quién hace sino qué hace. Entrar en palabras del cuerpo que los románticos no se hubiesen atrevido a utilizar, es una forma de representar el cuerpo amado incluso fuera del amor. El cuerpo se literaliza y se atrapa lo orgánico, cruda y directamente. Cada una de las partes del cuerpo, alejadas

---

3. La autora destaca en cursiva el título original del poema *Lavorare Stanca* perteneciente a Cesare Pavese.

de la sensualidad genital y nombradas con precisión anatómica, se independizan. El placer sobreviene siempre. Esos órganos, sacados de su contexto habitual (médico-anatómico), intensifican la acción. El placer es la finalidad pero no el final y luego del goce, al secarse el sudor, se muestra el acto como una tarea, imprescindible y *obrera*. La ficción del poema vuelve a sumergirnos en una realidad reconocible (el trabajo, el tiempo del cigarrillo, el cansancio). Aunque trabajar sí cansa, la rutina, jamás debe imposibilitar el exceso del deseo y el amor.

El cuerpo no deja de transgredir, sus partes se convierten en entidades particulares, específicas, autónomas, con nuevas funciones. Se expone en *Evohé*:

> Me miras por la redondez de tus senos
> y yo pienso cuánto tiempo has estado así,
> mirándome atentamente desde esos dos ojos rojos [...]
> (2005: 87)

Los recorridos por los cuerpos son trayectos completos donde nada se descarta. Al nombrar cada una de las partes, se le da al cuerpo una entidad completa, en la que el erotismo se explaya. Es *la viajera* quien establece su propia noción de belleza (todo), y cuestiona la que está establecida. El cuerpo deseado es arte, se aborda y se navega, como en otro de los poemas de *Lingüística general*:

> No conoce el arte de la navegación
> quien no ha bogado en el vientre
> de una mujer [...]
> naufragado
> y sobrevivido en una de sus playas.
> (2005: 410)

El deseo entre mujeres se convierte en un juego de espejos que se resiste a la normalidad. Una otorga a la otra en un juego de intercambio permanente en el que hasta el nombre propio se cuestiona. Vuelve a expresarse en *Lingüística general*:

> Te amo como mi semejante
> mi igual mi parecida
> de esclava a esclava
> parejas en subversión
> al orden domesticado
> Te amo esta y otras noches
> con las señas de identidad
> cambiadas
> como alegremente cambiamos nuestras ropas

> y tu vestido es el mío
> y mis sandalias son las tuyas
> Como mi seno
> es tu seno
> y tus antepasadas son las mías
> Hacemos el amor incestuosamente
> escandalizando a los peces
> y a los buenos ciudadanos de este
> y de todos los partidos [...]
> (2005: 436)

Ante el deseo, no hay razonamiento, sólo instinto. La ciencia no sirve ya como conocimiento exacto, y la amada, teme a la pérdida de la otra más que a las enfermedades. La enfermedad es el deseo que se ahoga.

> [...] Pero el día en que la otra no le sonríe,
> la superviviente sufre, se ahoga, se asfixia,
> tiembla,
> y lo que no pueden los virus,
> lo puede la falta de una mirada.
> (2005: 734)

Las prácticas del deseo abarcan todas las tipologías y atraviesan las clasificaciones, como el tribadismo, si el goce es el fin:

> Nos hemos frotado excesivamente
> boca con boca
> pecho con pecho
> nalga con nalga [...]
> (2007: 59)

El cuerpo se bebe entero, no se hace asco a lo que siempre se omite. El sudor, la sangre menstrual, nunca pueden ser abyectos, porque se convierten en elixir, y si «da sangre menstrual amenaza la relación entre los sexos en un conjunto social y, por interiorización, la identidad de cada sexo frente a la diferencia sexual» (Kristeva, 2004: 96), la permanencia de una mujer frente a otra, elimina el peligro. El amor, el deseo entre mujeres, es un libre fluir que no necesita protección:

> [...] Sólo algunas locas
> llaman a las dos de la mañana
> para decir
> haría el amor hasta morir
> y sin preservativo.
> (2007: 46)

Pero el cuerpo de la mujer no sólo remite al erotismo sino a la búsqueda de aquel espacio que se abandonó al nacer y que la ley del padre anulará más tarde. Peri Rossi instaura espacios como úteros, en donde el orden es otro y está organizado para el placer y el refugio. El tiempo, puede ser eterno allí:

> [...] nostálgica del paraíso perdido
> —útero materno—
> centro del mundo
> cordón umbilical.
> (1991: 15)

> [...] Aquí, dentro de esta casa que todos llaman útero
> —inesperadamente lúcidos—
> En el útero no hace frío.
> En el útero no hay corrientes.
> En el útero duermo nado sonrío me quejo
> me abrigo me unto me amparo me protejo.
> Es posible que como los niños torpes
> pasados los nueve meses no quiera salir,
> digo, los nueve siglos.
> (2007: 39)

Surge de ellos una memoria antigua que la vincula con las palabras de Luce Irigaray,

> El primer cuerpo con el cual (las mujeres) tienen contactos, el primer amor, es un amor maternal, es un cuerpo de mujer [...], las mujeres [...] mantienen siempre, a menos que renuncien a su deseo, una relación primaria y arcaica con lo que se denomina homosexualidad.
> (1981: 15-16)

Y este cuerpo a cuerpo anuncia también el erotismo de cada mujer, indagando en el cuerpo que (la) habita, auto-explorándose. Si el lesbianismo se define como el amor hacia las mujeres, también lo es hacia una misma y el camino para llegar a ese lugar es el encuentro con el propio cuerpo.

> [...] Ah, conozco sus gestos antiguos
> [...] y su ira
> que despedaza algunas porcelanas.
> Husmea las flores encarnadas
> las estruja nerviosamente
> —esa belleza la provoca—
> las rasga las lanza lejos [...]
> se pasea febril por las habitaciones

> está desnuda y nada la sacia
> abre cajones sin sentido
> enciende el fuego de la chimenea
> regaña a las criadas
> y al fin, temible, con el hocico temblando,
> se echa desnuda en el sofá,
> abre las piernas
> se palpa los senos de lengua húmeda
> mece las caderas
> golpea con las nalgas el asiento
> ruge, en el espasmo.
>
> (1976: 36)

Sin sexo y sin género, observando desde afuera y hablando de la mujer en tercera persona, el yo poético, necesita la distancia de su observación, para confirmar el conocimiento que tiene de esa mujer y del lugar que habita, ese *allí* preciso. Goce y asombro refuerzan el vínculo. La ira de la mujer llevará a que la armonía del lugar se rompa a partir de acciones inusuales. Al husmear las flores, pone en tela de juicio la belleza que está fuera de sí misma. La anticipación del cambio, indicada con un gesto animalesco marcará el rastro de la mujer que la llevará al placer del acto masturbatorio. Aquí se habla de lo que no se cuenta, que remite al placer de las fiestas dionisíacas, rompiéndose así la tradición de no evidenciar el auto-erotismo. La mujer entra en interacción con su entorno y su subjetividad se compone de gestos, conducta, impulsos. Ella es la que logra el placer por sus propios medios. Desnuda, cotidiana, bella, la observación trasciende los límites de la representación que realiza el ojo que la observa y a su vez, la mirada que la desea y está excluida, posee a esa mujer.

Peri Rossi trasgrede también al exponer posibles fantasías, porque aun a sabiendas de que entre las feministas y lesbianas las posiciones en torno al sadomasoquismo se polarizaron, ella utiliza su imagen no como violencia asociada al erotismo sino como deseo compartido y fetiche, un fetiche que también abarca cada una de las partes del cuerpo, como si pudiesen desmembrarse de un todo[4].

> [...] ah, mujer, pensé
> así que te va la marcha
> así que te gustaría que te atara
> al borde de la cama
> con cuerdas de hilo retorcido

---

[4]. Sheila Jeffreys (1996) hace una relación entre el SM y el fascismo, relación que, teniendo en cuenta la trayectoria política de Peri Rossi contra la opresión (que la obligó a exiliarse de Uruguay en 1972) y lo escrito a lo largo de casi cuarenta años, no encuentro pertinente para considerarse en su poesía.

>   y te diera breves
>   firmes latigazos
>   con una fusta negra y púrpura
>   como las de azotar caballos [...]
>   (2007: 65)

>   Fetiche tu cuerpo
>   fetiches tus pechos
>   fetiches de mi deseo tu lujuria
>   tu clítoris tu vagina
>   fetiche cebado tu bárbara matriz [...]
>   (2004: 34)

Peri Rossi plantea encuentros, complicidades, una unión que puede trascender toda extranjeridad, un hilo familiar que las une a todas a través de la trasgresión de otras mujeres que también han sido *clasificadas*[5], como se ve en el poema *Genealogía*:

>   dulces antepasadas mías
>   ahogadas en el mar
>   o suicidadas en jardines imaginarios [...]
>   espléndidas en su desafío
>   a la biología elemental
>   que hace de una mujer una paridora
>   antes de ser en realidad una mujer
>   soberbias en su soledad
>   y en el pequeño escándalo de sus vidas [...]
>   (1994: 9)

Peri Rossi no olvida la capacidad de procrear de la mujer, siempre que no sea impuesta, sabiendo, que las hijas y los hijos traídas/os al mundo, siempre pueden acabar bajo el tiro de un fascista.

Estas mujeres resisten a la clasificación y al goce que los hombres les han exigido al margen de sus deseos, porque «la existencia lesbiana, incluye tanto la ruptura de un tabú como el rechazo de un modo de vida impuesto» (Rich, 1996b: 14). No quieren ser objetos, salvo, objetos poéticos que tienen palabra.

>   Vienes fabricada
>   por veinte siglos

---

5. La idea de genealogía se intensifica por la dedicatoria de este poema a Safo, Virginia Wolf, y otras. Ese otras, incluye, por las alusiones de los versos y a modo de guiño, a Alfonsina Storni y Alejandra Pizarnik, entre otras. Todas *raras* ¿todas *queer*?

> de predestinación
> en que te hicieron así
> los hombres anteriores
> para amarte según sus necesidades
> e imperios [...]
>
> (1976: 32)

DECIR DE OTRA MANERA

La historia establecida como oficial y transmitida y refrendada en la memoria de los libros, da un vuelco en Peri Rossi, que la refuta, porque en el cuerpo de la(s) mujer(es) se verá el paso de las eras y los tiempos, los valores ancestrales que se yuxtaponen a la experiencia del deseo, que, como afirma Bonnie Zimmerman «marcan la intensidad y el poder de la autoafirmación» (Martin, 1997: 354). El cuerpo de la mujer (palimpsesto, mapa) se define como algo arqueológico, como la pista de lo que se busca (pasado y futuro pueden estar en las líneas de las manos) y puede abarcarlo todo, las civilizaciones viven en él, en él (en ellos) está la clave. La historia, los datos, los conocimientos aprendidos, siempre quedan postergados ante el deseo, siempre se ponen en duda:

> Ante la esfericidad abstracta del planeta
> la redondez turgente de tus senos pulidos
> Ante la prepotencia de la razón
> tu risa descabellada de amazona cáustica
> Ante la caída internacional del comunismo
> el desmoronamiento brusco de tu falda
> Ante el proclamado Fin de la Historia
> el nacimiento de un nuevo lunar en tu hombro [...]
>
> (1994: 20)

En el poema «La bacante», expuesto anteriormente, al referirse a la antigüedad de los gestos, no sólo parece hablar del tiempo de la vinculación entre dos seres sino a los gestos arcaicos que se establecen en la mujer desde el principio del mundo y que siempre fueron abolidos por el patriarcado. Expone en *Evohé*: «Se viste y es como tapar una ciudad» (2005: 89), «Desde la prehistoria/ vienes cargadas de símbolos/ sobrecogidos de significados» (1976: 26) y «Todo estaba escrito en tu rostro /como en una piedra antigua [...]» (1991: 52). Si en el mito, Ulises vuelve a Itaca, quien ama aquí puede regresar aunque sea (nada menos que) por la promesa de reencontrarse con *esas* nalgas.

El yo poético femenino se enfrenta al poder, a ese estado que «impone una epistemología a través de la ley [...] en la que las mujeres en general, no debemos participar, porque no estamos invitadas al famoso banquete del saber, ese banquete que nutrió a Platón» (Rivera Garretas, 1998: 124). Pero la mujer de estas poesías llega sin invitación, genera murmuraciones y no se escapa:

> Soy la advenediza
> la que llegó al banquete [...]
>
> Se preguntaron
> quién osaba interrumpirlos
> de dónde era
> cómo me atrevía a emplear su lengua
>
> Si era hombre o mujer
> qué atributos poseía
> se preguntaron
> por mi estirpe [...]
>
> (1994: 10)

La no definición genérica aparente moviliza a los hombres, el tiempo y las categorías son de ellos y también el lenguaje. La denuncia de Peri Rossi también incluye a algunas mujeres que parecen haber hecho juego a ese poder. Esto queda de manifiesto cuando la poeta se posiciona frente a un cuadro, en el que el fascismo como en cualquier situación de dominación, transforma el eros lesbiano en horror porque se ejecuta con la frialdad del que mata, con la ley que se impone. Y si la lectora se inquieta, no entiende el ataque a ese sujeto femenino, comprenderá al final del poema que, otra vez, la representación de la escena ha sido pintada por un hombre, son ellos los que han proyectado sus propios deseos sin pensar en el de las mujeres. Esas mujeres, las del cuadro, no han tenido voz. Peri Rossi les otorga la palabra[6]:

> [...] la fría, impasible Profesora de guitarra
> [...] tensa en su falda el instrumento:
> mesa los cabellos
> alza la falda
> dirige la quinta en su mano
> hacia el sexo insonoro y núbil
> de la Alumna [...]
> Ejecuta la antigua partitura
> sin pasión
> sin piedad
> con la fría precisión
> de los roles patriarcales.

---

6. El cuadro al que Peri Rossi re-presenta con sus palabras es *La lección de guitarra*, de Balthus.

Así sueñan los hombres a las mujeres.
(1999: 97)

Como el poder también se ha adueñado del cuerpo de las mujeres, bajo la prostitución y el control de la maternidad, Peri Rossi hace que el sexo de la mujer se vuelva omnisciente, se nombre y se detalle sin pausa, es fértil y de carácter único, no tiene dueño(s), es desconocido por muchos que lo nombran y sólo lo vislumbran en apariencia y por prejuicio:

Un sexo de mujer descubierto
(solitario ojo de Dios que todo lo contempla
sin inmutarse)

[...] impenetrable en la mismidad de su orificio
[...] incomparable en la facultad de procrear

sometido desde siempre
(por imposeíble, por inaccesible)
a todas las metáforas
a todos los deseos
a todos los tormentos

genera partenogenéticamente al mundo
que sólo necesita su temblor.
(1999: 75)

La mujer es un todo pero también puede indagarse fragmentada. La mirada se centra en su sexo, que podría ser el de una mujer única y también el símbolo de todas. La mirada siempre responde a un deseo que activa la devoción que se siente. El sexo trasciende su propia condición y es también un ojo, pero no el ojo común de cualquier mortal sino el ojo solitario de un Dios que lo domina todo. El sexo femenino remite al título, el origen del mundo. No sólo da la vida en sí, sino también la mirada. Ese sexo será también denuncia a la cultura y el sometimiento y sabe (*sabe*) que si quisiera (si lo dejaran) podría auto-crearse. El cuerpo de todas las mujeres adquiere una nueva dimensión porque no sólo puede ser observado, sino también mirar (cuerpo ojo).

Las mujeres son creadoras de un nuevo orden que nada tiene que ver con el orden establecido y excluyente, que no nombra ni el amor ni el deseo, los deja afuera[7], como en el poema «Once de septiembre»:

---

7. También este poema pone palabras de mujer al cuadro de Gustave Courbet, *El origen del mundo*. Dice Peri Rossi en su novela *El amor es una droga dura*, refiriéndose al cuadro de Courbet que da nombre al poema: «Ignoraban que el maestro (Lacan) se encerraba, cada tarde, a con-

El once de septiembre del dos mil uno
mientras las Torres Gemelas caían,
yo estaba haciendo el amor [...]
Los agoreros hablaban del fin de una civilización
pero yo hacía el amor [...]
—si hay que morir, que sea de exaltación—.
El once de septiembre de dos mil uno
un segundo avión se precipitó sobre Nueva York
en el momento justo en que yo caía sobre ti
como un cuerpo lanzado desde el espacio
me precipitaba sobre tus nalgas
nadaba entre tus zumos
aterrizaba en tus entrañas
y vísceras cualesquiera [...]
devoraba tus pechos tu pubis tus flancos
hurí que la vida me ha concedido
sin necesidad de matar a nadie.
Nos amábamos tierna apasionadamente
en el Edén de la cama
—territorio sin banderas, sin fronteras,
sin límites, geografía de sueños,
isla robada a la cotidianidad, a los mapas
al patriarcado y a los derechos hereditarios—, [...]
pero habíamos olvidado apagar el móvil
ese apéndice ortopédico [...].
«Qué ha sido?», preguntaste
los senos colgando como ubres hinchadas
«Creo que Nueva York se hunde», murmuré,
comiéndome tu lóbulo derecho.
«Es una pena», contestaste
mientras me chupabas, succionabas
mis labios inferiores.
Y no encendimos el televisor
ni la radio el resto del día,
de modo que no tendremos nada que contar
a nuestros descendientes
cuando nos pregunten

---

templar el sexo entero, entregado, desnudo, abierto, misterioso y seductor [...] Courbet eligió un ángulo insólito: a la misma altura que el cuerpo de la amante en el lecho, de modo que el sexo de ella ocupara el primer plano y (consigue así) que su mirada se instale en el cuadro» (1999a: 154). En ambos casos, el pintor frente al cuadro y el psicoanalista en la misma situación, sólo se especifica la mirada de ellos (lo opuesto al poema de la autora).

qué estábamos haciendo el once de septiembre del año dos mil uno,
cuando las Torres Gemelas se derrumbaron sobre Nueva York.

(2004: 92)

En este poema, claramente y desde el título, se deja lo simbólico de los inicios y se contextualiza en un lugar y un tiempo muy precisos. El yo poético —dentro del poema— y el objeto de deseo, interactúan porque necesitan evidenciarse desde sus cuerpos de mujeres, porque es desde este lugar, el ser mujer, desde donde resisten a la guerra que los hombres hacen. El amor y el deseo se posicionan frente a la violencia del mundo. Mientras los ataques se suceden afuera y los aviones se estrellan, un cuerpo cae sobre otro y busca nadar y aterrizar sobre sus vísceras y zumos[8]. Frente a la muerte del terrorismo lo único posible es sustentarse en el goce, reafirmándolo, con frases repetidas como cantos, ante la fusión de las mujeres. La oposición muerte/goce se hace intensa. Pero aunque la primera está afuera, en el goce (*la petite mort*) también se percibe la concesión que se le hace a la muerte.

Los hechos de una realidad difundida mil veces, se agrandan y se re-significan pero no importa que sean verificables, porque en el poema, ya son otra cosa, porque es poesía y por lo tanto, aspiración constante de algo nuevo (García, 2005). La realidad de las mujeres que se aman es diferente a la del orden del mundo. El deseo tiene un hacer insaciable, continuo, con una geografía propia y placentera, de exaltación, alejada de las leyes de los hombres que destruyen al mundo. El deseo de la guerra y sus estrategias, no servirán para las amantes, quienes, inmersas en su deseo particular, fuera del orden dominante establecerán una relación recíproca, de semejanza. Aquí no hay poder ni dominación. Una vez más, la historia privada es la que diferencia a las mujeres. Las leyes patriarcales vuelven a romperse en el espacio interior y ellas no tendrán lugar en los libros de historia ni nada que contar a sus sucesores. Tendrán, nada más y nada menos, que el recuerdo de su unión y de sus cuerpos.

Si como dice Rivera, existe la cuestión de si «el lesbianismo hace o no hace una identidad» (1998: 143), si se necesita o no de ella para definir una relación entre mujeres, Peri Rossi juega con la idea de que no hay una sola identidad lesbiana, porque para ella sería reduccionista y predecible. El lesbianismo requiere otra manera de nombrar alejada del significado androcéntrico de las palabras, porque éste no puede representar todo el deseo ni toda la mujer, y por eso es que la autora nombra a la mujer instaurando un nuevo lenguaje. «La búsqueda de un lenguaje femenino, de un lugar propio desde el cual poder articular la experiencia de la mujer, encuentra su eco en el énfasis del discurso lesbiano de poder encontrar un lugar propio visible, ajeno a la presión del discurso dominante» (Pertusa Seva, 2005: 171). Esto se constata en *Lingüística general*:

---

8. Recuérdese aquí la enumeración ya analizada en el poema «Cita de Pavese».

> *Ella* es ella más todas las veces que leí
> la palabra *ella* escrita en cualquier texto
> más las veces que soñé *ella* [...]
>
> (2005: 401)

> [...] le dije que la quería
> pero también quiero a mi perro [...]
>
> (1997: 46)

Si el lenguaje social es la forma que no puede dar voz más que de manera incompleta, el modo de abordar el cuerpo deseado, también requiere re-nombrar las acciones. Peri Rossi no se camufla en el lenguaje, lo expone evidenciando las situaciones. Las mujeres se expresan deseando a otras mujeres.

> Yo la amaba
>   la miraba
>   la amuraba
>   la moraba
>   la habitaba [...]
>   la
>   gran
>   mora.
>
> (1976: 14)

En el nombrar está la clave del existir, pero ese decir debe ser desde la lengua del deseo, no desde la lengua de la ley, por eso, la mujer amada, prescinde de las adjetivaciones habituales y modifica la memorización habitual del abecedario. Ella puede tomar para sí los significados que desee e incluir también aquellos aparentemente negativos que se connotan de otra forma. Sólo el recorrido por las palabras puede dar idea de su total dimensión:

> Arisca y un poco abstracta,
> Babélica y a veces bostezante,
> Carnal y cortesana,
> Densa, dominadora,
> Emancipada y escenográfica,
> Feroz y fosca,
> Gutural, gramática,
> Húmeda, honda, [...]
> Melancólica, mustia,
> Neurótica, nostálgica,
> Ojerosa, onomatopéyica, [...]
> Uterina, umbilical,
> Vehemente y siempre vulnerable.   (1991: 48)

Peri Rossi se planta con ironía frente a las máximas postuladas por Neruda, que callaba a la mujer, por Lacan y por Freud, quien no llegó a traspasar nunca la idea de que el deseo femenino era un caso. La unión de las mujeres se resiste a ellos. Los hombres no han tenido en cuenta jamás el deseo de ellas, por lo cual, si ellas actúan con discreción, pensarán que pueden hacernos creer que su orden no se altera. Peri Rossi insta a cruzar el puente, a ir hacia esa otra parte que la sociedad ha negado[9], como escribe en *Lingüística general*:

> Esta noche, entre todos los normales,
> te invito a cruzar el puente.
> Nos mirarán con curiosidad —*estas dos muchachas*—
> y quizás, si somos lo suficientemente sabias,
> discretas y sutiles
> perdonen nuestra subversión [...]
> (2005: 435)

> [...] él quiso muchos orgasmos
> Pero no sabe qué desea esta mujer.
> (2005: 661)

El nacimiento de la mujer y el lenguaje se transforman en una misma cosa. La mujer es un libro que se lee y se escribe con el cuerpo, porque ya no resiste ser nombrada de la misma manera. Peri Rossi pone de manifiesto la limitación del lenguaje para decir lo que realmente es. El deseo exige leer de otra manera:

> Después de haberte leído entera
> supe que habíamos hecho el amor [...][10]
> (1976: 86)

> Si fuera analfabeta
> aprendería en su cuerpo
> a leer con códigos
> que tienen los pájaros
> (1994: 19)

---

9. Hay que tener en cuenta que la palabra cruzar puede leerse con esta connotación, aunque en el contexto veneciano (que se reconoce por los nombres), un paisaje de puentes y agua, quede expresada de forma ambigua.

10. Es sugerente destacar que la relación lésbica se confirma, cuando se pone de manifiesto que la voz del yo poético está leyendo un libro de la poeta Alejandra Pizarnik. Si el cuerpo de la mujer puede escribir, leer lo que una mujer ha escrito, puede también, *hacer/desear* el cuerpo. Mujer y palabra siempre se superponen, ya escribe la autora en *Evohé*: «En fuga de palabras, quedó la mujer desnuda» (2005: 65).

Juego de espejos, juego de lenguajes, la mujer que dice el poema, es una mujer que desea y que siempre se activa, resistiéndose a la pasividad, que queda en estos textos relegada a la forma en que el patriarcado siempre vio a las mujeres. Se resiste a ser la cosa del deseo de los hombres[11].

EL CUERPO DE LA PALABRA

En todos los poemas, el cuerpo se atraviesa y se percibe, evitando siempre la alusión obvia y ese recorrido, esa visión, guardan el enigma de una identidad femenina que va haciéndose, completándose, desde el deseo. La contemplación se transforma en cuerpo y el cuerpo, en palabra poética que deambula por ambos. La poesía de Peri Rossi abre puertas no habituales. Todo es descubrimiento, porque «la lectura de un poema se convierte en el proceso de descubrir formas, de conferirle significación e importancia» (Culler, 1978: 249).

Desde la simbología de la primera etapa hasta los contextos precisos y cotidianos de los últimos poemas, en los que se visualiza de manera más evidente, la posición de la mujer en el mundo, que está en relación/desea a otra mujer, el cuerpo femenino sigue puesto en el centro. El yo poético de Peri Rossi, recorre libremente el cuerpo deseado, como si fuera la única posibilidad de generar nuevas leyes de vida. El cuerpo femenino, aprendido y aprehendido, se aleja de los roles impuestos y se manifiesta como cuerpo sexual, que privilegia los sentidos y las nuevas palabras. Los cuerpos femeninos de Peri Rossi, siempre deseados, son objetos de las diferentes miradas que se fijan en ellos, son dichos y fragmentados desde múltiples perspectivas, simbólicas, históricas, pictóricas y esos puntos de vista diferentes, enlazan a todos los poemas.

En la obra de Peri Rossi, la autora no busca aparecer. Ella explicita: «no hago nada biográfico [...] (en el sentido lato de la palabra, no en el de la percepción: toda percepción es biográfica) y es más: procuro establecer un universo alegórico» (Mattalia, 2003: 219). El cuerpo (objeto de deseo y objeto poético) existe porque entre él y el ojo de quien mira, hay una forma de mirar que va haciéndose desde diferentes perspectivas. Somos las personas lectoras quienes completamos y asumimos también esa miradas, expandiendo los cuerpos con nuestras lecturas, dando, a su vez, la posibilidad de hacer nacer un cuerpo nuevo, un nuevo significado que se agrega a los ya dichos. Es la mirada del deseo la que tiene la llave que se utilizará sólo en función del goce, la seducción y el amor, nunca para la destrucción o la violencia.

¿Puede existir un yo lesbiano definido y rígido? ¿Puede el yo lesbiano deambular performativamente sin ponerse en riesgo? En Cristina Peri Rossi,

---

11. Un buen ejemplo de esto sería el personaje de Babel Bárbara, del libro *Babel Bárbara* (1991).

el lesbianismo puede manifestarse como «deseo, placer, y posibilidad, como un deseo que trasgrede las fronteras convencionales, no sólo las fronteras entre una misma y las demás, sino también los límites en torno a la identidad» (Martin, 1994: 368).

En estos poemas, no puede leerse un lesbianismo exento de feminismo, porque la expresión del deseo sexual está asociada con el ser mujer. Nada está prohibido en estos poemas —¿lesbianos, feministas?— salvo el anquilosamiento del orden patriarcal, la ocultación, porque el goce subvierte cualquier norma. Los límites se atraviesan y el deseo se establece en una nueva realidad de ese cuerpo, que siempre se engrandece[12].

BIBLIOGRAFÍA

BUTLER, Judith (2001): *El Género en disputa: el feminismo y la subversión de la identidad,* Paidós, México.
BUTLER, Judith (2006): *Deshacer el género,* Paidós, Barcelona.
BUXÁN, Xosé M. (ed.) (1997): *conCiencia de un singular deseo. Estudios lesbianos y gays en el Estado Español,* Laertes, Barcelona.
CULLER, Jonathan (1978): *La poética estructuralista. El estructuralismo, la lingüística y la práctica de la literatura,* Anagrama, Barcelona.
DEJBORD, Parizad (1998): *Cristina Peri Rossi, escritora del exilio,* Galerna, Buenos Aires.
FERRATÉ, Juan (1968): *Dinámica de la poesía,* Seix Barral, Barcelona.
GARCÍA, Álvaro (2005): *Poesía sin estatua: ser y no ser en poética,* Pre-textos, Valencia.
IRIGARAY, Luce (1981): *El cuerpo a cuerpo con la madre,* la Sal, Barcelona.
JEFFREYS, Sheila (1996): *La herejía lesbiana,* Cátedra, Madrid.
KRISTEVA, Julia (2004): *Poderes de la perversión,* Siglo XXI, Buenos Aires.
MARTIN, Biddy (1994): «La identidad lesbiana y la(s) diferencia(s) autobiográfica(s)», en Loureiro, Ángel G. (coord.): *El gran desafío: Feminismos, autobiografía y postmodernidad,* Megazul, Madrid, 333-373.
MATTALIA, Sonia (2003): *Máscaras suele vestir: pasión y revuelta. Escritura de mujeres en América Latina,* Iberoamericana, Madrid.

---

12. Quisiera destacar que en el poema publicado por Peri Rossi, «Asombro», en el volumen *Habitación de hotel* (2007: 73) no se hace evidencia genérica, aunque a través de todo el poemario, queda claramente especificada la relación entre dos mujeres. En el poema mencionado, una mujer de sesenta años, transmite a otra más joven su experiencia. Queda claro su posicionamiento no esencialista, la capacidad de crear todo, siempre, «sólo es poeta aquel que siente que la vida no es natural/ que es asombro/ descubrimiento revelación».

MÉRIDA JIMÉNEZ, Rafael (ed.) (2002): *Sexualidades Trasgresoras. Una antología de estudios queer*, Icaria, Barcelona.
MIRIZIO, Analiza (2000): «Del carnaval *Drag*: la extraña relación entre masculinidad y travestismo», en Sagarra, Marta y Carabí, Àngels (eds.): *Nuevas masculinidades*, Icaria, Barcelona, 133-150.
PERI ROSSI, Cristina (1976): *Diáspora*, Lumen, Barcelona.
PERI ROSSI, Cristina (1991): *Babel Bárbara*, Lumen, Barcelona.
PERI ROSSI, Cristina (1994): *Otra vez Eros*, Lumen, Barcelona.
PERI ROSSI, Cristina (1999): *Las musas inquietantes*, Lumen, Barcelona.
PERI ROSSI, Cristina (1999a): *El amor es una droga dura*, Seix Barral, Barcelona.
PERI ROSSI, Cristina (2003): *Estado de exilio*, Visor, Madrid.
PERI ROSSI, Cristina (2003a): «El lenguaje del cuerpo», en De Mora, Carmen y García Morales, Alfonso (eds.): *Escribir el cuerpo: 19 asedios desde la literatura hispanoamericana*, Universidad de Sevilla, Sevilla, 13-19.
PERI ROSSI, Cristina (2004): *Estrategias del deseo*, Lumen, Barcelona.
PERI ROSSI, Cristina (2005): *Poesía completa*, Lumen, Barcelona.
PERI ROSSI, Cristina (2007): *Habitación de hotel*, Plaza y Janés, Barcelona.
PERTUSA SEVA, Inmaculada (2005): *La salida del armario. Lecturas desde la otra acera: Silvia Molloy, Cristina Peri Rossi, Carme Riera, Esther Tusquets*, Libros del Pexe, Gijón.
RICH, Adrienne (1996a): «*Heterosexualidad obligatoria y existencia lesbiana*», *Duoda. Revista de estudios feministas*, Universitat de Barcelona, Barcelona, 10, 15-45.
RICH, Adrienne (1996b): «*Heterosexualidad obligatoria y existencia lesbiana*», *Duoda. Revista de estudios feministas*, Universitat de Barcelona, Barcelona, 11, 13-37.
RIVERA GARRETAS, María-Milagros (1998), *Nombrar el mundo en femenino. Pensamiento de las mujeres y teoría feminista*, Icaria, Barcelona.
SUÁREZ BRIONES, Beatriz: (1997): «Desleal a la civilización: la teoría (literaria) feminista lesbiana», en Buxán, Xosé M. (ed.): *conCiencia de un singular deseo. Estudios lesbianos y gays en el Estado Español*, Laertes, Barcelona, 257-279.
TORRAS, Meri (2000): «Feminismo y crítica lesbiana ¿Una identidad diferente?», en Segarra, Marta y Carabí, Àngels (eds.): *Feminismo y crítica literaria*, Icaria, Barcelona, 121-141.
TORRAS, Meri (2004): «Cuerpos, géneros, tecnologías?», *Lectora. Revista de dones i textualitat*, Universitat Autònoma de Barcelona, Barcelona, 10, 9-12.
VÁZQUEZ, Lidia (1998): «Anatomía del cuerpo enamorado», *Dossier feminista*, Universitat Jaume I, Castellón, 5, 93-105.
VIÑUALES, Olga (2000): *Identidades Lésbicas*, Bellaterra, Barcelona.

4. LA CAMA DONDE TE IMAGINAS O LA POÉTICA DE CONCHA GARCÍA
María Castrejón

UN FEMINISMO DIFERENTE

1968 es una grieta bajo los pies de los maestros y de los estudiantes, es la ruptura en piezas del espejo lacaniano en el que nos reflejamos y, por lo tanto, la obligación y la posibilidad de crearnos a nosotros mismos. Los teoremas tan bien armados, y tan presuntamente justos, de la Ilustración no son válidos para una sociedad que no es transitada únicamente por hombres blancos occidentales. Estamos hablando de la aldea global, de la sociedad multicultural y multiétnica que está formada por millones de elementos distintos, pero unidos por el cordón de la tecnología. El mundo se ha convertido en un conglomerado de perspectivas y ha fragmentado los pilares de las grandes narraciones en tantas partes como individuos pueblan la tierra.

Jean-François Lyotard, en su libro *La condición posmoderna* (1979), asienta un término que ya venía usándose con anterioridad: posmodernismo. Este es el término que se contrapone a los principios modernos y que habla de híbridos, de relativismos, de minorías étnicas y culturales, de diferencias, nunca de totalitarismos, sino de individualismos. Es el tiempo y el lugar de buscar al otro, al que no forma parte de las estructuras binarias y excluyentes por las que nos hemos guiado durante siglos. Es la hora de vivir el presente desde el origen pre-edípico, pre-judeocristiano, la hora del feminismo y de la utilización de la mujer como lo otro que no es el hombre que ha creado una cultura y una sociedad que ha fallado y que sólo es válida para unos pocos.

Se revisan y reutilizan términos como patriarcal o género, ya que nos asfixian dentro de unos conceptos binarios y excluyentes que nos obligan a elegir quiénes somos dentro de un orden preestablecido que no tenemos posibilidad de manipular.

Así, en EEUU y en Francia, surgen grupos de autoconciencia en los que las mujeres se reúnen para reflexionar sobre sus inquietudes y dudas relativas a su sexualidad a través del psicoanálisis. La conclusión es que cada mujer es distinta, cada individuo es distinto, y es esa diferencia la que debemos trabajar para reconstruirnos fuera de pares simbólicos, y es desde ahí, desde el símbolo, desde donde las mujeres deben trabajar y luchar por poseer una entidad propia que no vuelva a caer en oposiciones y exclusiones. La mujer y sus diferencias, que no desigualdades, son el punto de partida de muchos pensadores posmodernos pues es un camino virgen y lleno de posibilidades a través del cual se puede construir un nuevo universo simbólico.

En la década de los ochenta, surge el llamado feminismo de la tercera ola, que critica el uso totalizador que se ha estado haciendo del término mujer como algo abstracto y compacto, cuando realmente deberíamos ver que cada mujer es un individuo particular con sus propias circunstancias. Si nos guiamos por otro concepto y no cambiamos el orden simbólico que habita dentro de cada una de las mujeres, jamás llegaremos a renovar la ontología femenina fundamental. Se podrán conseguir cambios en el terreno de la desigualdad, pero lo importante es ser conscientes de la diferencia y desde ella sentirnos mujeres libres para elegirnos sin que esto haga tambalear nuestra autoestima. Las mujeres tenemos cuerpo y deseo, y ambos son de uso propio y exclusivo, al igual que nuestro inconsciente. La lucha ahora está dentro de nosotras mismas ya que estamos repletas de información incrustada que no nos deja creer que somos libres sin tener que ser hombres, sin tener que desear a hombres, podemos desearnos entre nosotras, o podemos no desear a nadie, ni siquiera a nuestros hijos. La maternidad y la heterosexualidad no son obligatorias, aunque todavía sintamos, a través de nuestro inconsciente, que es la opción que mayor placer y reconocimiento social nos va a provocar. No es esa nuestra misión, o no es sólo esa. Quizá ni siquiera tengamos una misión, sólo la felicidad consciente desde nuestro cuerpo y nuestra mente de mujer.

El feminismo de la diferencia nos propone que seamos críticas frente al modelo patriarcal, tanto en lo que se refiere a lo femenino como a lo masculino, pues ha quedado claro que son paradigmas fallidos para ambos, y que creemos un nuevo orden simbólico, un nuevo código personal, cultural y de género. Así, al romper el orden androcéntrico, que, por muchos logros sociales que creamos que hemos conseguido, continúa inalterable en nuestras mentes, renovaremos las estructuras psíquicas profundas y las pondremos en comunicación directa con el yo, el inconsciente se pondrá en contacto con el consciente y renovará el lenguaje cifrado, que sólo es capaz de manejar el ser humano, mediante el símbolo. Pero para ello debemos desprestigiar y revalorizar, para conseguir autosignificarnos de una manera real, individual. Desprestigiar acciones masculinas que, por el mero hecho de ser masculinas, son referentes de poder, y revalorizar espacios como, por ejemplo, el ámbito privado, que era un espacio de segunda clase sólo por el hecho de estar íntimamente relacionado con lo femenino, como veremos en la poesía de Concha García. Es decir, lo privado se merece el mismo respeto que lo público, y ambos espacios deben ser habitados por los diferentes individuos independientemente del sexo al que pertenezcan.

Así pues, las mujeres somos diferentes de los hombres. En primer lugar, desde el punto de vista biológico; y, en segundo lugar, desde la lógica:

> La afirmación: «Las mujeres son iguales que los hombres» no podemos, sin embargo, sustituirla por «Las mujeres son hombres».
> Entre Ser iguales que los hombres y Ser hombres existe sin duda una diferencia ¿no? Pues ahí, ahí radica la diferencia, oculta tras la comparación iguales que. Si queremos ser iguales que los hombres, pero no queremos ser hombres, es que entre ambas realidades existe un resquicio para la diferencia. Ese irreductible del que no podemos prescindir es lo que constituye la diferencia.
> Solapada tras la comparación anida esa diferencia. No es una esencia: es un «axioma ontológico»[1].

Esto nos lo explica Victoria Sendón de León, representante del feminismo de la diferencia en España. En EEUU, tenemos a Esther Harding, que basa en la psicología jungiana esta misma tendencia feminista; igual sucede con Luce Irigaray (de origen belga y nacionalidad francesa) y Lacan. Y no podemos dejar de lado la Librería de las Mujeres de Milán, un grupo compacto que puso *La cultura patas arriba* en busca de la diferencia sexual femenina. En la actualidad, en Madrid encontramos a las mujeres de La Eskalera Karakola.

LA DIFERENCIA EN LA LITERATURA

El concepto de diferencia para Gilles Deleuze, y para muchos otros (ya he hablado de esto anteriormente), se mueve dentro de los parámetros del significado, por lo tanto, es un instrumento excepcional para conseguir lo que Derrida denomina deconstrucción de la escritura. A través de la destrucción que supone la introducción de la diferencia en la sociedad binaria, rompemos el orden social, y a esto contribuye la ruptura literaria, y viceversa.

Los espacios en blanco, los fragmentos de espejo, el espacio-tiempo del inconsciente... «el fleco ciego del logocentrismo» (Irigaray, 1994: 149) se convierten al mismo tiempo en recursos literarios y políticos. La desestructuración del narrador en diferentes voces, el extrañamiento frente al espacio, la desaparición del tiempo lineal... contribuyen a crear el orden simbólico social y poético. Y, por fin, la mayor de las rupturas: el placer de la mujer, ese tomar cuerpo, visibilidad y espacio. Esa invasión de la exterioridad masculina se ve amenazada por la mujer sujeto (también sujeto lite-

---

1. Ver Sendón de León, Victoria: «¿Qué es el feminismo de la diferencia?» en www.rimaweb.com.ar/feminismos/diferencia_vsendon.html.

rario) que actúa, que anda, que es dinámica y no se escuda en la nostalgia de lo que debería ser, sino que disfruta de lo que es y del proceso de creación que supone convertirse en mujer. Toda esta evolución también tiene lugar en el espacio de la literatura mediante el *parler-femme*, donde la mujer encuentra su lenguaje, habla y construye al mismo tiempo, construye deseos, miedos, espacios... universos de significación únicos donde la mujer toma la palabra y aborda el sistema que la asfixia, como hace Sharon Olds en EEUU y Concha García en España.

LA POÉTICA DE CONCHA GARCÍA

Adentrarse en la poética de Concha García no es gratis. Deberíamos tener en cuenta que una vez que comencemos a leer a esta poeta nuestra percepción del mundo no volverá a ser la misma. Nosotros no volveremos a ser los mismos, o por lo menos seremos conscientes, de una manera inconsciente, de que también somos otros al mismo ¿tiempo?

Si ya está resultando complicado entender lo que estoy diciendo, es el momento de jugar a descifrar el juego poético de Concha García.

Hace años, según los almanaques allá por 1956, nació una mujer en Córdoba, en La Rambla concretamente, que se licenció en Filología Hispánica en la Universidad de Barcelona, ciudad que hasta hoy habita. Ella se convirtió en poeta mediante poemarios como *Por mí no arderán los quicios ni se quemarán las teas* (Aula negra, Claraboya, Universidad de León, 1986), *Otra ley* (Víctor Orenga, Valencia, 1987), *Ya nada es rito* (Primer Premio Poesía Barcarola, Diputación de Albacete, 1988), *Desdén* (Libertarias-Prodhufi, Madrid, 1990), *Pormenor* (Libertarias, Madrid, 1993), *Ayer y calles* (Premio Jaime Gil de Biedma, Visor, Madrid, 1994), *Cuántas llaves* (Icaria, Barcelona, 1998), *Árboles que ya florecerán* (Igitur, Tarragona, 2001), *Lo de ella* (Icaria, Barcelona, 2003) y *Acontecimiento* (Tusquets, Barcelona, 2008), además de con su obra fronteriza *Miamor.doc* (Debolsillo, Barcelona, 2001). Durante este proceso, la poeta también se convirtió en mujer.

VINO, VENTANAS Y POESÍA

Como la poética de Concha García es un juego de autocomprensión y autocreación en el que todos estamos involucrados, lo primero que deberíamos hacer es intentar entender algunas de sus reglas.

ABRIR Y CERRAR PERSIANAS

Antes de nada, habría que distinguir entre dentro y fuera (que, por otra parte, no es tan sencillo como quieren hacernos creer en los programas infantiles), pues ambos espacios están plagados de connotaciones basadas en el sistema patriarcal (esto no se lo explican a los niños, desgraciadamente). Los hombres salen a cazar, a trabajar, mientras que las mujeres cosen y tocan dulcemente el cabello de sus hijos. Ya no. Concha García nos enseña a transfigurar el espacio y con ella nos sentimos caracoles que portan su casa, aunque dentro de sí mismos. Desmembrando cada hogar que hemos habitado, cogiendo una silla, un vaso, una cama, una fotografía en la pared... seremos capaces de convertirnos en nómadas en el recuerdo y crear nuestro lugar único a base de fragmentos de todo lo que querríamos llevar siempre con nosotros. Así, la casa como enclave femenino se transforma en una coordenada de espacio reivindicativo en el que la escritora quiere construir su propio hogar.

> La cama. Yo nací en una cama antigua. Era la de mi bisabuela. No había hospitales en el pueblo donde nací. Mi madre rompió un barrote de la cama apretando para que yo saliera. Mi padre no estuvo presente porque le daba miedo. Mi padre entró cuando ya me habían cortado el cordón umbilical.
>
> (2001: 71-72)

En este fragmento de *Miamor.doc*, Concha García utiliza la cama para presentarnos a millones de sagas femeninas que encuentran en ella el símbolo de la maternidad. Es ese el espacio de la mujer, no el hospital, que está fuera; no es el espacio del hombre, que también está fuera. Es el espacio de la mujer, es el espacio del sufrimiento; el hombre se convierte en padre una vez que el dolor ha cesado, que la madre ya ha roto el barrote de la cama y ha cortado el cordón umbilical, una vez que la hija ya está fuera. La poeta denuncia y actúa, ella es el final de una lista de madres sufridoras, el final de un espacio presupuesto, y se adueña de la cama, le da un nuevo sentido, a veces también doloroso, pero propio.

Concha García expulsa también al hombre de la cama y convierte este lugar en un espacio femenino nuevo, en el que existe el placer. Rompe el barrote de la simbología milenaria, y corta el cordón umbilical con todas las madres que la precedieron. Las mujeres, ahora, gozan en la cama sin la necesidad de un hijo, sin la necesidad de un hombre, incluso sin la necesidad del otro.

> He visto romperse cántaros y estaba presente.
> Mi cuarto es una playa. Se extiende.
> Mi cuarto. Compartí en lugares poco ignotos
> la mirada nunca correspondida. Nunca dispuesta.
> Mi cuarto no deja de ser un dormitorio

con una cama, en sus garras estuve presente.
Era una geografía limitada por demarcaciones
territoriales. Una parca extensión de terreno
de la que emergía una ciudad con lengua propia
donde pude ver mis dedos
desentendiéndose del sentimiento. Es grave
por ahí comienza **todo**. *Lo vas a tener difícil.*
Yo también. Estoy rota.
La belleza es transitoria si no conmueve.
El centro resquebrajado. Las aristas romas.
Me gustaba estar sobre la cama
de mi cuarto, los botines morían.
Yo también, pero era una valentía,
un brillo del no. Me eduqué en la quimera
del **sí a todo**. El poema es un tragaluz.
Despuntaba el día cuadrilátero.
Nuestras cabezas. Los cántaros[2].

Este poema, titulado «Un brillo del no» (García, 2007: 361), le sirve a Concha García para romper y replantear la cultura femenina en el espacio de la cama y de la habitación propia. Ahora este es un lugar para reflexionar, vivir y crear, no sólo para parir. Pasa de «geografía limitada por demarcaciones territoriales», a convertirse en un espacio en el que descalzarse y soñar e imaginar un mundo distinto del «sí a todo», un mundo resquebrajado, difícil, en el que una mujer rota parte de sus pedazos para reinventarse única, alejada de los cántaros, donde el líquido amniótico es mar y las cabezas de los recién nacidos, playas que se expanden.

Hemos repasado el interior, la casa, que habita y es habitada dentro de la propia mujer. Y al otro lado de la ventana, del balcón, están los demás, el *fuera* del que la poeta huye, las calles que sólo transita para entrar en otra casa, en otro bar. Sin embargo, se asoma para observarlos y para imaginar sus vidas allá fuera, incluso en algunos casos se toma la libertad de incluirse en sus rutinas, de sentarse a su mesa, de convertirse en un integrante más de la familia.

> Los vecinos están poniendo la mesa. La mujer mira hacia mi ventana y nos cruzamos la mirada. Me voy un rato con ellos mientras busco la botella. Estoy sentada también alrededor de la mesa. Mi padre me riñe porque llegué tarde la noche anterior y dice que no es correcto que una mujer ande sola hasta altas horas de la madrugada. Me lo vuelve a decir y grita. La mujer para en seco y decide no servir la comida hasta que el hombre se calme. Yo estoy temblando porque no sé dónde ocultarme.
>
> (García, 2001: 91)

---

2. La negrita es del original.

La observadora se convierte en parte integrante de la escena. También, en creadora, pues utiliza lo que ve más allá de su ventana para recordar un fragmento de su vida, que ya ha pasado a formar parte de lo que está fuera, aunque de vez en cuando regrese a la memoria. Sin embargo, ya es algo reestructurado después de haber pasado por el tamiz del juicio de la mujer adulta. El padre (activo) riñe y la madre (pasiva) espera para servir, pero ambos merecen el mismo veredicto: culpables, ya que los dos, desde diferentes espacios, censuran a una hija que cruza el umbral de la casa y del día. La niña no sabe dónde esconderse, pero ya es consciente de que se está escondiendo y de qué.

Desde un espacio protegido, donde la rutina es creada por la mujer y sólo por ella, se asoma a mirar a los otros con distancia, pero siempre está presente lo que hay fuera, aunque simplemente sea para que la escritora recuerde los caminos que no debe seguir. La poesía de Concha García parte del intimismo, del interiorismo plagado de muebles, menaje, ropa... y se expande hasta la ventana, el balcón, la terraza, por donde mira la calle, el mar, la lluvia, los coches y las otras ventanas que no son la suya. Un universo a priori pequeño y estructurado, pero que se expande y se divide, más propio de la física cuántica que de la teoría literaria.

Esta es una de las reglas de la escritora. Siempre jugamos en casa; los demás llevan puesta la indumentaria de visitantes, aunque la laven después en nuestra lavadora.

Y dentro de casa, esté donde esté, porque somos nosotros mismos —«Mi casa es mi cuerpo» (García, 2001: 78)—, podemos invadir cualquier territorio, incluso aquel que durante tanto tiempo perteneció a los hombres, como los bares. Concha García transforma un típico *fuera* en un *dentro*. La mujer que fuma, la mujer que bebe, la mujer que sale sola, la mujer que bebe sola. Une el whisky a la lavadora; el tabaco a las sábanas, y así, haciendo un uso incorrecto de ambos espacios, crea una tierra de nadie más que de ella: una mujer solitaria que abre la botella de vino y cocina, hace la compra y compra tabaco. Vive sola y entra sola a los bares en busca de compañía y no de amor.

> Cuando llegas, la recuerdas.
> Sí, sabes por qué. El gesto de la solitaria
> es tenaz y aprieta el contestador automático.
> Cuando llegas, bebes
> incendias de humo el habitáculo
> con ventanas, y no quieres cenar
> porque el plato sería una catástrofe.
> Ella está allí, en las patatas,
> en la cebolla macerada en vinagre
> durante cuatro días, y te giras
> hacia la televisión. La cortina, el mundo
> no es ningún misterio. Es tan simple
> encontrarla luego en tu pijama

> o pegada a un montón de facturas
> que ojeas sin interés. Luego buscas
> un lleno total. Algo eclipsante,
> terrible, oneroso.

Pocas veces los lugares comunes fueron tan poco comunes, como podemos observar en el anterior poema, «Círculo» (García, 2007: 261). De la misma forma en que escribiría Diógenes su poesía, Concha García recoge todo aquello que a los demás no nos sirve para hacer literatura, y une el vinagre con el pijama, la cortina con la cebolla, el humo con las facturas, y todo junto rompe la unidad del hogar sencillo para reflejar el hogar-sensación, donde cada objeto adquiere un nuevo valor al ser colocado en un lugar concreto pero extraño. Vemos con nuestros propios ojos cómo se construye una casa, un nuevo concepto de casa en el que la mujer es libre de utilizar los utensilios que prefiera, incluso de transfigurar la funcionalidad de cada uno de ellos. Concha García quizá no sepa poner ladrillos, pero levanta una estructura basada en la inestabilidad y en el derrumbe que adquiere, más que nunca, su propia consistencia.

... OCTUBRE, MARTES, FEBRERO, JUEVES...

A la hora de jugar a leer a Concha García, debemos tener en cuenta otra regla importante: el tiempo. ¿Cuánto dura una partida? ¿Ha pasado el tiempo desde que empezamos a jugar? La respuesta a la primera pregunta es «lo que quieras», y a la segunda, «no». Si utilizamos el reloj de arena que encontramos en algunos juegos de mesa, podremos comprobar que lo único que pasa de un lado a otro es la arena, y aun si quisiéramos creer que esta simboliza el tiempo, también es obvio que podemos girar el reloj las veces que nos plazca, para un lado y para el otro. Entonces, ¿qué es el tiempo? La respuesta de la escritora recorre toda su literatura, y parece resumirse en los últimos versos del poema «Sucedió» (García, 2007: 490):

> Como si el paso
> de este tiempo
> fuera exactamente
> *el tiempo.*

El tiempo es «como si» hubiera tiempo. Todos hemos aceptado su existencia. Sin embargo, Concha García también nos enseña a reciclarlo, pues eso es lo único que hacemos, ya que sólo existe el presente. El futuro no ha tenido lugar, y el pasado es aquellos restos que reutilizamos para construir nuestro presente, también formado a base de fragmentos que, al usarse de forma selectiva, renacen con una nueva entidad, de la misma forma que aquel que los selecciona se crea a sí mismo.

Concha García se burla del tiempo, de los nombres que les ponemos a las cosas que no existen. Utiliza los meses y los días de la semana con una concreción que roza el absurdo y lo espeluznante —«la noto tan bimestral», (García, 2007: 39), «mi cuerpo de martes» (García, 2007: 85)—. Sin embargo, embellece el instante, el borde del instante, un momento único que refleja la realidad tangible y nos regala imágenes cotidianas que miradas directamente hacen más daño que un eclipse de sol, como buscar las gafas, bajar una persiana, alguien que golpea una pared, una silla que se vuelca, mirar por la ventana, agarrarse a una barandilla, estar entre las sábanas, el vaso del desayuno, arrastrar una bolsa que contiene alimentos, subir la escalera, perder las llaves, observar un queso troceado en la vitrina de un bar, cortar trozos de lechuga, recoger la ropa, desplegar una servilleta, cambiar de canal muchas veces, quitarse los zapatos...

El tiempo es ahora o un círculo para Concha García —«El tiempo era circular y me asediaba en cada rincón de mi casa» (García, 2001: 69)—, pues la materia con la cual ella construye su literatura es la conjunción de instantes evocadores, de aquellos momentos que pasan a nuestro lado y no percibimos pensando en la palabra «jueves», aquellos que nos hacen viajar de un lado a otro y transforman nuestra casa en un universo en expansión.

Desde que Proust inventara la máquina del tiempo, muchos han sido los que han viajado a partir de una magdalena hasta su infancia, ese es el camino que elige Concha García: oler y viajar, más lejos y más rápido que cualquier Concorde. En la novela *Miamor.doc*, la narradora se mueve hacia delante y hacia atrás a su antojo, y así se encuentra con H., su amada, siempre que lo desea y en el momento «histórico» que más le conviene —«Yo tenía el don de aparecer en tu silla y de ubicarme en tu bañera» (García, 2001: 73)—. Mientras que por un lado avanza el calendario regular (domingo, lunes, martes...), con los ruidos de los vecinos de fondo, auténticos habitantes de los almanaques; por otro, la voz en primera persona recorre una y otra vez un trayecto de cinco años. Su pelo es corto y largo al mismo tiempo, sufre y es feliz en sólo un instante, y pierde a su amada en el mismo momento en que la ama. Las dos son más jóvenes y más viejas, habitan la realidad de las fotografías y la ficción de los recuerdos. El tiempo es una herramienta que Concha García también domina a su antojo, y otra forma de sentirse una mujer libre.

EL GESTO DE LA SOLITARIA

Tercera regla: es indispensable partir de la soledad. Este es un juego que debemos practicar solos, y quien crea que está jugando con otros no ha comprendido el sistema. La poética de Concha García es una apología de la soledad, pero no nos habla de una soledad romántica, melancólica y añorante, sino de una soledad aprehendida; no estamos solos, somos solos. La soledad es un parámetro intrínseco al ser humano, los demás son parches, muletas, perchas.

Las mujeres vivían bajo el abrigo de sus padres y más tarde, bajo la protección de su marido, se convertían en el abrigo de sus hijos, pero Concha García tira los abrigos sobre sus personajes:

> Me quiero ir porque he estado toda la tarde metida en el armario y he roto la barra de las perchas, se han caído los abrigos y las chaquetas sobre mí, me he ido corriendo del armario y todavía no se han dado cuenta de la catástrofe.
>
> (García, 2001: 40)

y los deja a solas frente a todo para que se hagan fuertes y reales, para que se conozcan como son sin convertirse en secuelas de sus madres. Tras el aislamiento total de la mujer, surge el individuo. Es como un experimento. ¿Una mujer sola es capaz de sobrevivir?, ¿es posible que derribe los pilares culturales sobre los que se asienta su género y surja un mundo nuevo y único que le sea útil sólo a ella, creado por ella para saciar sus verdaderas necesidades fuera de la maternidad, el matrimonio, la decoración y la posesión? Este es el juego: «... yo, que casi sola,/ he creado el mundo» (García, 2007: 457).

TODAS LAS OTRAS

Lo de ella, título de su poemario más complejo, nos marca aquello que como lectores debemos encontrar: ella poeta, ella personaje, ella mujer. Ella. Y lo que ella, como individuo y como escritora, busca. Es una poética de mujer que surge del femenino y se dirige también hacia él. De ahí el desdoblamiento de la voz narradora. El juego consiste en la catarsis, en convertirse en otra cosa distinta a la que éramos, desechando todo lo que nos sobra y aprovechando al máximo lo imprescindible, cada pedazo de aquello necesario para sentirnos completos. Hablamos de la esencia, «esa especie de soledad... llena de sabiduría y dolor, de esa soledad que no necesita de una ausencia, o sea, lo que es una soledad pura, como mirar el mundo desde el ángulo más comprometido con uno mismo (Keefe Ugalde, 1991: 191)». Es decir, la búsqueda parte de aquella que se ha quedado sola consigo misma porque no acepta las reglas del juego y debe inventarse unas nuevas. Eso es lo que hace Concha García y lo que el lector hace con ella.

La siguiente definición de la propia autora nos deja claro que el cambio tiene lugar en su poesía, cada poema es dinámico porque se mueve, se rompe, y ese movimiento es tan real que duele.

> En conjunto pienso que todos los poemas, unos más que otros, son claves de autodescubrimiento; además, así das cabida a todas las otredades que tienes. «Ya he vendido los volantes y las ramplonas medias»,

cuando lo escribí, me planteé dejar de sufrir una situación engorrosa socialmente, quiero decir que dije adiós a los lazos rosas, ya no quería ser esa mujer de la que fui un proyecto. En el otro poema, «Rota su larga manía», pasó exactamente lo mismo. Pienso que el libro entero es una declaración de principios pasados por el tamiz de la sexualidad o, mejor dicho, del sexo. Yo hago mía aquella frase que dice que «sólo creo en el sexo y en la muerte», Eros y Thánatos. La ruptura suele costar mucho, si no, no sería tal; eso hace que te sientas también sola.

(Keefe Ugalde, 1991: 194)

Tanto cuesta la ruptura que la escritora necesita hacerse con una especie de amiga imaginaria, y para ello decide partirse en varios cachitos, igual que hace con el tiempo y el espacio. De esta forma, ella es ella y la otra, ella es ella y yo, y tú, podemos decir que así ya no está sola a la hora de enfrentarse con ese mundo que le han preparado y que tan poco le gusta. Y es aquí cuando entramos en uno de los puntos de debate acerca de la literatura de Concha García, la existencia o no de la otra, y todo lo que ambas situaciones implican. Los pronombres, como todo lo demás, se mueven en el territorio de la ambigüedad, pues no sabemos hasta qué punto somos testigos de una relación entre varias personas, o si todas esas personas son la misma ella. Algunos autores han hablado de literatura lésbica, y otros, sin embargo, sólo de desdoblamiento. Sin embargo, la única certeza que tenemos, y seguramente no deberíamos saber más, es que las relaciones a las que nos enfrentamos rompen la estructura patriarcal, rompen con el *sí quiero* y con la eternidad. Ella y la otra se aman, se desean, se detestan. La otredad es evidente, pero la otredad también está dentro de nosotras mismas.

Así pues, lo de ella es la esencia que nos parte y nos deja solos ante nosotros mismos, lo de ella es el espejo en el que nos miramos cuando no queremos vernos pero queremos estar seguros de que estamos ahí. Lo de ella es nuestra sombra, nuestra fisura, nuestra grieta, ese espacio en blanco donde es posible introducir nuevos atributos, donde la cultura no ha dejado sus huellas dactilares, el lugar al que las mujeres podemos escapar si no queremos ser como las madres que no lloran y que no aman libremente. Lo de ella es el territorio virgen de la selva virgen, es el tiempo antes del tiempo, de los calendarios y de los santorales, es aquello que sólo puede tener una mujer que se atreve a tener miedo y se esconde sola para encontrar una salida que nadie le señala con el dedo.

Sin embargo, la simbología lésbica es evidente en toda la obra de Concha García, y aún más es su novela *Miamor.doc*, en la que, aunque no llega a utilizar nombres propios, sí hace uso de las iniciales, lo que parece un indicio de personalidad exenta, algo que no siempre aceptan los pronombres, únicos deícticos en su obra poética. De ella pasamos a H. y G., dos entidades que encarnan dos deseos muy distintos dentro de lo que parece un triángulo amoroso en el que ninguna mujer parece amar a quien le corresponde. H. es la identidad gemela, la amante que transita solitaria por la orilla de la realidad, que huye de convencionalismos y que, por lo tanto, jamás aceptará una relación estándar, algo que atrae y destruye a la narradora; por otro lado, encontramos a G., la mujer que quiere asirse desesperadamente a la vida cotidiana de su amante, y por eso mismo es repudiada, no ha comprendido cuál es el juego —«G. me dice que quiere vivir conmigo. Le sirvo otra copa.» (García, 2001: 94)—, no se puede llamar ruleta rusa si nos disparamos con una pistola de agua.

H. no está, no es más que fotografías y recuerdos, y ese es para la narradora el único amor posible pues supera las coordenadas espaciotemporales convencionales, es la fisura, el hueco, la realidad que parece ficción y viceversa; G. no puede resquebrajarse, por lo tanto no es válida. Tampoco es capaz de diluir a la narradora en la indeterminación como lo hace H. sin siquiera mover un dedo.

> Me estoy yendo de casa corriendo, a una velocidad vertiginosa. Vuelo a través de avenidas y voy a tu odiada ciudad. Penetro en tu cama y me meto entre las dos. No te dejo tranquila porque te muerdo los senos, los chupo, mientras la otra intenta atravesar mi solidez, tú notas un espasmo porque sabes que quien está realmente allí soy yo. Te amo. La otra te toma y te besa la boca y yo me meto entre la boca de ambas como un chorro de saliva. Soy vuestra saliva. Los dedos de la otra te tocan y yo me convierto en la yema de sus dedos. Soy un espíritu que se convierte en alma. La otra te está atrapando entre sus brazos y yo me interpongo a modo de piel. Tú sientes la suya aunque sabes que es la mía y sonríes. Te guiño el ojo. Te habla pero no sabes lo que dice porque me estás mirando a mí que ya estoy convertida en sábana. Te habla la voz de quien quieres realmente escuchar y somos felices durante un instante. Somos muy felices.
>
> (García, 2001: 92-93)

El instante y la ficción que se siente como realidad son factores imprescindibles para que el amor tenga lugar, pues esta es la única circunstancia en la que los lugares comunes pueden poetizarse, en la que lo cotidiano es la transfiguración, la completa unión, pero tan alejada de la posesión que nada tiene que ver con ese amor romántico donde todo nos lleva al distanciamiento dentro de un territorio común. El amor es no encontrar la ropa de la otra en la lavadora y añorarla y poder inventársela, no todo lo contrario. El deseo es la carencia y la creación de un sustituto, volar, convertirse en saliva y en sábana.

Esta escena de sexo astral es claramente lésbica, mientras que en su poesía habría que buscar señales más sutiles que nos acercasen a relaciones de este tipo, aunque en ningún momento deberíamos descartar el onanismo.

DE DIOSAS Y RITOS

La poética de Concha García es, por tanto, feminista, ya que intenta romper los lazos que nos atan a las mujeres que nos precedieron y nos educaron dentro de una sociedad patriarcal para encontrar a la madre original, a la mujer ancestral con sus propios ritos femeninos. Y esta ruptura abarca toda su existencia. Como una especie de terapia, cada texto plantea y replantea el hecho de ser mujer. De forma obsesiva, reiterativa, desde todos flancos, propios y ajenos, nos acercamos a la problemática que supone nacer mujer y querer ser otra cosa, una mujer. Así, Concha García agota los senderos de la crítica.

> Al dejar la plancha
> descubre una oquedad, una breve alegría.
> Aligera el acontecimiento y frunce el ceño
> observando arrugas, tejidos, que gloriosos
> penden de un tendedero bajo los rayos
> de un sol que filtra briznas. Fábricas:
> el cemento es poesía, le roba a las macetas
> el germen del perejil y arropa su mano
> dentro de un bolsillo vacío de monedas.
> El tendido eléctrico le abstrae. Es un paisaje
> sublime que roza la cotidiana aspereza
> de sus dedos. Hinca la mirada en las vías
> férreas. No llegará el día. No sabe
> que no llegará el día. Aspirando un aire
> con polvillo desea ser vencida.
> Orea la ropa, el tendedero es un lujo
> la dimensión de un sueño, el espacio
> de su designio.

Lo más triste de este poema, «La pena de una mujer joven» (García, 2007: 305), es que se trata de una mujer joven que aún tiene fe en las oquedades y en las briznas. Todavía existe para ella un pequeño roto por el que cruelmente se introduce una falsa esperanza, pero «No llegará el día. No sabe que no llegará el día». No existe la posibilidad ya que no tiene poder adquisitivo, no es independiente, y acabará asumiendo su territorio, deseará ser vencida y aceptar que su mayor sueño será un pequeño electrodoméstico que, tal vez, le ayude a atenuar la aspereza de sus dedos.

Un instante de felicidad es lo que más dolor puede producir a una mujer que no está dispuesta a luchar por alimentarse de los huecos de las ventanas, pero Concha García vive a través de ellos aunque esto le suponga la soledad y la incomprensión por parte de todas aquellas mujeres que se tapan los ojos con una venda que ellas mismas han lavado y planchado. Su poesía es una lección de ética, de cómo los brazos caídos sobre la plancha, sobre el tendedero no son útiles para una sociedad que evoluciona favorablemente entre vasos de vino. Debemos acabar con los ritos ancestrales y crear otros nuevos, no es excusa la educación recibida porque cada uno de nosotros, tanto hombres como mujeres, tenemos la capacidad de reinventar lo sagrado, de desligarnos de las madres que nos recuerdan que somos chicas malas, de perder el miedo a la ruptura y a la crítica. Como dice la escritora: «A pesar de que educacionalmente la vida te conforma un carácter, tú lo puedes romper, tú tienes el poder de romperlo. En este sentido somos un poco dioses, los héroes de nuestra propia vida» (Keefe Ugalde, 1991: 196). Concha García es una heroína, una diosa... una poeta.

EL LENGUAJE DEL SUEÑO

Si, como hemos visto antes, la propia autora en su receta poética apunta que uno de los ingredientes principales es que la realidad parezca ficción (Keefe Ugalde, 1991: 192), debemos presuponer que nos encontramos en una fisura en la cual ambos sentidos se confunden. Para ello, Concha García resquebraja el orden de la lógica en todos los sentidos, deconstruye el tiempo, el espacio y los personajes, lo mismo hace con el lenguaje a través de diferentes mecanismos poéticos, tanto formales como semánticos.

La escritora, en una conversación con Sharon Keefe Ugalde, nos da la clave de su poesía: «hago los poemas tal como surgen los pensamientos, porque una no piensa con una sintaxis de academia, ni está el complemento directo después del verbo. Una piensa con frases entrecortadas y sueltas» (Keefe Ugalde, 1991: 194).

La poética de Concha García posee la estructura de un sueño, de una obsesión, de una introspección en la que el ente que sueña o piensa se deja arrastrar, libre de esfuerzo, por todo aquello que interfiere en su existencia en el mismo instante en que sucede. De nuevo ese instante del que hablábamos antes, es él el que nos da esa sensación de velocidad y quietud al mismo tiempo, de movimiento en círculo. Una especie de ruptura y conexión, como las partículas que, aisladas, giran ordenadamente dando lugar a una realidad precisa.

Es, pues, este caos el que dota de sentido a la literatura de Concha García, esta atomización es la que da lugar a un universo poético compacto y reconocible. Por muy rotas que estén las estructuras, es la fisura, el hueco entre los dobleces, el agujero, la que da sentido al poema.

> El hedor. O te necesito. Te ne-
> cesito aquí quien aúpa este
> bobo enlentecerse de mis
> facciones. Oh, aquí, donde yo
> te necesito haciendo

>   el sonido de la castañuela, plas-plas,
>   debajo de la cama, encima, más
>   lejos que ese pestañeo que no
>   me idealiza yo te ne-
>   cesito.

«La delicadeza de un rato» (García, 2007: 209), este es el título del poema, lleva al límite de lo abrupto la estructura externa pues, como podemos observar, los encabalgamientos llegan incluso a partir las palabras. Hasta visualmente tenemos la sensación de enfrentarnos con una grieta. Todo lo que Concha García construye surge de la destrucción y el desmoronamiento, y su poesía está plagada de fisuras semánticas que nos hacen tambalearnos: sustantivos como agujero, vacío, roces, comisuras, horizonte, estría, doblez, arruga, límite, pedazo, trocito, franja, ranura, sumidero, contracción, rotura, parte, oquedad, fragmento, tambaleo, trazo, fisura, precipicio, grieta, hendidura, dispersión, recorte, triza, hueco, abertura, divisibilidad... adjetivos como dividido, deshilachado, agrietado, roto, carcomido, vertida, resquebrajada, desparramada, desgajada, esparcida, deshecho, difuminado, mordida... y verbos como apuñalar, fragmentarse, desarmar, derretir, desparramarse, desmembrar, volcar, dividir, tropezar, disolver, taladrar, agrietarse, deshacerse, desprender, dispersar, desintegrar, romper, masticar...

La semántica del derrumbe es uno de los anclajes de la poética de Concha García, que de manera extensible alcanza al lenguaje (titubear, deletrear, balbucear...). Mediante este proceso de vibración, caída, fragmentación..., vamos interiorizando una terminología, que en principio sería agresiva, hasta convertirla en algo natural y cotidiano. Rompemos la lengua y así rompemos el mundo, o simplemente somos conscientes de que los pilares que nos sostienen están hechos de fragmentos de otros, igual que la poesía de Concha García nace de la deconstrucción de la sintaxis, mecanismo a través del cual descontextualizará todos los tópicos vitales y literarios, como el tiempo, el espacio, el sujeto...

ESTÁN CABIZBAJOS, SE NOTA QUE NO SUEÑAN

Al partirnos en pedazos y habitar una realidad fragmentada, llegamos a formar parte del mundo de la ensoñación. Nos movemos a través de algo que es y no es al mismo tiempo, algo que parece..., que es como si..., el territorio del recuerdo, del sueño, de la imaginación. Todo se une para escapar de la realidad impuesta y cuestionar aquello que intenta predeterminar nuestra existencia.

¿Es sólo nuestro inconsciente capaz de hacer algo novedoso? Realmente es él el que comienza a crear y nosotros los que lo amordazamos. Concha García aboga por los cadáveres exquisitos de mujeres, cadáveres mutilados y clavados con chinchetas en diferentes lugares y tiempos que, según parece, no les pertenecen. Con partes de mujeres crea mujeres, con pedazos de frases, escribe poemas.

La escritora no se deja vencer por los estigmas femeninos, sino por sus pensamientos de mujer, y así, como si de un diván se tratara, verbaliza su ser a través de un personaje poético que toma su voz y la de todas aquellas mujeres que deciden escuchar a su cerebro y no a las bocas de los otros. Libre de normas, la poesía desata lazos rosas y se mimetiza con el resto de palabras, de pensamientos comunes a cualquier poeta que sueña con la libertad sin espacio ni tiempo. Es aquí donde tienen cabida las paradojas, que pueblan los poemas y que hacen posible una realidad alternativa, incluso opuesta, en cada momento, «el equilibrado espacio del desasosiego» (García, 2007: 101); «la sabiduría de un sabio que ha perdido la manera de razonar» (2007: 119); cuando, «de pronto, le parece increíble creer tantas cosas» (2007: 124); «me alejo también de cerca» (2007: 179); «He sido eterna un rato» (2007: 249); algo pegadizo que me enerva y que me calma» (2007: 275); «desvelando en esa geometría cataclismos» (2007: 295); «el deslumbramiento del lado de la sombra» (2007: 321); «sentimiento de vela apagándose estando encendida» (2007: 376); «presencia de escondite» (2007: 387), y que dan lugar a una especie de aforismos, como si de textos de Cioran se tratase, en los que a través de la contradicción llegamos al punto concreto de lo inexplicable.

Y por si no nos bastaba con esto, los sueños, o poemas, de Concha García son recurrentes..., lo que demuestra que hay ciertos puntos en los que debemos quedarnos clavados, palabras que encierran enigmas y símbolos para la autora, y que suelen estar cargados de matices de trasgresión femenina.

> *Recuerdo* dos horas seguidas.
> Luego un *abatimiento*. Se filtraba
> la luz, pero anochecía. Yo era otra.
> ¿Dónde estará aquella ropa?
> Era la misma que soy ahora.
> Menos cosas que *recordar*
> menos *vida*, o más *vida*, o poca
> *vida*. O ninguna *vida* por delante
> ni hacia atrás. Mi *vida*. ¿Qué es mi *vida*?
> Estaba sentada en otra silla, lo *recuerdo*,
> estructura de madera recubierta de lona.
> Sobre una mesa con cristal resquebrajado
> escribí un *poema*, ¿o era el mismo
> *poema*? Un ansia de recordar
> lo invade todo y decido escribir
> cinco o seis *poemas* más. Me llevan
> a raros lugares donde estuve. No *sufro*.
> *Sufría*. ¿Mejor o peor? *Abatimiento*
> porque *recuerdo* la misma *soledad*.

> La misma *soledad* no me convierte en otra persona.
> Será ese el hilo, mi fantasma, mi amor,
> el que eleva y me deshace, pero no
> me perturba. Sería cuestión
> de sentir distintas *soledades*. Varias *soledades*.
> Que muchas *soledades* se agolpasen de pronto
> para ir al supermercado, o sintiendo
> deseos de ir al mar. Que todas las *soledades*
> se dispersaran para confundir ésta tan real.
> Y al ser tantas, podría elegir matices,
> colores, estelas, varios *poemas* para varios estados
> y no escribiría el mismo *poema*
> al repetir esa exhalación que sólo oyen
> ciertas solitarias al chafar la colilla
> con la punta del zapato[3].

He elegido este poema, «La derrota da pruebas de que estamos vivos», (García, 2007: 291-292) porque muestra una gran cantidad de puntos clave en la poética de la autora que nos ocupa, y, además, en él apreciamos cómo el exceso de repeticiones nos lleva a tomar partido por ciertas palabras y sentidos.

NO ACEPTAMOS IMITACIONES

Sin dejar de lado los sueños, esta vez nos metemos de lleno en la cama, pero no en una cama cualquiera. Tengamos presente lo que Arthur C. Danton argumenta en su libro *La transfiguración del lugar común* (2002: 35-36):

> Sólo las formas son definitivamente reales, en tanto que inmunes al cambio: las cosas van y vienen, pero las formas que estas cosas ejemplifican no se mueven; está claro que ganan y pierden ejemplificaciones, pero existen por sí mismas, independientemente de éstas. Así la forma de *la cama* debe distinguirse de las camas particulares, hechas por los carpinteros y que participan de esta forma común[4].

Seguramente nunca encontraremos la cama de la que habla Concha García en un centro de recogida de muebles, también dudo que vaya a unos grandes almacenes a comprar una nueva antes de escribir un poema. Tal vez me equi-

---

[3]. La cursiva es mía. La utilizo para resaltar las repeticiones de la autora a lo largo de todo el poema.
[4]. La cursiva es del original.

voque, pero la cama de la que habla la escritora es La Cama, un lugar lleno de vida que está más cerca del nido que de la mesilla de noche. La cama es el centro de la casa, del entramado de un hogar que llega hasta La Ventana, el resto son extensiones unidas a la araña de la memoria que giran dentro de La Casa. Las mayúsculas son marcas de conceptos, pues no es posible la reproducción de ninguna de estas tres piezas a manos de ningún profesional del medio. Son conceptos hechos de conceptos hechos de fragmentos de conceptos y así hasta que nos duela la cabeza, pero que crean algunas de las más hermosas imágenes de la poesía española actual[5]:

... es más bella la sombra de los edificios que la puerta de esta casa... (125).
Tengo descuidado el cajón y me olvidé
de dormir seis noches,... (129).
... el mundo y el palillo de dientes son dos conceptos manejables enfrente del televisor... (153).
... el lindo vaso donde bebió horas enteras sobre el vacío escaparate de su casa... (155).
... y si alguna cosa queda será que habré aprendido por fin a manejar el tenedor del pescado. (236).
Iba a charcuterías y te invitaba a cenar. Eso era una muestra evidente de mi ternura... (237).
Nada tan nimio como ese vaso mal fregado esperando una cita... (238).
La rareza de un bosque en un póster sobre la aguja del reloj (239).
Calculado en segundos es todo mi pelo (243).
Ningún cuarto de baño creerá que has estado viva... (245).
Fregando platos notabas el dolor... (246).
Una mujer que le ame sin nadie en las sillas... (247).
... vivo en varias latitudes con sillas y sofás, en aceiteras de distinta transparencia... (256).
Amarte han sido perchas en los armarios... (258).
Súbito vuelo de la jaula al columpio de la jaula... (262).
... el transcurrir pasa en una silla y sucede en la calle... (264).
Y me quedaré dormida con el mando a distancia entre las piernas... (276).
En el instante de poner el vaso sobre el libro de la silla... (307).
... lo sé porque los muebles desarmados hacen sombra y la luz sólo deja ver restos de un cabello... (321).
La colcha forma una imagen frontal que se deshila como si tuviese poder la cama... (354).

---

5. Todos los fragmentos pertenecen a García, 2007, por lo tanto sólo está marcada la página a la que corresponden.

... buscando en las grietas de la pared una especie de recuerdo como de ventana caída... (362).
... sueño con habitaciones sin puerta... (364).
... crecen arbustos
y se encaraman a una mesa plegable.
Veo restos de un desayuno entre varios,
la imaginación de los que estuvieron
ha formado una nube de pensamientos
que se deshace, como un recuerdo helado
sobre el cubo de fregar (366).
Te amaba mientras perdía las llaves... (377).
... qué pereza subir la escalera, qué rencor de peldaños... (388).
Lo demás no es vivir, es acercarse a muebles donde el no está escrito en un curioso silabeo con eco que tiene sonido de sí... (391).
Siento precipicios de camas largas y estrechas... (393).
... latir sobre un número indeterminado de camas... (430).
... un ansia que se prolonga hasta que se vuelca la silla donde te sentaste en una misma habitación... (431).
... en el rencor de muchas iniciales de otras sábanas... (432).
... el miedo cae vertical sobre un vaso... (457).

LA MUJER QUE VIVÍA EN GERUNDIO

En los años ochenta del siglo XX, la poesía femenina comienza a tener cierta relevancia en España. Las antologías, los premios ya tienen nombre de mujeres. Concha García es una de ellas. Es en ese momento cuando comienza el proceso de construcción de esta poeta y de su obra que, como todo lo demás, surge de fragmentos. Cada poemario es un instante en el proceso activo de evolución de Concha García desde lo que ella misma denomina «trilogía previa» (*Otra ley*, *Ya nada es rito* y *Desdén*) hasta completar el viaje poético en *Lo de ella*, obra en la que la escritora parece haber encontrado su lenguaje, más sintético y depurado, compuesto por pequeños poemas, casi fragmentos, sin título. En ella habla el idioma de la mujer que ha huido de lo que pretendían que fuese y ha habilitado una nueva lengua basada en su obra anterior, en otros escritores, como Celan o Ajmátova, y en unas profundas creencias que hacen que todo se tambalee a su alrededor menos lo de ella, su esencia femenina, y la decisión de dar a luz un lenguaje con el que pueda realmente hablar el mundo que desea: «Como gestarse sola/ o verter por segunda vez/ enredada en el embozo» (García, 2007: 450).

Si tenemos en cuenta los tres periodos que Elaine Showalter (Moil, 1988: 66-67) establece a la hora de hablar de la evolución de la literatura femenina, Concha García habría superado las dos primeras (femenina o de imitación del canon y feminista o de protesta) para encaramarse en la tercera: de la mujer o del autodescubrimiento. Y es por eso por lo que habita en el gerundio, porque el proceso que cubre su literatura es instantáneo y eterno.

Concha García encarna con sus textos lo femenino, rompiendo clichés y apoderándose de los pronombres sin pedir permiso a nadie. Y se expresa con boca y cuerpo de mujer, de una mujer que ama a las mujeres, estén fuera o dentro de sí misma, a todas aquellas que pueblan el territorio de la libertad.

Casi a punto de cerrar este ensayo, Concha García ha publicado su poemario *Acontecimiento* que, según palabras de la propia autora «cierra una etapa de mi poética en la que la mujer ha sido cercada por la existencia cotidiana»[6]. El libro termina con un viaje, una salida al exterior, después de recorrer a lo largo de las páginas anteriores breves instantes aislados, vivencias ínfimas [«Ella se va calle abajo» (García, 2008: 75), «recogiéndose el pelo» (García, 2008: 73), «ordenando los libros» (García, 2008: 61)] que se convierten en intensas imágenes poéticas. Cada obra, cada poema, cada frase de Concha García es un movimiento, una evolución, lo que no queremos saber es adónde vamos, sólo viajar.

BIBLIOGRAFÍA

AMORÓS, Celia (1992): «Notas para una teoría nominalista del patriarcado», *Asparkía*, Universitat Jaume I, Castellón, 1, 41-58.

BACHELARD, Gaston (2006): *La poética del espacio*, Fondo de Cultura Económica, México.

BELDA, Rosa María (2006): *La poesía de Concha García*, Litopress, Córdoba.

BUTLER, Judith (2006): *Deshacer el género*, Paidós, Barcelona.

CASTREJÓN, María (2008): *... Que me estoy muriendo de agua*, Egales, Barcelona-Madrid.

CIPLIJAUSKAITÉ, Biruté (1994): *La novela femenina contemporánea (1970-1985)*, Anthropos, Barcelona.

CIXOUS, Hélène (1995): *La risa de la medusa. Ensayos sobre la escritura*, Anthropos, Barcelona.

CLÉMENT, Catherine y KRISTEVA, Julia (2000): *Lo femenino y lo sagrado*, Cátedra, Madrid.

DELEUZE, Gilles (1988): *Diferencia y repetición*, Júcar, Madrid.

DERRIDA, Jaques (1989): *La escritura y la diferencia*, Anthropos, Barcelona.

---

[6]. Entrevista personal con la autora. Se puede consultar en: http://mariacastrejon.blogspot.com

DANTO, Arthur C. (2002): *La transfiguración del lugar común*, Paidós, Barcelona.
FEMENÍAS, María Luisa (2000): *Sobre sujeto y género. Lecturas feministas desde Beauvoir a Butler*, Catálogo, Buenos Aires.
GARCÍA, Concha (2001): *Miamor.doc*, Debolsillo, Barcelona.
GARCÍA, Concha (2003): *Diálogos de la Hetaria*, CajaSur, Córdoba.
GARCÍA, Concha (2005): *Si yo fuera otra*, Diputación de Málaga, Málaga.
GARCÍA, Concha (2007): *Ya nada es rito y otros poemas. 1987-2003*, Dilema, Madrid.
GARCÍA, Concha (2007a): «Todo es poetizable», *Prosopopeya: revista de crítica literaria contemporánea*, 5, 131-144.
GARCÍA, Concha (2008): *Acontecimiento*, Tusquets, Barcelona.
IRIGARAY, Luce (1984): *Éthique de la différence sexuelle*, Les éditions de Minuit, París.
IRIGARAY, Luce (1992): *Yo, tú, nosotras*, Cátedra, Madrid.
IRIGARAY, Luce (1994): *Speculum. Espéculo de la otra mujer*, Saltés, Madrid.
JUNG, Carl G. (1976): *El hombre y sus símbolos*, Caralt, Barcelona.
JUNG, Carl G. (1994): *Tipos psicológicos*, Edhasa, Barcelona.
KEEFE UGALDE, Sharon (1991): *Conversaciones y poemas. La nueva poesía femenina española en castellano*, Siglo XXI, Madrid.
LACAN, Jaques (2006): *Obras escogidas*, RBA, Barcelona.
LAURETIS, Teresa de (1992): *Alicia ya no*, Cátedra, Madrid.
LIBRERÍA MUJERES DE MILÁN (2004): *No creas tener derechos. La generación de la libertad femenina en las ideas y vivencias de un grupo de mujeres*, horas y Horas, Madrid.
LIBRERÍA MUJERES DE MILÁN (2006): *La cultura patas arriba. «Selección de la Revista Sottosopra con el final del patriarcado 1973-1996»*, horas y Horas, Madrid.
LORDE, Audre (2003): *La hermana, la extranjera*, horas y Horas, Madrid.
MILLET, Kate (1995): *Política sexual*, Cátedra, Madrid.
MOIL, Toril (1988): *Teoría literaria feminista*, Cátedra, Madrid.
MOURE, Teresa (2007): *La palabra de las hijas de Eva*, Lumen, Barcelona.
OSBORNE, Raquel (1992): *La construcción sexual de la realidad*, Cátedra, Madrid.
POSADA KUBISSA, Luisa (2006): «Diferencia, identidad y feminismo: una aproximación al pensamiento de Luce Irigaray», en *Logos. Anales del Seminario de Metafísica*, Universidad Complutense, Madrid, 39, 181-201.
RICH, Adrienne (2001): *Sangre, pan y poesía*, Icaria, Barcelona.
RICO, Francisco (1992): *Historia y crítica de la literatura española. Darío Villanueva y otros. Los nuevos nombres: 1975-1990*, Crítica, Barcelona.
RODRÍGUEZ MAGDA, Rosa María (1999): *Foucault y la genealogía de los sexos*, Anthropos, Barcelona.

5. MATERIAS SEX/TEXTUALES. DESEO, CUERPO Y ESCRITURA EN LA OBRA NARRATIVA DE FLAVIA COMPANY[1]
Meri Torras

> *Quizá lo que los induce a error*
> *sea precisamente la sencillez del asunto.*
> EDGAR ALLAN POE, «La carta robada»

La experiencia de lectura de los textos narrativos de Flavia Company (1963) puede suscitarnos muchas cosas pero jamás nos dejará indemnes. Si hay un denominador común en la obra de esta escritora argentino-catalana-española es la interpelación directa a la lectora/al lector, un apóstrofe del que es imposible librarse aún después de haber cerrado la última página del relato. En parte por este motivo, a menudo sus ficciones se amoldan bajo subgéneros autográficos, que favorecen la confidencia, especialmente siguiendo el formato de confesión o carta[2]. Aquella o aquél que lee, y su deseo, son quienes cerrarán en último término la estructura abierta del texto. Ese mismo deseo lector, constituyente de sentido y garante de que culminará la lectura, obliga a tomar decisiones en el transcurso del proceso que muy bien pueden considerarse políticas.

Este capítulo se centra en *Dame placer*, *Melalcor* y tres cuentos recientes para tratar de mostrar cómo a través de la escritura-lectura se materializan, desafían y/o subvierten las estructuras constitutivas de la identidad genérico-sexual, así como de las relaciones que de ellas deben derivarse. Estos relatos tematizan el proceso por el cual el sujeto deviene en negociación, no siempre armónica, con una serie de lenguajes y estructuras normativas. Una de ellas y fundamental es la que pretende regular las relaciones sexuales, el deseo y los cuerpos sexuados que desean.

---

1. Las ideas para este texto las he trabajado en el marco del grupo investigador Cos i Textualitat /Cuerpo y Textualidad (2005SGR-1013), dentro del proyecto «Los textos del cuerpo» (HUM2005-4159/FILO), adscrito al departamento de Filología Española de la Universidad Autónoma de Barcelona (http:cositextualitat/uab.cat).

2. En su tesis doctoral sobre Company, Eva Gutiérrez Pardina (2006) dedicó un capítulo a los usos epistolares en la narrativa de esta escritora. De hecho, podríamos considerar que esta vertiente de la autora tiene una continuidad particular a través del blog que Company mantiene activo en http://fcompany.blogspot.com, bajo el lema «La verdad, cuando encuentra su nivel, flota» (de Grace Paley).

Derrida está en lo cierto cuando observa, en *La carte postale*, que la literatura por entero puede considerarse una carta de amor. Así es la obra de Flavia Company.

DAME PLACER VERSUS *MELALCOR*: CONTINUIDADES Y DISCONTINUIDADES

En el artículo «*Dame placer* de Flavia Company: la seducción de la pasión (textual) lesbiana», Inmaculada Pertusa (2008) nos hacía partícipes de una lectura de esta espléndida novela fundamentada en su experiencia de lectora textualmente seducida. En efecto, en su aportación, llena aposta de fisuras o puntos de fuga, Pertusa propone considerar *Dame placer* (1999) como el texto que inaugura un «abrir camino a la escritura de la pasión lesbiana por sí misma» (112), frente a los relatos de escritoras que la precedieron —Tusquets, Moix, Riera, fundamentalmente— que, a juicio de Pertusa, mantienen el lesbianismo bajo «da heteronorma que rechaza el reconocimiento de una sexualidad lesbiana en el entorno de la heterosexualidad» (111). Dejando a un lado la pertinencia o no de esta periodización, que la académica de la Western Kentucky University establece sobre el *corpus* de ficción lésbica de la literatura española (a la luz de la que Lilian Faderman aplica en su antología de 1994), lo que me interesa de su texto y de lo que parte y comparte este capítulo, reside en que plantee la experiencia textual desde la experiencia sexual y negocie de este modo, cuerpo a cuerpo con el texto, nada más y nada menos que el placer:

> Pero realmente sí que me importa. Mucho. Me importa el placer que recibo al leer a Flavia Company, al encontrar la expresión de mi propia pasión lesbiana en las páginas de su novela. Me importa el placer que me da reconocerme (reconocer a mi amante) en las caricias descritas, en los besos dados, en los orgasmos alcanzados, en la geografía del cuerpo consumido por la pasión absoluta que se enuncia en sus páginas. Me importa su entrega y me importa la mía. «Dame placer y te daré la vida. Esta es la consigna.»
>
> (Pertusa, 2008: 112)

No hay otro trato posible con la obra de Company que el de la intimidad; ya advertí que nadie puede salir ileso/a de su lectura. *Dame placer* —como escribí en otro lugar— constituye una construcción literaria que al mismo tiempo que erige una pasión amorosa-sexual entre dos mujeres remite a través de ella

> [...] al goce de narrar, de escribir y de leer, apunta, en definitiva, a la relación afectiva de cualquiera que se asome al relato. Estamos pues, *también*,

ante una declaración poética: *Dame placer y te daré la vida* sigue siendo la consigna [...].

(Torras, 2006: 631)

No quiero volver aquí a proponer una reflexión a propósito de esta magnífica novela de Company, pero quise abrir estas páginas con *Dame placer* para, en la línea de la lectura de Pertusa, presentar esas materias sex/textuales que dan título a este capítulo y que entienden la escritura como un espacio de inscripción del deseo y del cuerpo, un mecanismo de incorporación del deseo sexual en el cuerpo textual; una materialización (corporeización, podría decirse, si entendemos la obra como *corpus*) dinámica, abierta, inconclusa siempre, porque ninguna lectura puede saturarla, satisfacerla, colmarla.

Quien lee entra en un juego que no es un juego. La literatura no trata únicamente de la vida; en tanto que creación, la literatura da la vida, es vida. Eso que llamamos vida no es, por lo tanto, meramente objeto, tampoco así el tema de las relaciones lesbianas serán, en Company, un simple tema más, representado y presente en su literatura. «En todo caso, literariamente hablando, no hay ninguna diferencia entre una historia de amor heterosexual y una homosexual», declaraba la autora (Vidal, 1999: 44). Añadía que la relación lesbiana:

> [...] viene a ser metáfora del deseo imposible de vivir para siempre, pero también se puede leer como un libro sobre el azar, porque quedarse colgado de alguien en unos grandes almacenes es cosa que le puede pasar a cualquiera (44).

¿Tiene la respuesta de Company un guiño para quien entienda que se está refiriendo veladamente a Patricia Highsmith y a *Carol*, la novela de relación lésbica (donde las protagonistas se enamoran también en unos grandes almacenes) que la autora norteamericana publicara en 1952 bajo pseudónimo para evitar —según la propia Highsmith declara en el prólogo de la reedición— que le colgaran la etiqueta de autora de literatura lésbica? *It's up to us.*

La interpelación directa hacia quien lee, a su cuerpo y a su deseo enredados en la textualidad, convertirá el deseo lésbico de *Dame placer* en llave (clave) vital para comprender y constituir el mundo. «Déjeme mostrarle mi imagen, pero no me la devuelva» (Company, 1999: 141), le advierte la protagonista de la novela a la narrataria silenciosa del relato, y la lectura es por lo menos doble. Por un lado, podemos considerar que algo semejante ocurre con la literatura, donde un/a autor/a nunca se comunica directamente con su lector/a y por tanto la imagen que genera nunca le es devuelta (esa es la gloria y la miseria de la escritura). Por otro lado, sin salir de la ficción narrativa, podemos entender que la advertencia pone de manifiesto el deseo de la narradora a no querer saber cómo es interpretada —ella y su historia de pasión—, cómo la juzga, clasifica y normaliza la sociedad a través de la figura de esta profesional (no sabemos exactamente de qué) que presuntamente la escucha[3]. Antes ya le había espetado:

> Míreme a la cara. ¿Qué ve? Dígame, [...] ¿Qué puede comprender usted por unas cuantas palabras que salen de aquí y que ni siquiera anota, ni retiene? Subráyeme, hágame la letra pequeña, casi invisible, de su contrato feliz con la vida. ¿Y cómo me atrevo verdad a inventarle a su silencio una vida feliz? ¿Cómo? ¿Se lo pregunta o no se pregunta usted nada acerca de mis suposiciones? Vamos, vamos, dígame que me entiende porque sufre, porque le duele lo que le cuento, porque en definitiva lo comparte hasta un punto inconfesable. Hágame ver que no estoy tan sola.
>
> (Company, 1999: 69)

Y la autoconsciencia de ser un texto, algo que se lee e interpreta, se manifiesta en este fragmento tan abiertamente como la necesidad de vínculo con el/la otro/a.

Al año siguiente de la publicación de *Dame placer* apareció la novela *Melalcor* (2000) que[4], según la propia autora, cerraba una trilogía de deseo de lo imposible (*Círculos de acíbar*, 1992; *Luz de hielo*, 1996 y *Dame placer*, 1999) y abría una nueva etapa a la que Company colgaba el marbete de *novelas de exterior*, frente a las *novelas de interior* del periodo procedente. Partiendo de la reseña de Pau Vidal, donde se recogían por vez primera estas declaraciones, hasta hoy en día, la crítica ha hecho más o menos eco de la inflexión, aunque sea con un término tan vago como escritura posmoderna (que atribuye indirectamente Pertusa a *Melalcor*) o planteándose la nueva etapa entre interrogantes (como hace Gutiérrez Pardina). No obstante, creo que no soy la única en sostener que los puntos de encuentro y trasvase entre la producción anterior y posterior al cambio de milenio están presentes hasta el punto de poder concluir que, por el momento,

> [...] es precoz y aventurado señalar etapas definitivas en la obra literaria de Company y que es más productivo, por ahora, perseguir los vínculos temático-formales, que se engarzan desaparejados y combinados, para establecer así consonancias entre las distintas propuestas que cruzan su obra. En la narrativa de Company no hay rupturas tanto como continuidades.
>
> (Torras, 2006: 626)

---

3. No se trata de ningún tipo de metalepsis o trasgresión de los niveles narrativos, sino más bien de un guiño cómplice. Lo que señalo ocurre en la interpretación textual, como una doble lectura que acompaña la certeza de la protagonista a propósito del uso que hará (¿haremos?) la destinataria de sus palabras, de su relato vital, de su cuerpo textual (en su doble vertiente indisociable de sujeto narrado y relato).

4. Algunos de los aspectos apuntados aquí sobre esta novela tienen un desarrollo más amplio en Meri Torras (2008).

A menudo Flavia Company se me antoja como una particular filóloga de formación —una excelente conocedora, por tanto, de la literatura y de los conceptos e instrumentos precisos para estudiarla—, que pone en activo su saber en una profunda y seria investigación a través de la escritura literaria.

Los universos ficcionales que tras veinte años de producción ha erigido esta narradora se fundamentan y sostienen por estructuras, andamiajes y principios muy diversos. Company no parece interesada en repetir la fórmula de un éxito y sigue en su taller de ingeniera, maga y artificiera, apostando por nuevas propuestas, reescrituras de la vasta tradición literario-cultural que maneja en su laboratorio, despensa o entre bastidores.

Melalcor apunta hacia una estilización de la materia narrativa (presente ya en *Ni tú, ni yo, ni nadie*), simplifica el trazo y los colores (Jordi Llavina habla de una esquematización que le recuerda a Kafka); sin embargo, esta apuesta formal se aplica en la reescritura de una historia de amor imposible, en la línea del corte archi reconocible de Romeo y Julieta. Lo que Luhrman osara llevar a cabo en el cine con su *Romeo+Juliet*[5], Flavia Company lo propone —salvando las distancias, desde una poética distinta pero de un modo semejante— en el terreno literario con su novela. El texto teatral está ausente pero los referentes tópicos de una de las tramas más reescritas de la historia siguen ahí, operando habitualmente pero, a la vez, generando ciertas derivaciones disruptivas.

En efecto, la osadía mayor de Company estriba, a mi entender, en desarticular con *Melalcor* un doble género[6]. Por un lado, el género novela que se aleja del modelo decimonónico todavía imperante y boyante en los éxitos de ventas del mercado editorial, se intensifica y arriesga, a la par que se presenta con una potente estructura textual apelativa que requiere la complicidad de quien lee. En el 2000, frontera de ingreso en el siglo XXI, pareciera que Company advierte con esta obra que la novela, como género, no puede persistir anclada en los modelos narrativos del siglo XIX, que tuvo su esplendor ligada al ascenso y plenitud de la clase burguesa. La concreción particular que en *Melalcor* recibe la trama romántica por excelencia da muestras de que es posible incorporar en el texto el fruto de las experimentaciones narrativas del XX, y proseguir indagando a medida del nuevo milenio, en la línea de un compromiso vital y literario de la figura de la autora implícita que, al menos para mí, es reconocible en el libro.

---

5. El filme de Luhrman, de 1996, es una traducción del clásico shakesperiano a la actualidad, donde —y es solamente un ejemplo— el coro que da inicio a la obra lo constituye un televisor.

6. Jordi Llavina, en la crítica que hizo de *Melalcor* en *La Vanguardia* (2000), apuntó esta idea de la redefinición de géneros: «Por un lado, de géneros literarios. Una prosa que tiene trasfondo de novela, pero una realización más cercana al cuento. [...]. Por otro lado, redefinición de los géneros humanos; de sexos, en definitiva. No hay posibilidad de saber, al fin, si la pareja que va labrándose el fracaso a lo largo del libro tiene una composición heterosexual u homosexual». Ha sido desarrollada también por Gutiérrez Pardina (2006) y Acedo (2008).

Los epígrafes que, tras la dedicatoria a sus sobrinos, abren el texto resultan, en este sentido, muy elocuentes:

> ¿No sería la novela del tercer milenio una de indicios de identidad más allá del mapa del genoma?
>
> BIEL MESQUIDA, *Excelsior o El temps escrit*

> El miedo no es prudencia. El miedo es un golpe de Estado sutil que preserva las creencias de los poderosos. El miedo es vivir como otros desean. Aquellos que quieren vivir sin miedo manipulan el miedo. Como una lluvia fina, un ploc-ploc que va calando en los huesos sin que te des cuenta. Hasta que estás completamente mojado, empapado. No te has protegido porque pensabas que era inofensiva. El miedo trabaja así. El miedo acaba haciendo de ti un muñeco enfermo. Ataca el alma del ser. La carcome.
>
> DOLORS MIQUEL, *Gitana Roc*

El miedo al que alude la cita de Dolors Miquel puede reconocerse como la amenaza que ha atenazado al/a la protagonista de la novela a lo largo de toda la peripecia narrativa hasta hallar la pregunta que necesitaba para vivir. Sin embargo, tras el texto precedente de Mesquida, el alcance del fragmento de Miquel se acrecienta hasta empapar irremediablemente la vida de las/los novelistas, las/los responsables de esas ficciones que al fin y al cabo, como reza la *fe de ratas* (*sic*): *cualquier parecido con la realidad es ~~pura~~ puta coincidencia*. Y suele suceder que si a la realidad no le buscamos parecidos, no hay quien la logre entender. Y a su vez entender no implica tanto descodificar, trasladar, como sobre todo dar con esa pregunta que no necesita respuesta e incorporarla como motor de la vida, doblarse a su interrogante, como acontece en el amor o en la escritura.

Por otro lado el género sexual (y con él las prácticas sexuales), puesto que desconocemos a lo largo de toda la trama de qué sexo es el/la protagonista y, por lo tanto, si su enamoramiento de Mel lo/la convierte en lesbiana o en heterosexual (que ya se sabe que es lo que presuntamente somos todas/todos hasta que se demuestre lo contrario, pero que aquí se enrarece, tuerce y degenera). O gay, porque Mel será también Cor y a veces se hará pasar por hombre. Esa indefinición sostenida afecta, como inmediatamente recogeré, a una pluralidad de personajes disruptivos de las categorías puras.

La historia relatada, pues, pone en un primer plano la sexualidad, los cuerpos y el deseo (como Romeo y Julieta, por supuesto) pero el giro particularmente *queer* que da Company a su reescritura reside en que estos cuerpos e identidades fundadas en los deseos devienen en el transcurso de la lectura en negociación constante con el texto. Sexualidades textuales, textualidades sexuales. Como suele ocurrir en los relatos de Company, éste discurre con tal facilidad y agilidad que no deja asomar a simple vista la cuidada labor de escritura que cruza por entero la factura del texto (tejido etimológico).

Si en algo abunda *Melalcor* frente al libro precedente —y tal vez de ahí podríamos suscribir la etiqueta novela de exterior— es en dar mayor cabida explícita a la crítica de los modos como las instituciones regulan nuestro comportamiento (y nuestro cuerpo) y delimitan nuestra identidad. Aunque también en *Dame placer* es posible rastrear en boca de la mujer protagonista más de una andanada en contra del control institucional, *Melalcor* centra su conflicto en el poder coercitivo y castrador de la sociedad, la religión y la familia.

La acción se ubica en un pueblo, Santa Canar dels Montons, que no deja de tener semejanzas fonéticas evidentes con algún que otro topónimo reconocible. Además, *Montons*, que es como suele denominarse abreviadamente al lugar, puede referirse a los y las del montón (Montones, a la catalana) pero también, y a la francesa esta vez, a los corderitos (*moutons*) y a su docilidad por dejarse conducir.

En esa comunidad destaca un conjunto heterogéneo de seres que tienen como unidad común el ser diferentes, raros, por lo que el colectivo montón los/las rechaza con violencia feroz. Ninguna/o de las/los que participan de esta alteridad —incluido/a el/la protagonista— terminan pudiéndose quedar y acaban por huir del pueblo, su ley y el imperio de la denominada Gran Culpa.

Una estricta lógica de la pureza sostiene, en el relato, los principios de la fábula fundadora de la Gran Culpa y constituye una parodia cromática del pecado original y la expulsión del presunto Paraíso. En la novela, nos llega en boca de la autoridad patriarcal por excelencia: el Sr. Savalt.

> Al principio de todo, cuando nuestro mundo comenzó gracias al verbo divino, todo era, o bien blanco o bien negro. La pureza de los blancos y de los negros era el orgullo de la Fuerza Creadora del universo bicolor, y por esta razón, recomendó (ordenó) a sus habitantes que nunca se les pasara por la cabeza, bajo ningún concepto, mezclar el blanco con el negro, bajo amenaza de convertirlos en seres sin deseos, ni ilusiones, ni identidad. Pero, ay retoño mío, en aquellos tiempos, como en todos los tiempos conocidos y desconocidos, presentes, pasados y futuros —me decía el Sr. Savalt—, siempre hay quien la pifia. Los rebeldes, la mayoría de los seres que existían entonces, decidieron seguir su impulso y se mezclaron. El castigo de la Fuerza Creadora fue inmediato: todos los insurgentes se convirtieron en seres grises. De rebote, no sólo ellos, sino todos los otros y el universo entero quedaron perjudicados, porque la Fuerza Creadora, vengativa, perfeccionista y obsesiva, exclamó: «Ahora que existe el gris, tanto me da este mundo. ¡Tened, hijos de la Fuerza Destructiva, tened las descomposiciones terribles que van del negro al blanco! ¡Ya nunca más conoceréis la pureza y la perfección!». Y sembró a voleo todos los colores que ahora tenemos y que son la muestra viviente de Nuestra Gran Culpa.
>
> (Company, 2000: 36-37)

La ley preserva un divorcio entre el Blanco y el Negro —probablemente también una jerarquía entre ambos— y prohíbe cualquier mezcla o contaminación entre los seres de uno u otro color. El mestizaje supone un lugar de resistencia, la desarticulación del binomio y su dinámica constituyente, basada en la oposición y en la complementariedad. No obstante, ese encuentro bicolor acaba aconteciendo porque cualquier ley se promulga como antídoto a la amenaza de una contraley que ya se produce, que la precede, pero que solamente podría ser en el mismo instante que la ley se dicta.

En su relato, el Sr. Savalt otorga muy poca importancia al hecho de que los rebeldes sean la mayoría. Los seres grises han existido siempre, pero es desde la prescripción legal que pasarán a ostentar la condición de proscritos, perseguidos, punibles, culpables. Además, en la fábula, un presunto Dios muy harto siembra una explosión de colores que termina de asegurar el caos cromático y la confusión entre los habitantes de un mundo multicolor. Aunque tal policromatismo —como la contraley— ya existía antes, basta con tener los ojos para distinguirlo. O la mente para poder pensarlo.

> Quisiera tener la mente casi en blanco. O en blanco y negro. El blanco no es un color. El negro es todos los colores. El blanco sí es un color. Que no se ve. Es un desnudo. Los hay diferentes. Negros también.
> (Company, 2000: 145)

El/la protagonista desarticula el par blanco/negro y lo convierte en un todo que comprende los colores al completo y la posibilidad del desnudo o de la existencia más allá de la visibilidad, por ejemplo.

La lógica de la pureza preserva el dominio y el control de unos sobre otros naturalizando unos atributos jerarquizados según el cumplimiento de un orden hegemónico. No ser ni uno ni lo otro, participar de ambas categorías y sin embargo no pertenecer a ninguna —o sí, pero en tránsito, en contingencia (no esencia)— constituye un desafío a los mecanismos legitimadores de la marginalización y el sometimiento de grupos sociales en torno a una categoría identitaria. Pero, a la vez, desarticula la posibilidad de una identidad idéntica (sin que el adjetivo sea un epíteto y resulte redundante en este contexto), dinamita la identidad metafísica e invita a considerarla un proceso inacabado de gestos corporales en diálogo con unos códigos significantes: que la producen y reproducen simultáneamente.

Melalcor narra la historia de una revelación (y rebelión) a lomos de los dictados del deseo que, como escribió Cernuda en unos versos memorables, dobla nuestros cuerpos con una pregunta cuya respuesta no existe.

> Se había pasado media vida intentando encontrar las respuestas correctas y, por fin, se daba cuenta de que lo importante era descubrir la pregunta. La interrogación era el deseo. La contestación la muerte.

> Como en un juego. Cara o cruz. *Cara significaba mirarte en el espejo. Cruz significaba cruz.*
>
> (Company, 2000: 15)

Una vez planteada la pregunta, la respuesta no es necesaria: lo importante es el trayecto que lleva al/a la protagonista a sustraerse del peso de las leyes imperantes naturalizadas, que le impedían entregarse a vivir una relación con Mel, a quien no obstante siempre había amado.

Tal vez, más que leyes, debería hablar de *normas*. Judith Butler establece, en este sentido, un matiz nada desdeñable:

> Una norma no es lo mismo que una regla, y tampoco lo mismo que una ley. Una norma opera dentro de las prácticas sociales como el estándar implícito de la *normalización*. Aunque una norma pueda separarse analíticamente de las prácticas de las que está impregnada, también puede que demuestre ser recalcitrante a cualquier esfuerzo para descontextualizar su operación. Las normas pueden ser explícitas; sin embargo, cuando funcionan como el principio normalizador de la práctica social a menudo permanecen implícitas, son difíciles de leer; los efectos que producen son la forma más clara y dramática mediante la cual se pueden discernir.
>
> (Butler, 2006: 69)

No hay origen de las normas al que podamos remitirnos y contra el que operar y así garantizar —a partir de entonces— otras reglas de juego; sino, sobre todo, la consecuencia *normalizada* que trae su práctica repetida y constante, y que lleva en último término a que las aceptemos como naturales, dentro del sentido común e, incluso, que las normas permanezcan invisibles por el mismo hecho de que no albergamos alternativa posible ni mucho menos deseable a lo *normal*. Pero la hay: y asumir estar fuera de lo normal —entendido como la norma— requiere un esfuerzo y un coraje nada desdeñables. Y saber que no estamos solos/as ayuda.

El/la protagonista es uno/a más dentro del conjunto de la alteridad, ese otro exterior constitutivo que desde el discurso hegemónico se crea como opuesto contrario y complementario, a fin de que sostenga el uno monolítico, atemporal e inmutable. Esa dimensión colectiva *queer* supone, a mi juicio, uno de los aportes nada desdeñables presentes en esta novela. Porque si bien el trayecto del/de la protagonista a lo largo del relato se explicaría en gran parte a la luz de esa ampliación de su conjunto propio, del yo al nosotras/os (entendiendo la primera persona del plural como la suma de Mel y él/ella), el libro propone un nosotras/os más amplio, cercano a lo que podríamos llamar una comunidad dentro del microcosmos de Santa Canar dels Montons. Esa comunidad no tiene características comunes compartidas por todas/os sus integrantes, salvo la de tratar de vivir de un modo no aceptado por la ortodoxia del pueblo. Y esa unidad común deriva, en todos los casos, en una consciencia que se repite: todas ellas sin excepción tienen que terminar huyendo de Santa Canar dels Montons y del imperio de la Gran Culpa.

Un solitario de origen chino, un juego que consiste en ir combinando de determinada manera unas canicas para terminar quedándose una sola en el centro del tablero en cruz, aparece en el texto como una metáfora del aprendizaje del/de la protagonista en el transcurso de la peripecia: pasa de considerar el juego como una lucha por eliminar a los otros —canicas o personas— y persistir, a entenderlo como una alianza de ayuda solidaria para hacer posible la vida de una/uno. La filosofía del juego cambia drásticamente y, con ella, la concepción del mismo:

> Hoy he comprendido que no se eliminan ni se comen entre ellas, sino que se sirven de puente, de contacto con las otras, de eslabones para mantenerse en el tablero hasta que dejan de ser imprescindibles.
> (Company, 2000: 41)

EXISTENCIA (E INSISTENCIA) LESBIANA

El último libro de Flavia Company recoge bajo el título de *Con la soga al cuello*, diecinueve cuentos de factura diversa. Al menos dos de ellos («El rodeo» y «Jacobo») vienen de su obra anterior —concretamente de la última novela publicada, *La mitad sombría*—, señalando una vez más esa continuidad inmediatamente enrarecida que suele vincular las obras de Company entre ellas[7]. Y, como habitualmente sucede en esta autora, el guiño, la apelación, la búsqueda de una complicidad lectora, como si el mal de necesitar escribir la convirtiera en la protagonista de «La vida», el microrelato de Adolfo Bioy Casares que, a modo de epígrafe, abre el libro.

> La cocinera dijo que no se casó porque no tuvo tiempo. Cuando era joven trabajaba con una familia que le permitía salir dos horas cada quince días. Esas dos horas las empleaba en ir en el tranvía 38, hasta la casa de unos parientes, a ver si habían llegado cartas de España, y volver en el tranvía 38.

---

[7]. Como la propia autora indica: «No es la primera vez que cuentos y novelas se me mezclan, se me prestan, se me trasladan. En más de una ocasión, fragmentos de algunos libros han saltado hasta otros. El caso más llamativo fue el que me ocurrió con el relato "Parece niebla", publicado en 1993 por la editorial Bassarai como parte del libro "Viajes Subterráneos". Era el último cuento del volumen, y siempre me pareció muy distinto a todos los demás. Comprendí varios años después que, en realidad, formaba parte de una novela que en aquel tiempo ni siquiera había empezado a escribir.» «Parece niebla», por fin, se convirtió en el capítulo número 43, titulado «Sueño», de la novela *Melalcor*, publicada por Muchnik en el año 2000.

El tranvía 38 es el vínculo para la correspondencia y la comunicación correspondida, las palabras de ida y vuelta de las cartas —de la literatura al completo si suscribimos a Derrida— son la vida entera de esta cocinera. En *Con la soga al cuello*, cada cuento constituye un vínculo abierto que requiere que alguien le corresponda entregándole su tiempo, recorriendo el trayecto de leerlo; y como en *Dame placer*, esto sucede dentro del universo de ficción del cuento y con el cuento mismo. Como el maravilloso compromiso de la cocinera con las cartas que, llegaran o no de España (eso no importaba), ella iba a buscar en las dos horas *libres* que cada quince días le permitían esa familia para la que trabajaba. Esa fue su alianza y por ello no tuvo tiempo de casarse. Entre la promesa de un marido o la de una carta, se quedó con la segunda y se comprometió para toda la vida, la suya, la única que tuvo, eso sí, repleta de historias ultramarinas.

Quiero detenerme en dos relatos de *Con la soga al cuello* que parecen especialmente escritos para la cocinera que no se casó. Ambos tienen en común desarrollar una trama que podríamos calificar de tema lésbico[8], desde una voz narrativa extrahomodiegética, es decir, con una narradora que participa a la vez como personaje de la historia relatada; una historia que también para ambas supondrá un cambio en la vida que, con más o menos consciencia, protagonizan.

Así, la narradora de «Rodajas de limón» se (auto) presenta al principio del relato como sigue:

> Soy una tía seria. Mis amigos me consideran rígida. Me permito muy pocas cosas. Soy intransigente conmigo misma y con los que me rodean. Soy una tía difícil de puro estricta. Y les aseguro que intento relajarme, pero no se por dónde empezar. ¿Qué hay que hacer para ser relajada? Si dejo las cosas fuera de su sitio —el suyo, sí, porque todas lo tienen—, sufro; si llego tarde a una cita, lo paso fatal; si incumplo una promesa, me baja la autoestima; si infrinjo mis leyes, me desprecio. Y mis leyes rigen un montón de cuestiones, desde dejar el gel de ducha bien cerrado, fregar los platos justo después de comer, llevar el coche impecable, los zapatos relucientes, las piernas depiladas, la agenda al día o tener la casa ordenada, hasta ser coherente con mis principios a cualquier precio. Y uno de mis principios es ser fiel a mi pareja.
>
> El drama de mi vida empezó hace ahora un par de meses.
>
> (2009: 69)

---

8. Me añado (por si no queda claro que lo había hecho ya) a la práctica política y crítica que Angie Simonis propone para con los textos literarios y suscribo sus palabras: «[...] aceptaré provisionalmente y a efectos prácticos que los textos lesbianos lo son porque contienen experiencias lesbianas consideradas así por la mayoría de personas que se reconocen a sí mismas como lesbianas [...]» (Simonis, 2008: 241-242).

Mentir a su pareja, Carlota, ocultarle que se ha convertido en amante de Lidia, su nueva ginecóloga, trastoca completamente su vida ordenada y, tal vez sí, un tanto rígida[9]. El tópico recreado en clave lésbica y, en consecuencia, desautomatizado de la heteronormatividad naturalizada es, en este caso, la relación paciente-ginecólogo:

> No les voy a contar la exploración que me hizo Lidia, pero voy a dejar que la imaginen. ¿Ya lo han hecho? Pues eso no es nada. Más, mucho más. Fue una leyenda, una hazaña, pura épica.
>
> (2009: 71)

Cuando tras dos meses de zozobra, malestar y relaciones sexuales intensas, de esas que crean adicción, la protagonista determina dejar a Lidia y confesarle a su pareja el desliz, se encuentra con que Carlota no solamente lo sabía todo desde el principio y no le dará opción, sino que además conoce íntimamente a Lidia.

> —Mi ex, Alicia, la mujer con la que viví en Lanzarote cinco años. Es curioso, nunca le gustó su nombre. Es más, lo detestaba. Jamás pensé que fuera a cambiárselo, aunque siempre lo decía. Pero tampoco creí que fuera a acabar medicina, y ya ves. Es seductora, ¿verdad? Una amante como pocas. Te entiendo, de veras. Al fin y al cabo, fue mi gran amor de juventud. No habíamos vuelto a vernos.
> —¿Lidia?
> —Sí, Alicia es Lidia. Mejor dicho, Lidia era o fue Alicia.
>
> (2009: 77-78)

La anagnórisis, como tampoco el intento de sincerarse por parte de la protagonista, no resuelve la relación entre ambas ni el desencanto de Carlota:

> —[...] Tenía la esperanza de que un día u otro te dieras cuenta de lo que estabas haciendo, de que recapacitaras y, sobre todo, de que no pretendieras decírmelo. Cuando hoy me has telefoneado a la universidad y me has citado aquí... se me ha derrumbado el mundo.
>
> (2009: 78)

Y apunta a la interconexión (siempre insospechada y sorprendente) de la comunidad lésbica, en la línea de un *continuum lesbiano* particular,

---

9. Porque aunque en el *incipit* citado establezca una distinción entre «seria» (lo que ella dice de sí misma) y «rígida» (lo que sus amigos la consideran), más adelante acabará admitiendo: «y ahora me veo obligada a tragarme todas mis creencias, mis palabras y mis convicciones de golpe. Pocas cosas peores debe de haber para una rígida como yo» (2009: 70).

como el gráfico que Alice —una de las protagonistas de la serie televisiva *the L word*— mantiene en la red: «We're all connected, see? —dirá—. Through love, through loneliness, through one tiny lamentable lapse in judgment»[10].

Este aspecto comunitario, que ya aparecía en *Melalcor* (y que de hecho forja la ruptura de la relación amorosa en *Dame placer*), lo retomaremos más adelante.

De tono más irónico y desenfadado, «El pelo» recoge las reflexiones de una mujer de treinta y seis años y profusa vida sexual cuando se encuentra un pelo púbico en el paladar, al cepillarse los dientes por la mañana. El relato se construye como una relación simultánea que expone los pensamientos de la protagonista a la vez que, con método y sistema ejemplares, trata de dar con la propietaria del pelo.

> He salido del lavabo, me he ido al sofá con la agenda debajo del brazo y he repasado mis actividades sexuales de la semana pasada. Ahí estaban las tres citas, dos tachadas y una subrayada en rojo. El subrayado en rojo significa repetir, que ha estado bien. Por norma general el repaso de la agenda me deja de un humor excelente, me anima, me estimula y hace que me sienta sexy, seductora, una fiera, vamos. Suelo decirme: Nena, ligas más de lo que quieres; nena, estás donde querías estar, lo tuyo es de cine. Pero hoy me ha puesto triste.
>
> (2009: 94)

Y termina, así, reexaminando críticamente su vida: «En qué se ha convertido, pues, mi vida, me he preguntado esta mañana sentada en el sofá tras haber escupido un pelo no identificado» (2009: 95).

Sin pelos en la lengua (aunque paradójicamente todo el relato parta precisamente de que se halló uno precisamente en ese lugar), la narradora despliega una particular *performance* del prototipo gran seductor follador eso sí en clave lesbiana. Como sucedía en el otro relato inmediatamente referido de *Con la soga la cuello*, el propósito de enmienda se ve abocado al fracaso cuando suena el teléfono y sabemos que la protagonista contraerá otra cita fundamentalmente sexual para esta misma noche. Irónicamente, se palia o, si se quiere, se matiza el alcance del propósito de cambio de vida:

> [...] no fue eso lo que dijo quien llamaba aunque muy bien podía ser ella la dueña del pelo, cosa que ya nunca podría saber aunque, estaba segura, no volvería a cometer el error de acostarme una y otra vez sin fijarme más en las mujeres con que lo hacía, y además con voluntad de recuerdo, a pesar de que esa nueva actitud entrañara un cierto riesgo. Según tengo

---

10. «Estamos todos conectados, ¿lo ves? Por el amor, por la soledad, por un pequeño y lamentable lapsus de juicio» (Temporada 1, capítulo 2, 2004).

entendido, el enamoramiento tiene una nada despreciable relación con los recuerdos.

(2009: 96)

Se dedicará por ahora a hacer exactamente lo mismo que hacía pero tratará de recordar, a fin de identificar en el futuro cualquier pelo de coño que le salga al paso, y a pesar de que la memoria la coloque en una situación de riesgo: la de poder enamorarse.

Escrita para una antología de relatos a propósito de la amistad, «La carta perdida de Andrea Mayo» retoma algunos de los aspectos de lo que —con Adrienne Rich— podríamos llamar la existencia lesbiana y el *continuum* lésbico. Este relato cuenta la sorpresa de Inés, la narradora, cuando Ela Gutina, una estudiosa especialista en la obra de Andrea Mayo, la cita para pedirle la carta que esta escritora le mandó. Gutina ha deducido que esta carta existe y va dirigida a Inés, tras haber conversado con la periodista Carmen Silentes y, por una anécdota, atar cabos y percatarse de lo que ni la narradora ni la periodista pueden saber: que Sara Rimas (madre de Inés y directora del programa televisivo en el que trabaja Silentes) y Andrea Mayo fueron íntimas amigas (con derecho a roce, al menos en el instituto), así como que lo que Silentes juzgó un descuido —un CD con una carta que apareció entre la documentación que Mayo mandó al programa— constituía posiblemente una tentativa de hacer llegar una carta a Inés, a la vez que provocar un reencuentro con Sara.

La primera parte del relato sumerge a la protagonista (y con ella al lector/a la lectora) en una red de relaciones, voces, prejuicios y conjeturas, a propósito de un mundo ausente del que Inés participa pero que se le vuelve desconocido, y que viene recuperado tan solo por los relatos. Interpretaciones de interpretaciones tras las cuales la verdad —si existe— huye de puntillas. O probablemente no hay otra verdad (incluso para una misma y eso que llamamos identidad) más que la que cala y se transforma en un discurso tejido de palabras propias y ajenas, que no cesa de cambiar y que de repente, por lo más nimio, nos puede dejar sin tierra bajo los pies (como les sucedía a las protagonistas de *Con la soga al cuello*). Un pelo en la boca. O un CD con una carta que nunca sabes que te escribieron.

El epígrafe que antecede al cuento, nuevamente, da la clave: «Es difícil escribir sobre los vivos, porque son gente que se pasa el rato cambiando». Para Inés, su madre —aunque fallecida tras un trágico accidente automovilístico— también se transforma, aunque puede que con ello se haga más sí misma, más reconocible o más próxima, quién sabe.

Ela Gutina pide —¿exige?— a Inés que encuentre la carta: «Tienes que encontrarla. Cómo podrías no buscarla, ¿verdad?, ahora que sabes lo que sabes. Llega un punto en que el conocimiento es irreversible, como ciertas enfermedades» (2009a: 219). Casi sin querer, Inés se enfrenta al espacio íntimo de su madre —la casa a la que no había regresado— para tratar de dar con la carta perdida de Andrea Mayo.

> Busqué en el despacho, dónde mejor. No encontré nada. Me reafirmé en mi opinión: las hipótesis de Gutina eran una sandez, muy imaginativas, sí, pero pura majadería. Mi madre no había conservado la carta, quizás incluso la había devuelto a la Mayo junto a su caja y, por razones que ya no podíamos conocer, nunca le había llegado. Decidí celebrarlo con un gin tonic, y en lugar de irme a la calle, me puse a husmear en el mueble bar.
>
> (2009a: 221)

Es allí donde, a modo de posavasos, está el CD con la carta.

La segunda parte del relato viene dominada por la metanarración, la lectura de la epístola y el relato de Andrea Mayo (narradora intradiegética) para Inés, destinataria en efecto de la carta. A través de ella la protagonista conocerá el vínculo de amor y amistad que existía entre su madre y Mayo, una vida que la precedió y la acompañó y de la que sin duda ella es depositaria o, incluso, a la vez, causa y consecuencia.

> Por qué te escribo. Quizás solo para saber por qué te escribo. Qué sentido tiene. No quiero desanimarte, pero lo que se dice sentido, la vida tiene más bien poco. Lo único que vale es el extraño deseo de vivir. Y el más extraño aún de dar vida. El que tuvo tu madre contra viento y marea. ¿Tú sabes cuánto te quiso tu madre ya antes de haber conseguido siquiera que prendieras en su vientre? Yo sí lo sé, y podría contártelo en persona, de no ser que tu nacimiento, vete a saber por qué, fue a la vez mi expulsión.
>
> (2009a: 222)

A través de la carta perdida conocemos, junto a Inés, cómo discurrían las relaciones lésbicas en periodos históricos más represivos —«En aquellos tiempos ser lesbiana era todo un acontecimiento» (2009a: 224)—, los perfiles vitales de dos mujeres (Sara y Andrea) que a pesar de ser muy amigas incorporaron esa relación y su sexualidad de forma distinta; y, sobre todo, la lectura de la carta suscitará el reconocimiento y un sinfín de preguntas que no tienen la misma posibilidad de ser respondidas.

Toda vida entraña misterios sin resolver, tal vez incluso para una misma. En cualquier existencia hay una carta perdida que sería capaz de convertir todo en lo mismo pero distinto a la vez, porque da cuenta de cómo se constituyó algo que no está aquí, que sostiene nuestra existencia en tanto que es su punto ciego.

> Me desmoroné sobre todo ese pasado, para mí sucedido de golpe. Persistía, inútil, la incredulidad, como una telaraña sin araña en la esquina de un techo. Comprendí que debía buscar a Andrea.
>
> [...]
>
> Voy a escribirle. Quiero verla. Es difícil imaginar qué voy a sentir cuando la vea. Qué va a sentir ella al verme. Pero quiero saber. Tal

vez porque, como desea Andrea Mayo, sí me queda lugar para la duda.

(2009a: 234)

Hay una historia que concierne a Inés y que nunca le fue contada, algo que la constituye poderosamente y que, no obstante, le fue silenciado, robado. Las cartas no se pierden, a lo sumo se extravían, llegan tarde a su destinataria, o pronto o nunca. La carta de Andrea Mayo es una carta robada, como la del relato de Edgar Allan Poe. Siempre estuvo allí, visible no obstante invisibilizada a su vez por los mecanismos naturalizados de los códigos de inteligibilidad perceptiva que la convertían en otra cosa (como un CD puede ser un posavasos). Y por supuesto se trata de un hábil modo de robar en beneficio propio.

Además, a mi juicio, a través de la experiencia sorpresiva y sorprendente de Inés, así como del relato particular de unas vidas de mujeres fundamentadas en la amistad y el amor, «La carta perdida de Andrea Mayo» reescribe la genealogía de la existencia lesbiana en la historia y tematiza la necesidad y el derecho de que esos modos de vida sean tenidos en cuenta, restituidos, reencontrados.

Dame placer, *Melalcor*, «La carta perdida de Andrea Mayo»... la literatura de Flavia Company nos invita a menudo a acudir de nuevo a esos relatos de verdades cambiantes (y cambiantes de verdades ciegas, normativizadas) desde el deseo de saber y preservando un lugar para la duda; porque al fin y al cabo quien no duda, no se mueve; quien no desea, no interroga al mundo. Y es para preguntarnos a propósito del mundo que leemos y escribimos.

BIBLIOGRAFÍA

ACEDO ALONSO, Noemí (2008): «Melalcos: Nuevas maneras de sentir mundos», en Ferrús, Beatriz y Calafell, Núria (eds.): *Escribir con el cuerpo*, Ediuoc, Barcelona, 81-88.

BUTLER, Judith (2006): *Deshacer el género*, Paidós, Barcelona.

COMPANY, Flavia (1999): *Dame placer*, Emecé, Barcelona.

COMPANY, Flavia (2000): *Melalcor*, Muchnik, Barcelona.

COMPANY, Flavia (2009): *Con la soga al cuello*, Páginas de Espuma, Madrid.

COMPANY, Flavia (2009): «La carta perdida de Andrea Mayo», en Freixas, Laura (ed.): *Cuentos de amigas*, Anagrama, Barcelona, 213-234.

DERRIDA, Jacques (1980): *La carte postale*, Flammarion, París.

GUTIÉRREZ PARDINA, Eva (2006): *Cuatro caras de Hermes en la obra narrativa de Flavia Company*, Tesis doctoral, Universitat Rovira i Virgili, Tarragona, Inédita.

Highsmith, Patricia (1991): *Carol*, Anagrama, Barcelona.
Llavina, Jordi (2000): «Flavia Company: amor, dolor y humor negro», *La Vanguardia* (29 de septiembre), sp.
Pertusa, Inmaculada (2008): «*Dame placer*, de Flavia Company: la seducción de la pasión (textual) lesbiana», en Ferrús, Beatriz y Calafell, Núria (eds.): *Escribir con el cuerpo*, Ediuoc, Barcelona, 111-121.
Rich, Adrienne (1996): «Heterosexualidad obligatoria y existencia lesbiana», *Duoda. Revista de estudios feministas*, Universitat de Barcelona, Barcelona, 10, 15-45.
Simonis, Angie (2008): «Yo no soy ésa que tú te imaginas: representación y discursos lesbianos en la literatura española», en Platero, Raquel (coord.): *Lesbianas. Discursos y representaciones*, Melusina, Barcelona, 233-279.
Torras, Meri (2006): «Adicciones y complicidades: placer, cuerpo y lenguaje o la osadía narrativa de Flavia Company», *Arbor*, CLXXXII, CSIC, Madrid, 721, 623-633.
Torras, Meri (2008): «Cuerpos interrogantes, reescrituras *queer*. *Melalcor*, de Flavia Company», *Scriptura*, Universitat de Lleida, Lérida, 19-20, 219-237.
Vidal, Pau (1999): «Flavia Company arma en *Dame placer*, su última novela, un trágico monólogo de amor entre mujeres», en *El País* (16 de marzo), 44.

6. FEMINISMO, GENEALOGÍA Y CANCELACIÓN DEL PATRIARCADO EN LAS NOVELAS DE ISABEL FRANC - LOLA VAN GUARDIA
Elina Norandi

En este capítulo abordo la obra de la escritora catalana Isabel Franc[1], concretamente su novela *Las razones de Jo* (2006) y la trilogía que escribió bajo el seudónimo Lola Van Guardia, publicada entre los años 1997 y 2002. En cuanto a la primera, que es un *remake* de la obra de la escritora norteamericana Louisa May Alcott (1832-1888), *Mujercitas*, estudio cómo Franc le otorga a Jo un universo muy distinto al imaginado por Alcott, un mundo rebosante de modelos femeninos que le confieren una medida para reconocerse como mujer y, desde este reconocimiento, poder desarrollar su creatividad como escritora. En el caso de la trilogía intento indagar, principalmente, en las razones del éxito tan rotundo que han obtenido por parte del público, lo que ha supuesto la sucesiva reedición de todos los tomos así como su traducción y publicación en francés, italiano y portugués.

LAS RAZONES DE JO O LA ELABORACIÓN DE GENEALOGÍA FEMENINA

> La primera forma de visión se da al mirar atrás, volviendo la vista hacia ello.
> MARÍA ZAMBRANO

---

1. Las ideas que aparecen en este texto se han nutrido de las reuniones, celebradas periódicamente en el Centro de Investigación Duoda de la Universitat de Barcelona, del proyecto de investigación *La lengua materna en la creación social y artística. Análisis comparado de prácticas femeninas de creación en la Europa medieval y en la contemporaneidad*. Ministerio de Ciencia e Innovación, Subdirección General de Proyectos de Investigación, ref. HUM2007-60477.

Muchas de nosotras alguna vez quisimos ser Jo, la independiente, rebelde e intelectual Jo. La Jo que se negaba a aceptar su destino y se reafirmaba obstinadamente en su libertad, la que se olvidaba del mundo en el desván para escribir historias truculentas mientras comía manzanas. Jo, la muchacha que no quiso casarse con un chico adorable como Laurie y se marchó a Nueva York a trabajar de institutriz mientras recorría las editoriales con sus manuscritos. Sí, seguramente muchas en nuestra adolescencia deseamos ser como Jo.

Sin embargo, nuestra adorada Jo también nos dio nuestros disgustos porque mira que casarse finalmente con el profesor Baher, el alemán serio y recatado que conoció en la pensión neoyorquina, un hombre mucho mayor que ella con el que al final tuvo dos hijos, dedicando el resto de su vida a dirigir una escuela refugio para niños desatendidos. ¡Nada que ver con el futuro que soñábamos para Jo y para nosotras! ¿Pero no tenía que convertirse en una mujer emancipada y de éxito, en una escritora famosa de vida tan intensa como libre? ¡Para acabar con ese destino al menos que se hubiese casado con Laurie! La desilusión que nos provocó a muchas de nosotras, hace más o menos años, el final de *Mujercitas* parece que es una experiencia compartida por generaciones de adolescentes que, desde la época de la primera edición, nos sorprendimos con un desenlace tan inesperado como decepcionante[2].

De esta ya mítica decepción nació la idea de *Las Razones de Jo* de la escritora barcelonesa Isabel Franc, quien se propone explicar por qué Jo acaba su historia de una manera tan frustrante para las expectativas que habíamos puesto en ella.

En esta novela Franc lleva a cabo una interesante deconstrucción de las dos primeras entregas de la saga publicada por Louisa May Alcott: *Little Women* (1868) y *Good Wives* (1869). Se han escrito numerosos textos que analizan unos libros que, en principio, parecen simplemente unas guías morales destinadas a la educación de jovencitas para la consecución de buenas madres y esposas según el ideario burgués y cristiano del siglo XIX pero, prestándoles más atención y leyendo entre líneas, nos desvelan una autora deseosa de crear espacios de libertad para sus voces femeninas, así como preocupada por la educación de las mujeres y su participación en la vida social y cultural del momento.

Aunque en el libro no se explicita en ningún momento, Jo destaca de entre las cuatro mujercitas como protagonista, y si se sabe que la familia March se inspira directamente en la familia Alcott, Jo es entendida como una especie

---

2. En diversas biografías de Louisa May Alcott se consigna cómo, después de la publicación de la segunda entrega, la autora recibió cientos de cartas de lectoras dolidas por el final de la historia de Jo, le reprochaban por qué se había casado, traicionando sus ideales, o cuál era el motivo de que no se hubiese casado con Laurie. Por otra parte, han sido varias las escritoras que han hablado de esta experiencia compartida, ver, por ejemplo, el libro de Simone de Beauvoir (2008): *Memorias de una joven formal y una muerte muy dulce*, Edhasa, Barcelona; o *A propósito de Mujercitas* un ensayo de la escritora Cristina Fernández Cubas publicado por Lumen, en una edición no venal.

de álter ego de la escritora. Es la hermana valiente y decidida que se rebela contra un destino trazado de antemano y sueña con triunfar como escritora para conseguir ser independiente y sostener económicamente a su familia, una historia bastante parecida a la de la propia escritora. El tratamiento de todos los personajes y el desarrollo de las situaciones hacen que la identificación con Jo por parte de las lectoras sea tan fácil como inmediata, de ahí también el desconcierto final cuando en la segunda entrega la vida de Jo se resuelve de una manera tan poco atractiva para las expectativas que había despertado una protagonista tan aventurera e irreverente.

Aunque existen varias novelas que se inspiran en, versionan o deconstruyen la obra de Alcott, ninguna parte, como apuntaba antes, de la idea de intentar explicar las razones del final elegido por Alcott para Jo[3]. En el imaginario de Franc, Jo se enamora perdidamente de una mujer y, para poder vivir sin sobresaltos en una sociedad como la suya, oculta este hecho tras la fachada de un matrimonio, es decir que actúa de la misma forma que lo hicieron miles de mujeres a lo largo de la historia, abriendo una fractura entre la realidad y el deseo.

La trama de la novela de Franc corre paralela a la de Alcott, o sea que empieza el día de Navidad y acaba con el matrimonio de las jóvenes. Los personajes son los mismos y muchas de las situaciones también, siendo constantes las referencias y los guiños a la obra original pero, lógicamente, el texto presenta unas características definitorias del estilo de la escritora catalana que lo acercan al resto de sus libros, así como hacen de la novela una lectura propia del siglo XXI. Franc deconstruye la obra sustituyendo la tercera persona por una voz en primera, así Jo nos habla desde sí misma narrando como sucedieron los hechos para llegar a la explicación final. Es una voz que nos relata los acontecimientos desde su época, empleando un tono dirigido a hacer creíble a un personaje del siglo XIX, de la misma forma que la estructura de la novela (lineal y dividida en capítulos según el modelo de *Mujercitas*) también dialoga con la narrativa decimonónica, destacando la inclusión de varias páginas dedicadas al género epistolar. En cambio el ritmo narrativo es mucho más ágil y directo, el texto es menos descriptivo y la novela resulta bastante más corta que su referente. En cuanto al lenguaje, a las pocas páginas de empezar el libro la autora, en una nota a pie de página, nos avisa:

> Se advierte a las lectoras que en este libro el genérico está usado en femenino. Tres milenios de androcentrismo y sexismo lingüístico han

---

3. Ver el libro de Joyce Carol Oates, *Las hermanas Zinn* (Lumen, Barcelona, 2004), obra en la que la autora construye una formidable parodia de la sociedad burguesa del siglo XIX y el de Marcela Serrano, *Hasta siempre, Mujercitas* (Planeta, Barcelona, 2004), donde las cuatro hermanas norteamericanas se transforman en cuatro primas del Chile de las últimas décadas del siglo XX.

> llevado a la autora a adoptar esta posición en sus textos con la intención de mostrar el caprichoso y arbitrario uso del masculino y femenino. Así, por ejemplo, donde diga «las» entiéndase «las y los»; donde diga «lectoras» entiéndase «lectoras y lectores»; donde diga «la mujer» entiéndase a veces «mujer», a veces «hombre y mujer», a veces «toda la humanidad», según el contexto, más o menos, lo indique. Es decir, como en el uso estándar del genérico, pero al revés. Y entiéndase también que cuando un vocablo aparezca en masculino hará referencia única y exclusivamente a ese género.
>
> (2006: 22)

así que aquí, a diferencia de en la trilogía de Lola Van Guardia, como se verá después, los motivos del empleo del femenino genérico, propio de su estilo, están muy claros.

Por otra parte, *Las Razones de Jo* constituye en buena medida una parodia de *Mujercitas*, siendo la presencia del humor y la ironía una constante que la inscriben en la narrativa característica de la autora. Por ejemplo, el padre no está en la guerra por puro patriotismo sino que se marchó de la casa porque ya no soportaba vivir junto a tantas mujeres; los caracteres de las cuatro hermanas, con el fin de provocar la hilaridad, están exagerados al máximo: la sumisión de Meg al matrimonio llega a ser patética y la coquetería de Amy la sume en la más absoluta cursilería así como la mala relación entre ésta y Jo aquí es pésima. Pero sin lugar a dudas los pasajes más mordaces son los que tienen que ver con el descubrimiento que hace la protagonista de su amor por otra mujer. En un encuentro casual Jo ve a Annie Moffat quien la fascina por su belleza; a partir de este momento Jo teje una historia, siempre dinámica y cambiante, en la que ambas viven una apasionada historia de amor; además, impelida por estas imágenes en Jo se despierta el deseo, descubriendo su sexualidad. Al principio de esta ficción Jo es ciega y Annie (que en las elucubraciones de la protagonista se llama Edith) su guía, algo más tarde Jo pasa a ser un muchacho y Edith es invidente:

> Ella no se había percatado de que llevaba la camisa desabrochada. Al agacharse para cortar una rosa y entregármela [...], quedaba visible la ladera de sus pechos y yo sentía unos deseos enormes de hundirme en ellos. Como hombre honesto y formal que era, me las arreglaba para hacerle notar discretamente su descuido y ella cerraba los botones para entregarme la rosa. (No se olvide que ahí todavía era ciega.)
>
> (2006: 46)

Asimismo las escenas imaginadas por Jo, así como su primera relación sexual real, con Christine Walter, constituyen páginas de un intenso erotismo que, como se verá después, en la mayor parte de la obra narrativa de Franc adquiere categoría de marca estilística. No obstante, aquí existe un romanticismo acorde a los tiempos en los que se sitúa la novela; por ejemplo, los sentimientos de Jo al oír a Chris recitar unos versos de Safo son los siguientes:

> Torbellino de galaxias, una voz que es un violín, que recita un poema que llora la soledad de una noche sin Pléyades. Nebulosa de Pegasos y palomas. Un cometa. Creo que cayó una estrella. Creo que la vi. No hubo deseo. Había mucho deseo. Embriaguez de burbujas, de estrellas, de palabras. La barca se mece. Su boca tiene forma de barca.
>
> (2006: 56)

Pero indaguemos en las verdaderas razones de Jo: en primer lugar, la idea de hablar del lesbianismo de este personaje estaría vinculada, desde mi punto de vista, a que en diversos estudios críticos y biografías se ha sugerido el que Alcott fuese lesbiana. Si bien es cierto que, hasta ahora, no hay ningún documento que corrobore esta suposición, también es una constatación reiterada por las historiadoras y críticas feministas las pocas huellas que la experiencia lesbiana ha dejado en la historia escrita, por lo que resulta prácticamente imposible saberlo con certeza, es decir, que puede resultar tan vago afirmarlo como negarlo, tarea esta última a la cual también se han consagrado varias autoras, dejando entrever una actitud lesbófoba inexplicable, como se desprende del juicio que transcribo a continuación: «[...] han dicho de Alcott [...] que era lesbiana, lo cual no sólo es falso, sino una absoluta imbecilidad, dado que a lo largo de su vida tuvo varios amores, uno de ellos especialmente intenso» (Feito, 2005: 10). Curiosamente, la biógrafa que escribe estas palabras durante todo su relato sólo consigna un enamoramiento platónico de Alcott hacia el escritor y filósofo Henry David Thoreau, amigo de su padre. Lo real es que Louisa May Alcott jamás se casó ni tuvo hijos y que se dedicó intensamente a su carrera profesional, tal como Jo se lo propone en diversas ocasiones durante la novela.

Otro de los puntos a tener en cuenta sería el cómo Alcott confecciona la personalidad de su personaje central señalando las características masculinas de su temperamento. Jo siempre se comporta como un hombre, tiene los modales y gestos de un muchacho, posee un físico bastante andrógino y rechaza perpetuamente las actitudes consideradas como femeninas, así por ejemplo dice:

> Ya me parece bastante malo ser una chica cuando lo que me gustan son los juegos, los trabajos y la forma de comportarse de los muchachos. Me parece una pena no haber nacido hombre, sobre todo en momentos como este, en el que preferiría acompañar a papá y luchar a su lado en lugar de quedarme en casa tejiendo como una vieja.
>
> (Alcott 2006: 16-17)

También sus hermanas, sorprendentemente, tienen bastante asumido este talante pues una de ellas, Beth, le contesta:

—Pobre Jo, ¡qué mala suerte! Pero la cosa no tiene remedio, de modo que tendrás que conformarte con acortar tu nombre para que suene más masculino y actuar como si fueras nuestro hermano en lugar de nuestra hermana.

(Alcott, 2006: 16-17)

En este sentido también el personaje de Jo se encuentra vinculado a su autora, si atendemos a una carta que Alcott escribió a una amiga, ella también se sentía mucho más cercana al género masculino que al femenino:

Yo nací con una actitud de chico y siempre sentí más simpatía e interés hacia ellos que hacia las niñas, y peleé con los ánimos de un chico vestida con mi mejor ropa y sentí rabia de chico cuando me podían.

(Heilbrun, 1994: 114)

Alcott, a partir de su experiencia personal, confirió a Jo un carácter viril porque sólo de esta manera podía pretender ocupar un espacio en la esfera pública, tenía que manejarse así para que fueran creíbles sus aspiraciones, para que fuera tomada en serio su manera de entender la vida, en otras palabras, los únicos modelos con que contaban las jóvenes que soñaban con una vida de creación y pensamiento eran masculinos. Jo no disponía de figuras femeninas como seguramente Alcott tampoco las tuvo. De hecho, la gran mayoría de referencias a escritores, filósofos, artistas y poetas que se dan en la novela son hombres: Shakespeare, Platón, Homero, Hegel, Kant, Milton, Carlyle, Byron, Keats, Schiller, Mozart, Bach, Beethoven, Mendelssohn, Miguel Ángel, Rafael, Murillo, Rembrandt, Rubens, Turner... todos los cuales se proponen como ejemplos de genialidad; sólo existen cuatro nombres de escritoras: Madame de Stäel (de quien sólo se resalta su coquetería), Hannah More, Mary Martha Sherwood y Maria Edgeworth autoras cuyas producciones lee Jo, buscando inspiración para después escribir «una obra que, más que un relato de ficción, parecía un ensayo o un sermón moral» (Alcott, 2006: 554).

De esta manera Jo se convirtió para generaciones de mujeres jóvenes en un modelo, un modelo de vida libre y creativa cuyos referentes, a su vez, eran todos masculinos, lo cual nos continuaba dejando huérfanas y perdidas, sin una genealogía en la que reconocernos. Así, una de las apuestas más interesantes del volumen de Franc es la restitución de figuras femeninas que, a manera de hada madrina feminista, le otorga a Jo; quien después de vivir una auténtica epifanía se da cuenta que no le hace falta ser un hombre para llevar a cabo sus deseos y ansias de libertad, ya que siendo mujer puede igualmente lograrlo. Al mostrársele esta verdad Jo exclama:

Edith me había abierto los ojos. Yo no quería ser un chico. Me sentía mujer y la amaba como una mujer. Lo que deseaba, en realidad, era ser algo más que una hembra y tener las mismas posibilidades, los mismos privilegios que los hombres. Vestir con comodidad, estudiar, manifestar mis opiniones, trabajar fuera del hogar, tener propiedades, moverme con libertad, ocupar espacio, amar a quien me diera la gana; votar.

(2006: 62)

Se ha de remarcar la idea de que esta revelación le llega a Jo de manos de Edith, su personaje de ficción; es pues el camino de la escritura y la creación el que la conduce a ver la realidad con lucidez y a asumir su diferencia, como mujer y como lesbiana.

Así Jo conoce una larga genealogía de mujeres escritoras que le darán fuerza y cobijo para situar su quehacer literario, de esta manera leerá con fruición a Safo, Christine de Pizan, Sor Juana Inés de la Cruz, George Sand, Jane Austen, las hermanas Brontë, George Eliot, Emily Dickinson, Mary Shelley, Harriet Beecher y Flora Tristán, para finalmente exclamar: «supe que había más mujeres que pensaban como yo. No había elección posible: tenía que encontrarlas» (2006: 114).

A partir de este pasaje Jo inicia un recorrido de libertad personal: se marcha a Nueva York a trabajar como institutriz en casa de la señora Kirke, igual que en *Mujercitas*, pero en lugar de quedarse fascinada con el gris profesor y pasarse las tardes cosiendo, se le abre un inmenso mundo de sabiduría y experiencia femenina. En la pensión en la que habita, Jo traba un vínculo muy interesante con Helen Norton (personaje a quien Alcott dispendió un papel poco relevante), quien la introduce en los círculos feministas de Nueva York. Se podría decir que se trata de una verdadera relación de *affidamento*[4], pues a través del apoyo que esta señora ofrece a Jo, ella puede acceder a cumplir sus aspiraciones ideológicas e intelectuales. Se ha de remarcar que este tipo de relaciones difícilmente la propia Alcott las haya experimentado pues como escribe Carolyn Heilbrun refiriéndose a la autora estadounidense y a sus contemporáneas:

> El futuro de esas muchachas tan capacitadas —y por capacitadas no entiendo simplemente dotadas de talento sino también de la sensación de tener grandes posibilidades, grandes deseos que en apariencia no tenían posibilidades de ser colmados—, parecía doblemente dudoso dada la escasez de compañeras con deseos semejantes.
>
> (1994: 115)

---

4. Me refiero a la relación definida por el pensamiento de la diferencia sexual: «El *affidamento* es una relación política privilegiada y vinculante entre dos mujeres. Dos mujeres que no se definen como iguales en términos de sororidad sino como semejantes, diversas y dispares: el más de la disparidad actúa de mediación que condensa significados nuevos, ajenos tanto a la identificación como a la rivalidad. No consiste en un pacto de amor ni tampoco de magisterio jerárquico o de poder social; aunque puede darse entre una joven y una vieja, la relación de *affidamento* ha sido practicada y pensada como una relación entre adultas» (Rivera Garretas, 1997: 76).

Pero en el libro de Franc los deseos de Jo pueden ser satisfechos y aquí la protagonista conoce el pensamiento feminista y el movimiento sufragista, y comienza a acudir a reuniones y a manifestaciones, pasajes que la narradora utiliza con el fin de continuar hilando una genealogía para Jo y para las lectoras, de esta suerte entre las páginas van apareciendo Mary Wollstonecraft, Olimpia de Gouges, Lucrecia Mott y Elisabeth Cady Stanton.

Entre estas precursoras la autora se detiene ampliamente en Amelia Bloomer, quien en el siglo XIX ideó unos pantalones para mujer intentando que la indumentaria femenina de la época resultara más cómoda e higiénica que la que dictaba la moda de entonces. La propuesta de Bloomer tuvo una escasa resonancia en su momento, recogiendo por parte de sus contemporáneos más escarnio y burlas que éxito[5]. De la misma manera que Alcott puso en su texto mucho énfasis en todo lo relacionado con los atavíos de las muchachas como parte importante del universo femenino, deteniéndose en cuidadas descripciones de guantes y sombreros, peinados y vestidos, Franc también dedica diversos párrafos a esta cuestión, pero siempre desde una mirada crítica hacia los atuendos decimonónicos que oprimían e inmovilizaban el cuerpo de la mujer, simbolizando su situación en la sociedad burguesa de aquel siglo. Asimismo, mediante irónicos guiños reivindica la ruptura con los despóticos usos de la moda y la belleza en la actualidad.

Pero sobre todo, durante esta trayectoria iniciática, Jo conoce la existencia de otras mujeres que deseaban y se enamoraban de su mismo sexo, oye hablar de los matrimonios bostonianos y acude a locales nocturnos únicamente frecuentados por mujeres. De este modo, la autora hace visible la existencia de muchas mujeres que en los tiempos que les tocó vivir vieron cancelada su subjetividad. Aunque el mensaje de la novela es claro: siempre ha habido mujeres que desearon a otras y que buscaron y construyeron espacios de libertad donde expresar este deseo. Aún así, para que Jo llegase a comprender este hecho le hizo falta conocer a mujeres que, antes que ella, hubieran experimentado sus mismos sentimientos, le fue necesario tener historias de mujeres del pasado que le diesen una medida a sus anhelos de libertad, lo cual no le había sucedido en la novela de Alcott, siendo abocada al destino que ya conocemos.

Y aquí radica otro de los centros de interés de la novela de Franc: el constatar que Jo también era un modelo para generaciones de jovencitas enamoradas de sus amigas, que precisamente simbolizaba la carencia que acusábamos de referencias. Las adolescentes que masivamente leímos *Mujercitas* jamás contamos con novelas en las que las protagonistas se gustaran y/o se enamoraran entre ellas, las consecuencias que este hecho tuvo para nuestras vidas son de sobra conocidas, y han sido objeto de reflexión tanto de numerosos ensayos como

---

5. Para obtener más información sobre Amelia Bloomer se puede consultar el libro de James Laver: *Breve Historia del traje y de la Moda* (Cátedra, Madrid, 2006).

de diversas manifestaciones artísticas[6]. Porque en realidad Jo constituía un modelo que no nos servía mucho como modelo, pues era un patrón producido en épocas donde el patriarcado cancelaba toda manifestación del deseo lesbiano (a diferencia de lo que ocurre en *La trilogía*, de la que más abajo hablo).

Isabel Franc, con su obra, no elabora simplemente una parodia de la novela de Alcott, sino que, reinventa la vida de Jo March para convertirla realmente en la referencia que nunca fue, evidenciando y, al mismo tiempo, evitando la pobreza simbólica a la que el deseo entre mujeres históricamente fue relegado.

LA TRILOGÍA O EL FINAL DEL PATRIARCADO

> Llegar a ser sólo es posible logrando la unidad.
> María Zambrano

La trilogía se compone de las siguientes novelas *Con Pedigree* (1997), *Plumas de doble filo* (2000) y *La mansión de las tríbadas* (2002) que, aunque mantienen nexos narrativos entre ellas, también permiten su lectura individual y autónoma. No obstante, se observan unos rasgos constantes en las tres obras[7]. Así, la acción transcurre básicamente en Barcelona, ciudad que adquiere un destacado protagonismo ya que son muchos los párrafos dedicados a la descripción de barrios y recorridos típicos pero también de bares y restaurantes de moda. Asimismo, los personajes principales son siempre las dos mismas mujeres, la escritora Adelaida Duarte y la periodista televisiva Tea de Santos, al igual que otras que aparecen en las tres historias; no obstante, con el discurrir de éstas, algunos personajes van desapareciendo para dar lugar a otros.

Con Pedigree narra las aventuras y líos, sobre todo de tipo amoroso, de diferentes grupos de amigas, algunas asociadas en organizaciones políticas, cuyas vidas se entremezclan en torno a un local nocturno llamado *Gay Night*; la posesión de un secreto por parte de una de ellas, imprime un toque de intriga a la trama. Este aspecto se hace más evidente en la segunda entrega, ya que aquí la historia gira alrededor de un asesinato: el de la parlamentaria Laura Mayo, entrando en escena la inspectora Emma García, personaje que la autora

---

[6]. Un ejemplo interesante es la acuarela *Betty gets it* (1992), de la artista Nicole Eisenman, donde se ve a las famosas protagonistas de *Los picapiedra*, Betty y Vilma, manteniendo relaciones sexuales. Con una fuerte carga irónica, Eisenman reflexiona sobre la carencia de modelos homosexuales en una sociedad absolutamente heterocentrada.

[7]. Una primera versión de este texto, mucho más breve, la presenté como comunicación en el II Congreso Estatal de la Fundación Isonomía para la Igualdad de oportunidades de la Universitat Jaume I de Castellón de la Plana, en el año 2005.

ha continuado perfilando hasta protagonizar su última novela (ya fuera de la trilogía) denominada *No me llames cariño* (2004). El suspense se transforma pues, en un interés central para la escritora, que repite una trama negra de desapariciones y asesinatos en *La mansión de las tríbadas*; donde haciendo un guiño a *Diez Negritos* de Agatha Christie, la acción se desarrolla en una casa de turismo rural sólo para mujeres, Can Mitilene (nombre que supone un claro reconocimiento al círculo sáfico), donde presuntamente se ha cometido un homicidio, convirtiéndose la mayoría de las huéspedes en virtuales sospechosas. En los tres libros, pues, la intriga se mantiene hasta el final en donde, en la más pura línea que marca la novela negra, se resuelven los conflictos principales.

Si el suspense es una de las características de la narrativa de Van Guardia, no lo es menos el humor que, como ya he comentado, puede ser considerado una marca del estilo de esta escritora, como ella misma dice:

> [...] considero el humor una buena estrategia narrativa: una forma de ver y explicar la realidad [...] pero es además una estrategia de supervivencia [...] cuando nos ataca el reconcomio ante tanta desfachatez cotidiana, ante tanto insulto, tanto dolor y tanto delirio, una pincelada de humor es el único salvavidas.
>
> (Franc, 2007: 161-162)

El texto está plagado de chistes, bromas y frases con doble sentido, asimismo la voz narradora utiliza la ironía, incluso la mordacidad, para explicar las situaciones vitales de los personajes, pero también el contexto socio-político; las costumbres y los aspectos culturales de la sociedad catalana actual son vistos desde una perspectiva humorística, llegando, en algunos casos a la sátira social, pues, eso sí, la corrección política no forma parte de la trilogía. El matrimonio homosexual, por ejemplo, es tratado con un sarcasmo rebosante de rebeldía y objeción:

> Clara y Ana constituían un binomio indisoluble, una especie de animal bicéfalo, un engranaje matrimonial sin fisuras. Nadie hablaba de la una o la otra como entes autónomos, se referían a ellas como ClarayAna, una masa compacta que había perdido el uso del singular. Tal grado de simbiosis habían alcanzado, que hasta la menstruación les llegaba al mismo tiempo.
>
> (2000: 69)

El estilo narrativo es ágil, directo y aparece muy cercano al lenguaje cinematográfico, de hecho la descripción de los escenarios, las características de los personajes y el desarrollo de los diálogos recuerdan mucho al discurrir de una película, como la autora afirma «hay muchas más referencias al cine que a la literatura. Durante mi infancia y adolescencia iba al cine cada semana, y sigo viendo mucho cine. Creo que en la trilogía hay puntos en común con la filmografía de Woody Allen, Pedro Almodóvar y la comedia española»[8].

Ahora bien, me pregunto ¿qué comunican estas novelas a las mujeres lesbianas, de todas las edades, para que las lean con tanta pasión?, ¿qué sensibilidad transmiten para que se estén convirtiendo en todo un fenómeno de seguidoras, fundamentalmente entre las lectoras más jóvenes?[9] En mi opinión este éxito radica en la elaboración, desde una profunda creencia feminista, de un entramado de relaciones que refleja nuevas maneras, totalmente diversas, de ser y de sentirse lesbiana.

En primer lugar, en ningún momento se trata el lesbianismo como un problema o un obstáculo para una existencia libre y plena. Todas las mujeres están absolutamente fuera del armario (espacio que no tiene cabida en estas novelas), por muy jóvenes que sean, no hay dramas ni conflictos familiares pues no se proporciona ninguna traba que les impida asumir libremente su sexualidad. Los problemas que tienen las protagonistas son los problemas que pueda tener cualquier chica actual, o sea el trabajo, los estudios, amores, el dinero... pero en ningún caso son relativos a la preferencia sexual. Estas chicas buscan trabajo, o ya tienen un trabajo basura, pero los fines de semana salen a bailar y ligan con otras chicas igualmente desinhibidas que ellas. Por algo, Angie Simonis, muy acertadamente, ha situado la obra de Lola Van Guardia en la «fase del orgullo» en la clasificación que ha realizado de la literatura lesbiana del siglo XX en España, nombrando así a las novelas en las que se da una autoafirmación de la identidad lesbiana, lejos de los sentimientos de culpa y las justificaciones de antaño (2007: 126).

Por otro lado, en relación a las protagonistas maduras, Van Guardia presenta un tipo de mujer triunfadora, muy lejos de las tradicionales lesbianas atormentadas a las que la literatura nos tiene bastante acostumbradas. Adelaida, Tea, Matilde, Marisa, etc. son mujeres que se dedican con pasión a sus profesiones, independientes y sibaritas, visten de Chanel y Armani y toman cócteles en la Villa Olímpica. Todo esto puede parecer muy frívolo, pero a las jóvenes fans de la trilogía debe de sonarles a viento fresco comparado con las desesperadas Carol, Jay y Jeanette de Highsmith, Cooper y Winterson respectivamente, con las que saciamos nuestra búsqueda de modelos las generaciones anteriores. Y si existían personajes literarios semejantes a los de Lola Van Guardia, como muchos de los que fueron objeto de estudio de Bonnie Zimmerman en *The Safe Sea of Women*, desde luego no eran nada accesibles para nosotras y, ni mucho menos, formaban parte de nuestra propia literatura.

---

8. Entrevista personal con la autora en Barcelona, el 9 de abril de 2009.

9. Es muy curioso constatar que si la autora ha realizado un *remake* de la novela de Alcott, sus propias obras están siendo reescritas por narradoras más jóvenes, como es el caso de Sofía Ruiz y su cuento «Buscando a Lola desesperadamente».

Aquí, pues, no se muestran estereotipos de lesbianas, la diversidad es absoluta, las hay pertenecientes a todos los estatus sociales, que se dedican a todas las profesiones, las activistas, las heroínas y las villanas, las que se casan y las que no, las que desean ser madres y las que jamás se lo plantean... tal como sucede en la realidad, demostrando que las preferencias sexuales y las elecciones emocionales no tienen por qué determinar la vida de una mujer. Este manejo de la pluralidad lesbiana no impide que las situaciones a las que se enfrentan las protagonistas, así como su paisaje sentimental, resulten universales tal como lo explica la propia autora: «creo que el éxito de la trilogía tiene que ver con que las jóvenes se encuentran con unas historias de chicas con las que se sienten identificadas y además se pueden reír»[10].

En segundo lugar, se ha de remarcar que estas mujeres hacen el amor, pues el erotismo lesbiano es otro de los rasgos definitorios de la trilogía. Optando por la total sexualización del cuerpo lesbiano, la autora describe numerosos encuentros amorosos entre las protagonistas. Sin concesiones al pudor del lenguaje, ni a las tendencias creativas que aluden a la sexualidad lesbiana sin detallarla ni dotarla de prácticas concretas para evitar la mirada masculina, Van Guardia apuesta por significar las relaciones entre mujeres utilizando un lenguaje erótico explícito:

> La lengua siguió resbalando. Ahora hacia los pezones. Se agitó sobre ellos para erizarlos aún más de lo que estaban. Al mismo tiempo, notó un deambular de hormigas traviesas caminando hacia la selva púbica y aceptó gozosa su tamborileo alrededor del clítoris. [...] Y el ritmo asciende obligando a un giro de caderas, a una contracción rítmica para sorber con la boca de su sexo el extremo de la falange. El dedo entra y sale. Fricciona las paredes de la vulva. En una de las salidas atrapa otro dedo y ya son dos los que juguetean en el interior empapados de gelatina.
> (2002: 10-11)

Estas novelas ofrecen también literatura erótica para mujeres lesbianas concebidas desde la experiencia de una existencia lesbiana, pues «la sensualidad erótica que ha sido, precisamente, el hecho más violentamente erradicado de la experiencia femenina» (Rich, 1996: 18) ocupa un espacio destacado dentro del texto.

Por otra parte, y como he dicho anteriormente, el pensamiento feminista está presente en toda la atmósfera en las que se van desplegando las tramas argumentales, pensamiento que se hace patente en la caracterización de los personajes, pero, sobre todo, en las relaciones que se establecen entre ellos. Más allá de todos los amores y desamores, intrigas y comicidades, si hay un valor fundamental y constante en la trilogía, es, sin lugar a dudas, la amistad.

---

10. *Ídem* nota 8.

Van Guardia elabora una red de relaciones solidarias entre mujeres que se apoyan, se ayudan, se necesitan, se respetan y se quieren. Son numerosos los párrafos que se podrían citar al respecto como cuando las amigas comparten el desamor:

> Tea quien pasó todo el sábado de la cama al sofá y del sofá al lecho mientras Adelaida, en bata de seda china, escribía poemas de amor tristísimos escuchando a Madredeus y Mati les preparaba suculentos manjares.
>
> (2000: 189)

Otro ejemplo a destacar se encuentra en la tercera entrega, cuando la inspectora García, madrileña trasladada a Barcelona, es obligada a estudiar catalán, a la pobre le cuesta horrores pronunciar esta lengua y lo pasa tan mal que sus subordinadas, las *mosses d'esquadra*, le enseñan y la ayudan haciéndole los ejercicios, superando las tradicionales rivalidades y las jerarquías laborales. Es un concepto de amistad que responde a la idea de sororidad definida y anhelada por el feminismo, y no siempre conseguida en la práctica de la política de las mujeres.

No obstante, en la primera novela uno de los ejes centrales es el tema de los conflictos entre diferentes grupos feministas. Con ácida ironía la autora narra las interminables discusiones entre las miembras del GLUP (Grupo de Lesbianas Unidas y Pioneras), el ALI (Alegría Lesbiana Independiente) y el LA (Lesbianas Autosuficientes), que se enfrascan en pesadas divagaciones sobre nimias cuestiones o que jamás logran llegar a un acuerdo de manera rápida y eficaz, escindiéndose en otros grupos que repiten los mismos esquemas de comportamiento, etc. Como muestra de este matiz propongo el siguiente párrafo:

> [...] la desafortunada elección del nombre levantó ampollas y críticas en un amplio sector de las mujeres. Las protestas empezaron a mitad de la noche, cuando Amelia Cano, líder del GLUP [...] se dirigió a las dueñas para espetarles.
> —Ese nombre nos discrimina. En lugar de *Gay Night* debería llamarse *Gay-Lesbi Night*, o mejor todavía, solamente *Lesbi Night*.
>
> (1997: 11)

Es este precisamente uno de los aspectos de estas novelas que ha sido objeto de más críticas, es decir, el tratamiento irónico dado a la manera de funcionar del movimiento feminista heredado de la generación de 1970; en mi opinión, sin embargo, Van Guardia lleva a cabo un osado camino de revisión crítica, que nos autorrepresenta, y que finalmente apuesta por la suma y conciliación de energías femeninas. La autocrítica, sin embargo, se entrelaza con pasajes de intensa vindicación militante, como en el que se explica la necesidad de que lesbianas importantes dentro del mundo de la política y la cultura, se conviertan en modelos para las jóvenes generaciones:

> Laura Mayo soñaba con un *outing* limpio y saludable, una manifestación festiva de la verdad. Estaba convencida de que ésa era la vía imprescindible para la normalización, la aceptación, la consecución de todas las reivindicaciones.
>
> (2000: 248)

La visibilidad lesbiana es una realidad que en estas novelas se supone dada y asumida (excepto en algunos personajes que, precisamente debido a su doble vida, son los oscuros y tenebrosos que sirven para el desarrollo de la trama de suspense), las mujeres de la trilogía no pierden un ápice de energía en mantener una existencia hipócrita y escindidas de sí mismas; ellas han aprendido de Adrienne Rich que «la mentira tiene a innumerables mujeres psicológicamente atrapadas, intentando encajar su mente, espíritu y sexualidad a un texto prescrito porque no pueden mirar más allá de los parámetros de lo aceptable» (1996: 24). Ninguna de estas situaciones se dan en estas mujeres que, todo lo contrario, se apoyan unas o otras para conseguir llevar a cabo sus deseos creando un verdadero *continuum* lesbiano, o sea una diversa gama de «experiencia identificada con mujeres» (1996: 13).

Son muchas las escritoras que han buscado estrategias de ruptura con el código lingüístico del patriarcado, algunas, según Shari Benstock (1992: 237) han ligado su estilo literario a su opción sexual, haciendo que su lesbianismo sea, en sí mismo, una fuerza que las motive para investigar sobre el lenguaje, que las conduzca a crear un peculiar lenguaje enfrentando a las normas de significación aceptadas. En este sentido, Lola Van Guardia emplea a lo largo de toda la trilogía el femenino genérico. Puede parecer que este singular uso sea susceptible de generar numerosas confusiones a lo largo del texto, pero una vez acatadas las reglas del juego la lectora comprende perfectamente todas las situaciones, demostrando una vez más, la convencionalidad de la estructura gramatical «cuyas reglas para una correcta *lectura* se basan en la autoridad que se arroga el patriarcado» (Benstock 1992: 237). Así, en un primer momento, resulta bastante simple seguir el desarrollo de un texto aceptando que si se dice, por ejemplo, bomberas, fontaneras, carpinteras, etc. se está englobando a personajes masculinos. Pero la utilización del número singular y el contexto amplían y tornan más complejo el campo de significado. De este modo las interpretaciones son varias. Se puede opinar que se trata de una sociedad en la que todos los espacios de poder permanecen ocupados únicamente por mujeres, quienes son los auténticos agentes de la vida pública. Aunque algunas lectoras, yendo aún más allá, han entendido que la autora construye un mundo compuesto únicamente de mujeres, algo así como una sociedad utópica basada en la consecución del ideal del lesbianismo separatista de décadas anteriores defendido por pensadoras como Sheila Jeffreys quien opina que todas las lesbianas que osan pensar como lesbianas y que deciden destinar sus energías sexuales y emocionales a las mujeres y no a los varones, se separan de la cultura dominante [...] una separatista es una lesbiana que atribuye a sus actos de separación un significado político consciente.

(1996: 266)

Bajo mi parecer esto no es exacto, pues en la trilogía, aunque los hombres no son protagonistas, hay alusiones tanto a la masculinidad como a la heterosexualidad, además, estas mujeres no viven al margen de la cultura oficial, todo lo contrario, participan activamente de ella, incidiendo y transformando su devenir. Más bien diría que lo que la autora consigue es construir una sociedad que no está determinada por la heterorrealidad, es decir «la visión del mundo de que la mujer existe siempre en relación con el hombre» y que «ha percibido consistentemente a las mujeres juntas como mujeres solas» (Raymond, 1986: 3), las protagonistas de la trilogía habitan un mundo formado por dos sexos en convivencia pero han hecho de las relaciones entre ellas la mediación central que otorga medida a sus existencias. Si la homosexualidad, precisamente, había marcado los límites de la realidad heterosexual, habitando siempre los espacios lindantes al centro cultural, en esta ficción literaria, el lesbianismo forma parte activa dentro de la dinámica social. Además, la heterorrealidad, según María-Milagros Rivera Garretas, «define para la mayoría de mujeres los contenidos de la «realidad real», y eclipsa y oscurece los contenidos de lo que ella llama (refiriéndose a Janice Raymond) ginecoafecto» (1994: 128), todo lo contrario de lo que sucede aquí, donde las relaciones amorosas (en un sentido muy vasto) entre mujeres ocupan el espacio central en la vida y quehaceres de los personajes. La heterorrealidad, pues, desaparece, porque desaparece la marginalidad de la homosexualidad y la competencia femenina que el heterosexualismo[11] favorece.

La desaparición de la heterorrealidad es un gran avance en la consecución de la muerte del patriarcado, o ¿tal vez en estas novelas de intriga el patriarcado sea el gran asesinado? Si atendemos al texto redactado por la Librería de Mujeres de Milán el año 1996, *El final del patriarcado*, el cual explica cómo ha ocurrido este proceso, quizás obtengamos algunas respuestas. El texto comienza con las siguientes frases: «El patriarcado ha terminado. Ha perdido su crédito entre las mujeres y ha terminado. Ha durado tanto como su capacidad de significar algo para la mente femenina» (1996: 3). Cierto es que las ideas desarrolladas en este libro fueron, y continúan siendo, muy discutidas por muchas pensadoras

---

11. He tomado este término de Sarah Lucia Hoaghland quien explica que heterosexualismo «es toda una forma de vida que implica un delicado, aunque a veces indelicado, equilibrio entre depredación masculina y protección masculina de un objeto femenino de la atención masculina. Heterosexualismo es una relación económica, política y emocional concreta entre hombres y mujeres» (Rivera Garretas, 1994: 129).

feministas que lo consideran falaz y generador de múltiples confusiones. Sin embargo, si el patriarcado efectivamente no ha concluido, no es menos certero decir que para muchas de nosotras hace mucho tiempo que ha dejado de significar algo. En nuestro interior el patriarcado ha muerto abriendo amplios espacios de libertad femenina. Como continúan explicando las filósofas italianas:

> Hoy se da un estar en el mundo —de mujeres, pero no exclusivamente— que muestra y señala, sin grandes frases ni argumentos, que el patriarcado ha llegado a su fin; es un estar en el mundo con disponibilidad para la modificación de sí, en una relación de intercambio que no deja nada fuera del juego. Lo podríamos llamar ligereza. O libertad femenina.
>
> (1996: 3)

Todo esto me lleva a concluir que, si bien en la trilogía el patriarcado no ha llegado a su fin, todas las protagonistas sí han roto definitivamente con él, negándole capacidad de cancelación de la existencia lesbiana, no reconociéndolo como otorgador de identidad, viviendo e interactuando con el mundo en libertad; se me ocurre pensar que tal vez sea esto lo que busquen muchas jóvenes incapaces de sentirse ya representadas en el lesbianismo victimista y marginal de décadas atrás.

En resumen, si en *Las Razones de Jo* Isabel Franc hace una reescritura feminista y lesbiana de un clásico de la literatura, con el fin de evidenciar la marcada carencia de referentes con que muchas mujeres hemos vivido, en sus novelas de la trilogía ofrece todo un mundo de personajes que elaboran un marco referencial diverso y valioso para las mil maneras de vivir las relaciones entre mujeres en la actualidad.

BIBLIOGRAFÍA

ALCOTT, Louisa May (2006): *Mujercitas*, Debolsillo, Barcelona.
BENSTOCK, Shari (1992): *Mujeres de la Rive Gauche. París 1900-1940*, Lumen, Barcelona.
COOPER, Fiona (1992): *La Jay estima la Lucy*, Edicions de l'Eixample, Barcelona.
DE BEAUVOIR, Simone (2008): *Memorias de una joven formal y una muerte muy dulce*, Edhasa, Barcelona.
FEITO, María Teresa (2005): *Louisa May Alcott. Dulce revolucionaria*, Edimat, Madrid.
FRANC, Isabel (2004): *No me llames cariño*, Egales, Barcelona-Madrid.

Franc, Isabel (2006): *Las razones de Jo*, Lumen, Barcelona.
Franc, Isabel (2007): «Del pozo a la hiena: humor e ironía en la llamada literatura lésbica», en Simonis, Angie (eda.): *Cultura, homosexualidad y homofobia. Amazonia: retos de visibilidad lesbiana*, Laertes, Barcelona,152-162.
Heilbrun, Carolyn G. (1994): *Escribir la vida de una mujer*, Megazul, Madrid.
Highsmith, Patricia (1991): *Carol*, Anagrama, Barcelona.
Jeffreys, Sheila (1996): *La herejía lesbiana*, Cátedra, Madrid.
Librería de Mujeres de Milán (1996): *El final del patriarcado*, Llibreria Pròleg, Barcelona.
Oates, Joyce Carol (2004): *Las hermanas Zinn*, Lumen, Barcelona.
Raymond, Janice (1986): *A passion for friends. Toward a Philosophy of Female Affection*, The Women's Press, Londres.
Norandi, Elina (2006): «La trilogía de Lola Van Guardia: un fenómeno de fans entre las jóvenes lesbianas», en Gil Gómez, Alicia (coord.): *Mujeres jóvenes ¿Nuevos feminismos?*, Universitat Jaume I, Castellón de la Plana, 257-262.
Norandi, Elina (2008): «La Trilogía de Lola Van Guardia», *Duoda. Estudios de la diferencia sexual*, Universitat de Barcelona, Barcelona, 34, 209-217.
Rich, Adrienne (1996): «Heterosexualidad obligatoria y existencia lesbiana», *Duoda. Revista de estudios feministas*, Universitat de Barcelona, Barcelona, 11, 13-37.
Rivera Garretas, María-Milagros (1994): *Nombrar el mundo en femenino. Pensamiento de las mujeres y teoría feminista*, Icaria, Barcelona.
Rivera Garretas, María-Milagros (1997): *El fraude de la igualdad*, Planeta, Barcelona.
Ruiz, Sofía (2006): «Buscando a Lola desesperadamente», en *Sexutopías*, Egales, Barcelona-Madrid, 137-178.
Serrano, Marcela (2004): *Hasta siempre, Mujercitas*, Planeta, Barcelona.
Simonis, Angie (2007): «Silencio a gritos: discurso e imágenes del lesbianismo en la literatura», en Simonis, A. (eda.): *Cultura, homosexualidad y homofobia. Amazonia: retos de visibilidad lesbiana*, Laertes, Barcelona, 107-139.
Van Guardia, Lola (1997): *Con pedigree*, Egales, Barcelona-Madrid.
Van Guardia, Lola (2000): *Plumas de doble filo*, Egales, Barcelona-Madrid.
Van Guardia, Lola (2002): *La mansión de las tríbadas*, Egales, Barcelona-Madrid.
Winterson, Jeanette (1998): *Escrito en el cuerpo*, Anagrama, Barcelona.
Zimmerman, Bonnie (1990): *The Safe Sea of Women. Lesbian Fiction, 1969-89*, Beacon, Boston.

7. DOS CABALGAN JUNTAS: REESCRITURA Y MILITANCIA EN LA NARRATIVA DE JENNIFER QUILES
Mª Ángeles Toda Iglesia

«La literatura de entretenimiento cumple una función normalizadora del hecho lésbico», afirma la escritora y activista Jennifer Quiles en *Más que amigas*, su muy popular manual de autoayuda para mujeres lesbianas y bisexuales (2003: 284). En este capítulo quisiera examinar de qué modo la obra de la propia Jennifer Quiles, truncada por su prematura muerte en 2005, cumple esta función, y cómo entronca con una larga tradición lesbiana de reapropiación, parodia y transformación de géneros literarios a fin de escapar de la igualmente larga tradición trágica que durante mucho tiempo marcó la narrativa lesbiana.

Además del ya citado manual de autoayuda, Quiles publicó en vida solamente un relato, «Bajo las buganvillas», incluido en la antología *Otras voces* (2002). Su obra más extensa —e inacabada— es la novela *Rápida infernal*, que comenzó como un *fanfic* basado en la popular serie televisiva *Xena, la princesa guerrera*[1], y que fue publicado póstumamente en 2006 «por expreso deseo de su madre, familia y de las editoras» (Quiles, 2006: 5). El volumen incluye tres relatos más: «Fetiche» y «Ven», con la misma mezcla de humor amable e intenso erotismo que «Bajo las buganvillas», así como el titulado «Invertida», que utiliza el recurso de la ciencia ficción distópica para ir bastante más allá de la literatura de entretenimiento. En este estudio me ocuparé en primer lugar y de modo más extenso de la novela, para después centrarme brevemente en el tratamiento de la sexualidad entre mujeres tanto en ésta como en los cuentos eróticos, y finalmente dedicaré un espacio al último relato.

Como sugiere el propio título, que remite a la película *Rápida y mortal* (1996), protagonizada por una guapísima Sharon Stone que obviamente disfruta representando su papel de intrépida pistolera[2], *Rápida infernal* está llena de guiños

---

[1]. Ver la reseña de la novela en www.lesbianlips.es/noticias/egales-publica-el-fanfic-inacabado-de-jennifer-quiles/1517.html.
[2]. Sam Raimi (1995): *Rápida y mortal*, EEUU, WGA.

intertextuales y de hecho constituye un excelente ejemplo de lo que afirma Beatriz Suárez Briones: «la escritura lesbiana autoconsciente es revolucionaria porque desplaza los significantes y los significados heteropatriarcales y crea una "intertextualidad amazona" (Marks, 1993)» (1997: 276). Por mencionar algunos ejemplos del juego intertextual, y aparte de los dos modelos que actúan como referencias principales —las novelas y películas del Oeste y la serie *Xena*—, se puede observar que Quiles incluye varias alusiones a novelas clásicas británicas del siglo XIX, como la referencia que evoca el fallecimiento de la compañera de internado de la protagonista de *Jane Eyre* (2006: 117), o la alusión al principio de *Cumbres borrascosas*, que hace que el amor entre Lucy Fer, la hermana adoptiva de Lena Darkness, y esta última herede y reescriba en términos lesbianos todas las connotaciones pasionales, oscuras y semi-incestuosas de la relación entre Catherine y Heathcliff (2006: 372).

La crítica lesbiana se ha ocupado desde muy pronto de esta tradición literaria de «intertextualidad amazona». Ya la pionera Lillian Faderman comentaba que *El almanaque de las mujeres* (1928), el divertido *roman-à-clef* escrito por Djuna Barnes y protagonizado por trasuntos supuestamente renacentistas de las lesbianas más conocidas del ambiente parisino de la época, hacía posible representar una realidad mucho menos truculenta que la que aparecía en otras novelas realistas del momento, como la famosísima *El pozo de la soledad,* de Radclyffe Hall, publicada en el mismo año (1991: 369). Reapropiarse de géneros literarios populares y reescribirlos en términos lesbianos ofrece muchas ventajas para evitar la condena a ese patrón trágico que la propia Quiles denuncia en *Más que amigas* (2003: 27). En este sentido, Julie Abraham hace notar que la escritura lesbiana, al menos durante las seis primeras décadas del siglo XX, se asocia con una novela que describe «romances tortuosos de frágiles parejas femeninas» (1996: 1) y explora las limitaciones que impone este modelo que, por añadidura, tiende a entenderse como representación exacta de la realidad. Según Abraham, este tipo de novela está fuertemente condicionada por los patrones heterosexuales en los que la única narrativa posible para una protagonista femenina es la del romance con un hombre, con lo cual en ellas el lesbianismo siempre aparece como problema (1996: 3-4). Por tanto, su estudio se centra en cómo durante las décadas mencionadas una serie de escritoras desarrollaron una «escritura lésbica» que intenta eludir estas limitaciones, recurriendo a veces —como en el caso de *Carol*, de Patricia Highsmith, que emplea elementos de la novela de detectives— a la apropiación de patrones genéricos (1996: 4).

Este recurso también hace posible sortear, de algún modo, las dificultades inherentes a la tarea de escribir la experiencia femenina y en particular la experiencia lesbiana. Frente al problema que supone la carencia de ese lenguaje específicamente femenino que permitiría una verdadera creación, carencia que ya ponía de manifiesto Virginia Woolf y que otras autoras como Monique Wittig, Adrienne Rich, Hélène Cixous o Luce Irigaray han analizado desde diferentes enfoques[3], cabe la posibilidad de acogerse a las teorías de la postmodernidad, y utilizar la alternativa de apropiarse del bagaje cultural de la tradición heteropatriarcal y crear, mediante el recurso a la intertextualidad, la referencia y la parodia.

Por añadidura y por fortuna, en la primera década del siglo XXI Quiles puede también recurrir a otra tradición, la misma que ella está contribuyendo a crear: la de la narrativa lesbiana más moderna, libre ya de los lastres de la medicalización del lesbianismo y del destino trágico. Quiles identifica un género anglosajón de «novela romántica lésbica con final feliz» (2003: 278), que puede originarse en la ya citada *Carol* (1953), y que tiene como referente temprano la novela de Isabel Miller *Un lugar para nosotras* (1969), ambientada en el Oeste americano en el siglo XIX. Dicho género empieza a estar disponible para el público español cuando surgen editoriales específicas, notablemente horas y Horas, fundada en 1991, y la Editorial Egales, fundada en 1995, que publican tanto traducciones de autoras anglosajonas como obras escritas en castellano; *Cris y Cris*, de la escritora argentina María Felicitas Jaime (1992), fue un ejemplo pionero (Quiles, 2003: 278-284). Otra tradición la constituye la *coming-out story*, los relatos autobiográficos o ficticios de «salida del armario» (Viñuales, 2000: 61). Tanto Viñuales como Quiles comparten con Suárez Briones la conciencia del papel fundamental que desempeña la literatura lesbiana como elemento creador no sólo de identidad, sino de comunidad (Suárez Briones, 1997: 269). Al erigirse como referentes comunes, este tipo de narrativas, incluso cuando son de mero entretenimiento, ofrecen a las lectoras lesbianas las recompensas que según John G. Cawelti proporciona en general la literatura popular: el placer de reconocer los elementos familiares de la fórmula, combinados con la novedad introducida por pequeñas variantes, pero también el placer de reafirmar la visión del mundo y los valores mayoritarios del público lector (1976: 23); en este caso, la visión y los valores de la comunidad lesbiana.

Todos estos elementos, entonces, son con los que juega *Rápida infernal*, que puede contar ya con un público de lectoras familiarizadas con un bagaje literario y cinematográfico lesbiano mayor y, por lo general, mucho más positivo, que el existente hace veinte años. Para concretar todo lo anterior, es preciso empezar con la primera de las tradiciones que se reescriben en la novela, la narrativa del Oeste. La contraportada de la obra hace referencia justamente al placer que provoca en las lectoras la familiaridad con esos personajes y escenarios «tan de sesión de tarde sabatina»[4] combinada con la placentera «extrañeza

---

3. Estas teorías se resumen breve y claramente en «Gramática lésbica: Lenguaje, sexualidad y el *cuerpo a cuerpo con la madre*» de Mercedes Bengoechea (1997).

4. Por cierto que la referencia a la «sesión de tarde sabatina» da un indicio de la edad de las destinatarias —¿o quizá de las editoras? Por mi experiencia como profesora de literatura norteamericana, pocas alumnas de menos de 30 años dan indicios de reconocer cualquier alusión a estas películas del Oeste, sean clásicas o de serie.

total que nos sigue produciendo, incluso después de ver *Brokeback Mountain* [...], el lejano Oeste convertido [...] en *Lesbian Territory*».

Desde el inicio de la novela, narrado desde la perspectiva de un lagarto a punto de ser aplastado por la diligencia que trae a Annabel Sweetheart al Oeste, se introduce ese doble elemento de reconocimiento y des-familiarización: los tópicos archiconocidos, como la llegada del ingenuo novato del Este a un mundo brutal donde mandan las pistolas, se combinan con la desmitificación humorística, por ejemplo a través de las referencias a la incomodidad física de Annabel, vomitando y cubierta de polvo y sudor en la diligencia (2005: 7-8). Este juego continúa a lo largo de toda la narrativa, con lo que los ejemplos serían múltiples; por tanto, voy a centrarme en las dos grandes fórmulas de la narrativa del Oeste que se parodian en los personajes de Annabel Sweetheart, la inocente recién llegada, y Lena Darkness, la temible pistolera.

Annabel Sweetheart, joven, huérfana e inexperta, encaja perfectamente en el papel de la maestrita. Aunque su descripción física está condicionada por la de Gabrielle, el personaje de *Xena* del que es trasunto, también se adecua perfectamente a este estereotipo de la chica buena: rubia, blanca, virginal y aparentemente frágil. En cuanto a características psicológicas, Annabel comparte la rectitud moral y la actitud pacifista de este personaje, así como su inesperada resistencia y capacidad de adaptación. Las variaciones se introducen de diversas maneras. En un nivel bastante superficial, el estereotipo de la maestrita se combina con una versión en femenino del novato, puesto que Annabel, en especial en los capítulos iniciales, es objeto de una serie de indignidades algo grotescas narradas en tono humorístico de las que por lo general se exime a la respetable maestra de las películas. No obstante, y al igual que lo que ocurre en la serie *Xena*, el cambio fundamental reside en la incorporación completa de las protagonistas femeninas al territorio tradicionalmente masculino de la aventura. Dentro de este contexto, la joven del Este se convierte en compañera de armas de Lena, en una versión femenina del «amigo del héroe» tan propio de las narrativas épicas de cualquier tipo[5]. Sin embargo, no estamos hablando tan sólo de reescrituras feministas, sino de reescrituras lesbianas; así, un episodio como el que tiene lugar en el capítulo 3, en el que Annabel demuestra una destreza inesperada al curarle una herida de bala a Lena, se carga de alusiones. Por una parte, aparece la valiosa combinación de habilidades que comparten el héroe y el amigo, pero además se invoca el subtexto homoerótico masculino presente en bastantes episodios de este tipo que propician acercamientos emocionales entre ambos. Por otro lado, la curación del duro pistolero solitario a manos de la tierna y eficaz maestrita es también un tópico archiconocido de la narrativa del Oeste. En la novela, todas estas alusiones convergen y se *lesbianizan* al producirse entre las dos mujeres, con la introducción —por el momento soterrada— de un leve

---

5. Véase mi estudio sobre este tipo de personaje, *Héroes y amigos* (2002).

toque erótico tan reconocible por las lectoras lesbianas como las referencias anteriores por el público heterosexual:

>—¡Estás herida!
>Lena se miró el brazo. Hacía tantas horas que le dolía que ya se había olvidado de la sensación.
>—No es nada.
>—Déjame ver —ordenó la rubia [Annabel] tomando las riendas de la situación.
>[...]
>—Tengo que quitarte la camisa.
>Lena asintió y observó cómo la rubia empezaba a desabrocharle los botones. Le pareció que sus manos temblaban.
>
>(2006: 95)

Así, las fórmulas héroe-amigo y pistolero-maestrita sirven de marco familiar al desarrollo de la relación entre las dos protagonistas. El destino solitario de la maestra soltera va a transformarse por obra del pistolero con pasado... sólo que en este caso se trata de una pistolera. Lena Darkness, el trasunto de Xena, también se ajusta perfectamente a este estereotipo: posee habilidades casi sobrehumanas, y es un ser solitario, agobiado por la carga de un oscuro pasado al que le resulta imposible sustraerse y vinculado por una serie de lazos de lealtad y venganza, como los que obligan a Lena a rescatar a la india blanca Cabellera de Trigo y a enfrentarse con su archienemiga Lucy Fer. Lena comparte también la generosidad y la defensa de los débiles propia del pistolero solitario, que se manifiesta en su disposición a defender a un grupo de indios frente a las intrusiones de los constructores del ferrocarril, a entregar su botín a los pobres, y a acompañar y proteger a una caravana de mujeres. Actos como éstos le han granjeado una gratitud y un respeto tan fuertes como el terror que ha inspirado. Ya en este resumen se advierten algunas de las diferencias con el modelo tradicional: si bien hay casos en los que un pistolero blanco se ve en la situación de defender a los indios, la familiaridad de Lena con la tribu de los yaramín y la representación de la misma en el relato van mucho más allá de lo habitual. Pero de nuevo lo más rompedor reside en su identidad femenina y lesbiana: su denso pasado también comprende una larga lista de antiguas amantes, de lo que ya hablaremos en su momento.

Los episodios en los que Lena, en la mejor tradición del pistolero sin vínculos, duda entre sus sentimientos por la maestrita que amenaza con poner fin a su soledad y su sentimiento de culpabilidad por ponerla en peligro con su modo de vida, brindan de nuevo a las lectoras el placer de un doble reconocimiento. En primer lugar, el del modelo que acabo de señalar y, en segundo lugar, el de un patrón específicamente lesbiano, que afortunadamente en la narrativa más moderna puede cobrar tintes humorísticos: el miedo completamente injustificado a que la mujer que se ama no *entienda*, y por tanto no comparta los sentimientos en el mismo grado. Desde el temor y la culpa de la lesbiana masculina Stephen de *El pozo de la soledad* (que llega a atormentar a su futura pareja, la muy enamorada Mary, con su aparente falta de sentimientos) hasta la ansiedad un tanto paranoica de la protagonista del relato «Cómo decírselo» de Isabel Franc (2002), rodeada de un grupo de amigas lesbianas que intentan hacerla entrar en razón, ha pasado mucho tiempo, y se ha producido una evolución que permite a las lectoras actuales leer con una sonrisa episodios como el siguiente. Lena, temerosa por la seguridad de Annabel, intenta desvincular a la joven de la promesa de acompañarla en su misión de rescatar a Cabellera de Trigo:

> [Lena] hizo una nueva pausa para aclararse la garganta—. Y a lo mejor tú, en este tiempo, has cambiado de opinión y...
> Annabel empezó a comprender de qué le estaba hablando y la escuchó con atención, incapaz de reprimir el principio de una sonrisa.
> —Quiero decir que quizá ya no estés tan segura de acompañarme en este viaje que puede ser tan peligroso y... ¿de qué te ríes? —se interrumpió un poco molesta.
> —Es que... me río porque estás muy graciosa... Sí, es que eres tan... [...] tan diferente... Normalmente tienes una imagen muy dura, [...] en cambio ahora, te tengo aquí delante [...] y pareces otra persona, eres buena... y dulce.
> Lena se puso más roja al oír aquellas palabras, pero trató de salir airosa de la situación. [...]
> —No me has contestado —se atrevió a decir.
> —Porque he creído que no hacía falta —dijo Annabel en un susurro.
>
> (2006: 213)

Se dan juegos semejantes, por lo general llenos de humor, en toda la narrativa, que llevan a cabo esa transformación del Oeste en territorio lesbiano a la que aludíamos más arriba. Un ejemplo entre muchos es la feminización y lesbianización de otro personaje mítico del Oeste, el Zorro, que aprovecha quizá a un nivel subconsciente la imagen física de Catherine Zeta Jones en la película *La máscara del Zorro* (1998)[6]. En la novela de Quiles, bajo el antifaz del guerrero se oculta la bellísima y aristocrática Marquesa de Camarasa, que por supuesto ha mantenido un apasionado romance con Lena y que termina su carrera fugándose con una joven mexicana a la que rapta el mismo día de su boda. Desafortunadamente, no tengo espacio para referirme en detalle a todos esos juegos.

La segunda fórmula a la que se remite *Rápida infernal* es el patrón establecido por la serie *Xena, la princesa guerrera*, y en este caso el proceso es más complejo. Para empezar, la misma serie es en sí una transformación postmo-

---

6. Martin Campbell (1998): *La máscara del zorro*, EEUU, Tristar.

derna de múltiples narrativas clásicas, y ya lleva a cabo una reescritura feminista al convertir a dos mujeres en protagonistas de aventuras de corte épico. Pero por añadidura, y en buena parte debido a una interacción con las espectadoras, *Xena* fue gradualmente convirtiéndose en un icono para las lesbianas debido a lo que ha dado en llamarse el subtexto: la ambigüedad respecto a la naturaleza de la relación entre Xena, la princesa guerrera del título, y su compañera de armas, la rapsoda Gabrielle. Como resume la editora de una de las múltiples páginas de Internet dedicadas a la serie,

> Durante la primera serie [de episodios], algunas *fans* notaron cierta cercanía entre Xena y Gabrielle que les hizo pensar que quizá compartían algo más que un fuego de campamento. Los guionistas, actores y productores se sumaron, y fueron insertando escenas más abiertas y sugerentes que indicaban la cercanía entre los personajes. A muchas *fans* les encantó, y para algunas se convirtió en LA mayor atracción de la serie. Casi todas las entrevistas y artículos parecían concentrarse en la relación entre Xena y Gabrielle. Incluso si la gente no sabía mucho de la serie, habían oído sin embargo los rumores de que Xena y Gabrielle eran amantes[7].

La interacción entre público y guionistas, actores y productores, se produjo en parte gracias a la enorme cantidad de *fanfics* a que la serie dio lugar. La mayor parte de estos *fanfics* —que podrían definirse como un género literario en el que el público se apropia de los personajes de una serie para inventar nuevas historias sobre ellos— entrarían en el caso de *Xena* dentro del subgénero *slash*, que Will Broker define del siguiente modo: «un género de ficción erótica de fans centrado en encuentros entre personas del mismo sexo que tienen lugar entre los protagonistas de una serie popular» (Cañero Serrano, 2005: 126). La citada editora de la página *Xenaville* hace notar que la práctica totalidad de la ficción de fans sobre Xena «pertenece al subgénero ALT o alternativo, es decir, que presenta a Xena y Gabrielle como amantes. Parte de ella es muy MUY explícita, bordeando lo pornográfico». Lo excepcional, como señala Julio Cañero Serrano en su estudio sobre las narrativas *slash*, es la actitud positiva del equipo de producción de *Xena*. Frente a las reacciones de otras productoras, que intentaron incluso defender el *copyright* de sus personajes para ponerlos a salvo de este tipo de manipulación, Liz Friedman, la productora abiertamente lesbiana de la serie que nos ocupa, aceptó entrar en el juego, argumentando que «no es nuestro espectáculo, es el espectáculo del público. Si las fans quieren ver a Xena de este modo, estupendo» (Cañero Serrano, 2005: 127).

---

[7]. Nota de la Editora: «Here's what I think about subtext». www.xenaville.com/articles/editorial_here_subtext.html. Ésta y todas las demás traducciones de fuentes secundarias en inglés son mías.

Además de esta complicidad por parte de la productora, otro rasgo notable de la ficción producida por fans de *Xena* es el hecho de que gran parte de ella sea escrita, y leída, por lesbianas. Esto parecería obvio, pero varios estudios citados por Cañero Serrano sugieren que la ficción *slash* sobre personajes masculinos no parece interesar a los varones homosexuales, que disponen de narrativas mucho más explícitas y específicas, y que por añadidura dicha ficción está producida en buena parte por mujeres heterosexuales. Entre las razones que aducen para explicar esta paradoja en el estudio de Nicholas y Curtin está la carencia de personajes femeninos fuertes que puedan emparejarse con los protagonistas masculinos en calidad de «co-guerrera», no de «señora del guerrero» (Cañero Serrano, 2005: 130). En este sentido, *Xena* constituye una clara excepción, con dos personajes femeninos poderosos, independientes y comparativamente complejos. Así pues, por todas sus connotaciones feministas y lesbianas, resulta muy comprensible la popularidad de la serie entre este público. En este contexto, resulta posible interpretar la ficción ALT creada a su alrededor como parte del proceso de «lectura lesbiana» que Sánchez Briones propone como respuesta a la dificultad de definir exactamente qué es lo que marca como lesbiana una obra (1997: 274).

Como hemos dicho, la novela de Quiles pertenece a los subgéneros *slash* y ALT, pero por añadidura al UBER, que ella misma define en *Más que amigas* como aquel en que los autores o autoras «toman los personajes de una serie y los trasladan a otra época, pero manteniendo sus principales características y vínculos» (2003: 293). Quiles traspone al Oeste a Xena y Gabrielle, y efectivamente mantiene muchos de los elementos reconocibles para las asiduas a la serie, lo que proporciona un elemento añadido de placer y de sensación de comunidad, siempre mediado por el humor. Entre los muchos ejemplos podrían darse episodios que recuerdan a los seleccionados por las *fans* como los más cargados de «subtexto» de la serie[8]. La famosa escena de la bañera compartida por Xena y Gabrielle en el episodio «A Day in the Life» se evoca en el capítulo 6, en donde Lena y Annabel disfrutan igualmente de un momento de intimidad en casa de la Zorra; la exclamación de Gabrielle, en el episodio «Altared States», durante un trance inducido por el beleño («eres preciosa») encuentra su paralelo menos mítico en una Lena borracha que farfulla «qué guazpa eztás» (2006: 286). Se multiplican también los guiños de otra clase, como el tono casi de aburrimiento con el que un enemigo de Lena anticipa la explicación de la táctica, típica de la princesa guerrera, que le está siendo aplicada:

—Date prisa o morirás, he cortado...
—... el flujo de sangre a mi cerebro, ya, ya lo sé...
(2006: 169)

---

[8]. Ver el listado en www.whoosh.org. «List of the Month: What are the Essential XWP subtext episodes?», www.whoosh.or/issue89/listo2/html.

Igualmente, los episodios en los que un acercamiento entre las protagonistas queda interrumpido por la aparición de Joxer (el guerrero fanfarrón y cobarde, enamorado de Gabrielle, que las acompaña en muchos episodios) se imitan en *Rápida infernal* (2006: 69,266). No obstante, el tratamiento que hace Quiles del trasunto de Joxer (el desertor del ejército Jonathan Cowardcky) es muy diferente. La irritante presencia del tercero —que en la serie es uno de los múltiples elementos que sirven precisamente para contener el subtexto y mantenerla aceptable para todos los públicos— es mucho menor en la novela, que no está restringida por estas exigencias. El personaje de Cowardcky tiene de hecho la función de aumentar la tensión sexual entre Lena y Annabel que constituye su principal fuente de suspense. Su enamoramiento queda reducido a un único episodio, el capítulo 10, en el que Cowardcky intenta administrarle un filtro amoroso a Annabel; pero lo que sucede es que Lena lo bebe por error y el bebedizo desencadena en ella una desaforada pasión por su amiga.

Todo lo anterior contribuye a reforzar la naturaleza absolutamente lesbiana del relato de Quiles. Frente a la necesidad de la serie de mantener una cierta ambigüedad, la novela puede presentar la relación entre ambas protagonistas con un cariz inequívocamente sexual, aunque Annabel tarde más en hacerse consciente de sus sentimientos. El pasado heterosexual de Xena y Gabrielle —que a menudo se utiliza como argumento anti-subtexto por parte de los espectadores y por supuesto como forma de desactivar el mensaje lesbiano por parte de la productora[9]— desaparece por completo: Annabel no tiene experiencia sexual alguna, mientras que Lena viene de un pasado lleno de amantes femeninas que incluye a su más tarde archienemiga Lucy Fer, a la joven india Lago Manso y a la Zorra. Por añadidura, la relación entre ellas se enmarca en un mundo donde la homofobia, o la problematización de la identidad sexual, parecen no existir, lo que sin duda es una de las fantasías más placenteras para las lectoras. Un ejemplo es que Lena puede coquetear descaradamente con la Zorra sin provocar en su subordinado Trujillo otra reacción que la siguiente: «Trujillo puso los ojos en blanco, sin poderse creer que su jefa pudiera meterse en un lío de faldas precisamente ahora que estaban haciendo un trabajo» (2006: 216). En el territorio mítico que presenta Quiles, nadie parece ver nada extraño en el deseo entre mujeres; los únicos toques que lo sugieren son la necesidad que experimenta Lena de mantener en secreto su relación con Lago Manso[10] y la alusión de la Zorra a su deseo de vivir con su amada Perlita en «algún lugar donde no existan estas estúpidas normas que impiden que las personas sean felices» (2005: 252). Solamente Annabel, que no procede de ese mundo, experimenta cierto miedo y extrañeza ante los sentimientos que la empiezan a

---

9. Ver el debate al respecto en www.xenaville.com.

10. Paradójicamente, y según han puesto de manifiesto varios estudios, entre los nativos americanos del Oeste sí está constatado un cierto nivel de aceptación de la homosexualidad femenina y masculina, siempre dentro de unos modelos establecidos. Véase Grahn (1986).

embargar desde que conoce a la pistolera. Y esto conduce a la tercera fórmula literaria que Quiles emplea como elemento estructurador: la denominada *coming-out story*, o el relato de salida del armario.

Olga Viñuales hace un análisis de lo que significan este tipo de relatos, a menudo autobiográficos, en los que la protagonista va tomando conciencia gradualmente de su identidad, hasta llegar a «poner nombre a los propios sentimientos» y en un grado o en otro actuar en consecuencia. Viñuales los interpreta como una modalidad específica del *bildungsroman*, la novela de aprendizaje que sigue patrones propios de las narrativas épicas y mitológicas al describir en términos psicológicos y vitales un viaje que incluye «punto de partida, lucha, y por fin, llegada a casa». Si bien hay diferentes posicionamientos en cuanto a si se trata de la revelación de una identidad innata o de la construcción de una nueva identidad, para la autora lo fundamental es su función de proporcionar un lenguaje y una historia que puedan ir construyendo un imaginario común (2000: 59-62). Esto es lo que persiguen iniciativas tales como la colección «Salir del armario» de Egales, en la que se incluye *Rápida infernal*. No estoy implicando con esto que *Rápida infernal* cumpla todas las características del género, entre otras cosas porque la novela está incompleta y el conflicto —en el sentido literario del término— generado por el creciente deseo de Annabel hacia Lena no llega a resolverse. Pero no cabe duda que de modo algo humorístico, y en el contexto de este imaginario y libre *Lesbian Territory*, la novela relata también el proceso por el que Annabel comienza la tarea de «hacerse lesbiana», en palabras de Abraham (1996: 12).

La reacción inicial de Annabel frente a Lena, que acaba de rescatarla por primera vez, responde perfectamente —y alude con humor— a los ya tópicos de la narrativa romántica para lesbianas:

> Si en aquel momento un grupo de angelitos rubios hubieran bajado volando del cielo con arpas celestiales en las manos, nuestra joven amiga no se hubiera sentido más sorprendida. Quieta y boquiabierta, Annabel se fijó en lo alta que era la recién llegada [...]. Observó su hermoso cabello largo y negro [...]. Pero lo que más le impresionó fueron sus ojos, de un azul increíble y de una profundidad en la que parecía fácil perderse. [...] No debía tener más de treinta años y era la mujer más hermosa que Annabel había visto en toda su vida.
>
> Sin mediar palabra, la mujer empezó a desvestirse [...]. Al ver que Annabel seguía allí plantada, mirándola con la boca abierta, se volvió un momento a ella y la miró con el ceño fruncido.
>
> —Si no te importa, voy a bañarme.
>
> (2006: 56-57)

El embobamiento inicial, de causa aún aparentemente no identificada, resulta fácilmente reconocible y provoca un sentimiento de complicidad. Poco a poco, a lo largo de la novela, tanto la conciencia de Annabel de sus propios sentimientos como el contacto físico creciente y cada vez más explícito entre ambas se irán incrementando. Annabel pasa por todos los estadios: la confusión y el nerviosismo iniciales, la sensación de agradecimiento por los cuidados de Lena, el deseo creciente de acompañarla, y su alegría por estar con ella, que al principio interpreta en términos emocionales carentes en apariencia de cualquier erotismo:

> No entendía muy bien qué le estaba pasando, pero se sentía muy feliz de tenerla a su lado, de que la hubiera rescatado, de ser importante para ella. Era una sensación nueva y desconocida. Imaginó que importarle a alguien más de lo habitual debía ser algo parecido a tener una familia[11].
>
> (2006: 97)

Olga Viñuales destaca que en las primeras fases de ese proceso de adquisición o reconocimiento de la propia identidad «las mujeres, a modo de estrategia justificativa, evitan percibirse a sí mismas como lesbianas enfatizando sus sentimientos», se sobreentiende que a costa del componente sexual de su atracción por otras mujeres, pero también destaca que por lo general las lesbianas se identifican como tales en términos de amor más que de sexualidad (2000: 54). El desarrollo de Annabel se centra sin duda en lo emocional, a medida que va sintiendo celos de las relaciones de Lena con la Zorra o, de modo totalmente erróneo, de las relaciones de Lena con su amigo Jou, un granjero homosexual que ha tenido con Lena un amago de relación que sólo ha servido para confirmar a ambos sus respectivas tendencias (2006: 211, 301). Este último episodio, por cierto, también corresponde a un cierto patrón de la narrativa de lesbianas —el intento fallido de antemano de experimentar con la heterosexualidad—, a la vez que contrasta con las supuestas pasiones heterosexuales de Xena la guerrera. Volviendo a la evolución de Annabel, la conciencia de su transformación tiene lugar en un contexto absolutamente romántico:

> La tenía allí, a su lado, y era como si una nube de algo mágico hubiera entrado en su corazón. [...] Llenó una taza de café y se la ofreció sin levantar los ojos. Sus manos se rozaron por un segundo y se sonrojó como una niña. Pero ya no lo era. Sabía que algo había cambiado en su interior, por mucho que se negara a reconocerlo. Permaneció junto al fuego, aferrada a su taza, quemándose los dedos, [...] como si aquel humo la guiara hacia otra Annabel, otra que no conocía y que le daba mucho miedo.
>
> (2005: 269)

---

11. Por cierto que las alusiones de Xena y Gabrielle a ser familia son una parte importante de los argumentos pro-subtexto (www.whoosh.org).

Sin embargo, *Rápida infernal* es al fin y al cabo una novela con un fuerte componente erótico, por lo que no es de extrañar que paralelamente se produzca un despertar sexual de Annabel, trazado sobre todo a lo largo de los encuentros cada vez más intensos que se producen con Lena. Pero también son significativos dos episodios en los que Annabel, independientemente de su amor por Lena, experimenta una clara excitación sexual —clara para la lectora más que para la protagonista— provocada por otras mujeres: cuando Lucy Fer empieza a acariciarle el pecho y constata una respuesta física y cuando Annabel prácticamente olvida la existencia de Lena ante la «presencia devastadora de aquella atractiva mujer», la Zorra (2006: 183,198). Sin entrar en la complejidad de las teorías sobre la naturaleza del lesbianismo[12], parece claro que a pesar del énfasis de los últimos años en la construcción y la opción persiste una definición «de sentido común» (Abraham, 1996:XIV), «severamente restrictiva y literal» que define a la lesbiana como lo hace Catherine Stimpson: «la mujer que encuentra a otras mujeres eróticamente atractivas y gratificantes» (Bengoechea, 1997: 272). Como explica Abraham en relación con la novela *Carol*, la presencia de la atracción por más de una mujer es relevante: «si Terry [la protagonista más joven e inexperta] está eligiendo entre amantes femeninas, más que entre lesbianismo y heterosexualidad, entonces es una verdadera lesbiana» (1996: 14)[13].

Así pues, hay una clara gradación de episodios, desde el primer acercamiento en el que Lena abraza y consuela a Annabel (2006: 699) hasta su último y apasionado beso, instantes antes de que Annabel caiga por un precipicio perdiéndose en apariencia para siempre[14]. Aquí el tono es inequívocamente erótico, pero el encuentro se interrumpe por un factor que merece la pena comentar: la súbita angustia de Lena, que se separa de ella y se disculpa. De algún modo es justamente esa separación lo que determina la conciencia completa de Annabel de lo que está sucediendo: «Annabel no entendía nada. [...] No quería que se fuera, no quería parar; ella también lo deseaba. [...] Quería alcanzarla, decirle que no se arrepentía, que no tuviera miedo, porque ella también lo tenía» (2006: 348-49). Episodios como éstos, que constituyen una parte importante de la tensión central de la novela, remiten como dijimos a la tradición de la novela de «salida del armario», en la que la incertidumbre y el miedo previos a la culminación de este proceso están presentes de un modo que no sería razonable

---

12. Abraham (1996) y Suárez Briones (1997) proporcionan buenos resúmenes de este debate.

13. Lo que a un nivel más coloquial quiere decir que se excluye la archiconocida justificación de «yo no soy lesbiana, es que me enamoré de Fulanita».

14. Este episodio también remite al modelo de la serie. En la línea postmoderna de *Xena*, Annabel cae al precipicio deslizándose sobre el anacrónico *snowboard* que acaba de inventar. Suponemos que de haberse acabado la novela, se produciría un reencuentro entre las protagonistas y la desaparición de Annabel sería un trasunto de las varias muertes aparentes que sufren Xena y Gabrielle.

esperar en este territorio imaginario. Por tanto, los rastros de culpabilidad de Lena por involucrar a Annabel en una relación de deseo que quizá la joven no comparta quedan desactivados de varias maneras. En primer lugar, los posibles miedos procedentes de la homofobia internalizada se transponen a los reparos del pistolero solitario:

> [Lena] quería besarla, quería tocarla, pero no podía. ¿Cómo iba a hacer aquello? Hacía mucho tiempo que no tenía relaciones con nadie y se había jurado a sí misma que no volvería a involucrarse sentimentalmente. Con el tipo de vida que llevaba, no podía hacer aquello. No debía.
>
> (2006: 341)

En segundo lugar, Quiles recurre al humor para mostrar hasta qué punto son injustificados los temores de Lena. El tópico y peligroso acercamiento entre dos mujeres, en teoría provocado por el alcohol y por tanto rechazable al día siguiente («es que estaba muy borracha»), se parodia en la escena en la que es Annabel, la supuestamente inocente, quien reprime sus deseos de besar a Lena cuando la pistolera está borracha y medio dormida (2006: 288). Por añadidura, el episodio en el que Lena bebe por error el filtro amoroso y se aplica toda clase de medidas drásticas para contener su desbocado deseo por Annabel —que no comprende nada— constituye otra exageración cómica que pone de manifiesto lo absurdo de la represión.

Todo esto lleva al tema de la representación de la sexualidad entre mujeres en la novela y en los relatos, un tema que remite al problemático contexto teórico que resume Suárez Briones en su ya citado artículo sobre teoría feminista lesbiana (1997). Desde los años 1960 y 1970 existe la pugna entre la concepción del lesbianismo como opción política feminista y la concepción del lesbianismo como deseo físico por otras mujeres y, a menudo, ambas concepciones se asocian con actitudes diferentes hacia la práctica y la representación de la sexualidad. El libro coordinado por Carole S. Vance en 1984, *Placer y peligro*, recoge los debates al respecto que dieron en llamarse las guerras del sexo en los años 80: la oposición se estableció entre «feministas culturales», partidarias de una vivencia y una representación de la sexualidad entre mujeres acorde con planteamientos ideológicos feministas, y «radicales sexuales», que ponían el énfasis en la libertad sexual y en la reivindicación de conductas consideradas perversas, incluido el juego de roles o el sadomasoquismo (Suárez Briones, 1997: 269). Uno de los elementos fundamentales del citado debate fue justamente el tema de las representaciones eróticas, debido al hecho de que las imágenes de supuestas lesbianas han sido y siguen siendo una parte importante de la pornografía destinada a hombres heterosexuales. Esto dio lugar a plantearse si era posible, o siquiera deseable, crear textos o imágenes eróticos para mujeres lesbianas, si era posible eludir la erótica del poder y la desigualdad y, por último, si el criterio de que un texto (en el sentido amplio) estuviera producido por, para y con mujeres era suficiente para librarlo de todas estas cargas.

En su capítulo sobre sexualidad en *Más que amigas*, Quiles parece defender una posición más parecida al planteamiento de las «radicales sexuales», al reivindicar como aceptables conductas que incluyen la penetración con objetos, las fantasías, la pornografía lesbiana y los juegos sadomasoquistas (2003: 171-215). Sin embargo, la que en último término prevalece en su ficción es una concepción de la sexualidad lesbiana estrechamente ligada a la teoría feminista cultural, y esto es lo que le hace, a mi entender, esquivar los múltiples peligros que efectivamente comporta cualquier intento de representar la sexualidad entre mujeres.

Un ejemplo es el hecho de que a pesar de lo explícito y abundante de sus descripciones de diversas modalidades de sexo entre mujeres en *Rápida infernal* la conducta sexual es justamente uno de los elementos utilizados para caracterizar como malvada a la archienemiga de Lena, Lucy Fer, trasunto de la pérfida Callisto de la serie *Xena*. Lucy es una explotadora sin escrúpulos, que utiliza por igual a su esbirro Marc y a la joven Cabellera de Trigo para procurarse satisfacción sexual, que emplea su propia sexualidad para conseguir tratos con sus enemigos, y que encuentra su mayor placer en «ser completamente pasiva y dejar a los otros soliviantados» (2006: 263). Las escenas de sexo que protagoniza Lucy, de hecho, a menudo se contraponen con episodios eróticos protagonizados por Lena (con o sin Annabel) en los que, por explosivos que sean, predominan la satisfacción mutua y un fuerte elemento emocional. En cuanto a las modalidades concretas, Lucy es el único personaje que practica un sexo cargado de violencia, al menos en la versión *hardcore* de las tres que nos ofrece Quiles de su encuentro con Cabellera de Trigo (2006: 261). La pérdida de Lucy de la capacidad de sentir pasión y enamorarse se ve igualmente como una señal de su evolución hacia el mal, del mismo modo que la capacidad de Lena de experimentar estos sentimientos la caracteriza como «buena» a pesar de su terrible pasado. Todo esto parece indicar una concepción de la sexualidad estrechamente conectada con una ética de la mutualidad, el compromiso emocional y el respeto, una ética, en suma, claramente feminista.

En cuanto a los relatos breves, Quiles consigue crear excitación recurriendo a situaciones sexualmente transgresoras y, por decirlo de algún modo, quizá políticamente incorrectas desde el punto de vista de la supuesta ortodoxia sexual lesbiana-feminista, pero a la vez proporcionar el placer de un desenlace que restaura la ética citada. Por empezar por la más breve, el título «Fetiche» hace anticipar un tono erótico y prohibido que queda completamente desactivado por la inocencia y el humor; lo que parece una historia de obsesión se vuelve un episodio de atracción mutua e interés correspondido. «Ven» podría ser la más problemática, ya que la excitación sexual de la protagonista tiene lugar en un marco y con unos referentes en apariencia completamente heterosexuales. En el juego erótico que se establece entre la protagonista, una ejecutiva que se ha visto espiada en un momento de autosatisfacción, y el supuesto *voyeur* que le hace regalos y pasa a intervenir en sus fantasías se incluyen casi todas las prácticas que en la categorización de Gayle Rubin entrarían plenamente dentro de lo prohibido y excluido: el sexo anónimo, sin vinculación emocional, con penetración mediante objetos, y con rasgos fetichistas y sadomasoquistas (Suárez Briones, 1997: 263). Transformar un relato así en una lectura satisfactoria para lesbianas feministas no es tarea fácil, pero hay diversos recursos que lo hacen al menos relativamente aceptable. En primer lugar, y a pesar de que los deseos que expresa la ejecutiva en sus fantasías sean heterosexuales, la historia obliga por su misma naturaleza a la lectora a situarse en la misma posición que el *voyeur*, y a derivar su propia excitación de la contemplación de una mujer excitada, lo cual, obviamente, es conforme con una lectura lesbiana. Por añadidura, la satisfacción puede derivarse del hecho de que la ejecutiva, a pesar de sus fantasías, no consigue placer de sus encuentros con un hombre real; la revelación final de que su supuesto compañero de fantasías es también una mujer reafirma la superioridad sexual de las relaciones entre mujeres, algo muy satisfactorio para las lectoras lesbianas. Finalmente, el hecho de que el *voyeur* resulte ser su propia secretaria, y de que el reconocimiento se dé a través de algo tan poco erótico como un resfriado, desmonta la oposición entre fantasía erótica y cotidianeidad, entre anonimato e intimidad, anunciando la posibilidad de vincularlos.

Este mismo vínculo es el que resuelve los posibles conflictos del tercer relato, «Bajo las buganvillas». Aquí de nuevo se crea una extrema tensión erótica planteando una situación de clara desigualdad de poder (una conductora imprudente que propone a la guardia civil que la ha detenido mantener relaciones sexuales para que no le imponga una multa). El encuentro entre ambas juega con el elemento fetichista del uniforme y la autoridad y adopta tintes sadomasoquistas; juega igualmente con el tabú del sexo en público, ya que el encuentro tiene lugar junto a una casa que resulta no estar abandonada. Todo esto se matiza de diversos modos en el desarrollo del relato: para empezar, la atracción de la conductora y la guardia civil se presenta como algo mutuo, lo que desactiva el elemento humillante de ese manejo de la sexualidad. Además, en el momento en que empieza el encuentro sexual es la conductora quien adopta el papel dominante, invirtiendo así la relación de poder que se presupone al principio, no sólo por la autoridad de la policía sino por la apariencia más masculina de la misma, morena, de pelo corto y enfundada en su uniforme, frente a la feminidad del vestido veraniego de la conductora con su melena rubia. Pero es la resolución del relato lo que verdaderamente da otro significado a lo que sin duda deriva parte de su potencial erótico precisamente de la evocación de tópicos de la pornografía heterosexual. Es casi innecesario señalar que la diferencia principal con este tipo de material, y lo que lo hace aceptable, es que aquí no se produce la intervención del *voyeur* masculino que inevitablemente interrumpiría los juegos de las dos mujeres para afirmar el poderío de su sexualidad fálica. Pero, por añadidura, en las líneas finales Quiles revela que se trata tan sólo de una representación, de un escenario acordado entre la pareja protagonista, y demuestra de nuevo que la cotidianeidad, el amor y los vínculos estables no son incompatibles con el erotismo más desbocado. Suena la alarma de un móvil y las dos comienzan a vestirse, pero es la rubia la que se enfunda el uniforme y se prepara para volver al trabajo:

—Estás preciosa con el uniforme —le dijo la morena.
Se besaron en los labios con inusitada dulzura.
—A ti también te sienta muy bien —comentó la rubia mientras le acariciaba la mejilla.
La morena miró el reloj.
—Bueno, tengo que irme. ¿Llegarás muy tarde esta noche?
—No, hoy terminaré pronto. ¿Y tú? ¿Vendrás a cenar?
[...]
—Acuérdate de comprar pan, cariño —le pidió la guardia.

(2002: 188)

El último relato, «Invertida», merecería un estudio aparte y proporciona un contrapeso necesario a la visión, quizá excesivamente optimista, de la vida y la literatura lesbiana actual que he podido presentar en el análisis de las otras obras. Es también un cuento que emplea patrones genéricos preestablecidos —los de la narrativa fantástica y de ciencia ficción— y que juega con alusiones a otros textos, como *La metamorfosis* de Kafka, citado en el propio relato (2006: 480), pero para representar una realidad mucho más oscura y desgraciadamente aún vigente. La protagonista del relato, Cris, que vive con su novia Manu, despierta un día para encontrarse que toda su vida pasada es supuestamente una alucinación esquizoide y que su realidad es la de una mujer casada con problemas psíquicos a raíz de la pérdida de un hijo. La situación remite a distopias como *Las poseídas de Stepford*, de Ira Levin (1973), en la que todas las esposas de un próspero suburbio estadounidense van siendo eliminadas y sustituidas por obedientes robots, y se vincula también con los múltiples relatos, lesbianos o no, en los que la rebelión femenina se intenta desactivar definiendo como loca, y en último término enloqueciendo, a la protagonista rebelde. Por citar la tradición anglosajona, a la que Quiles se remite con frecuencia, dos de los ejemplos más conocidos serían «El papel de pared amarillo», de Charlotte Perkins Gilman (1898) y *La campana de cristal* (1963) de Sylvia Plath. Con todo ello, el relato denuncia la realidad aún existente de la represión y medicalización de la experiencia lesbiana[15]. Por añadidura, frente a los demás relatos que presentan la «heterosexualidad obligatoria», en palabras

---

15. Dos de los estudios básicos sobre esta realidad a lo largo de la historia son el de Chauncey (1982) y Faderman (1981). Aún faltan por hacer estudios semejantes sobre la represión de las mujeres lesbianas dentro del franquismo, represión que a menudo se llevó a cabo mediante el internamiento en instituciones psiquiátricas.

de Adrienne Rich (1996), como una experiencia eludible sin grandes problemas y en absoluto traumática —piénsese en el experimento fallido de Lena y Jou—, en «Invertida» el rechazo de la protagonista a la heterosexualidad y al embarazo es visceral (2006: 483,485), y al presentarlo en estos términos se pone en valor una identidad lesbiana firmemente vinculada a dicho rechazo. El relato restaura el orden con una dramática intervención final, pero en su desarrollo deja claramente al descubierto hasta qué punto el patriarcado continúa teniendo poder para intentar invertir a las mujeres lesbianas, aunque los métodos que emplee ya no sean tan drásticos.

En conclusión, la obra de Jennifer Quiles es un buen ejemplo de las posibilidades que brinda la reescritura de géneros literarios a la narrativa lesbiana. Lesbianizando los estereotipos del cine del Oeste y de la serie *Xena, la princesa guerrera*, combinándolos con la narrativa de salida del armario, y reutilizando y desactivando los tópicos de la literatura erótica en sus relatos breves dentro de una perspectiva feminista, Quiles consigue obras de entretenimiento que efectivamente contribuyen a normalizar la existencia lesbiana, a destruir el estigma trágico y a crear un sentimiento de comunidad. El potencial del empleo de las mismas técnicas para una escritura más seria y más crítica queda claramente apuntado en «Invertida». Ya que desgraciadamente la propia Quiles no pudo desarrollarlo, es de esperar que otras escritoras recojan el testigo.

BIBLIOGRAFÍA

ABRAHAM, Julie (1996): *Are Girls Necessary? Lesbian Writing and Modern Histories*, Routledge, Nueva York.
BARNES, Djuna (2004): *El bosque de la noche*, Seix Barral, Barcelona.
BARNES, Djuna (2008): *El almanaque de las mujeres*, Egales, Barcelona-Madrid.
BENGOECHEA, Mercedes (1997): «Gramática lésbica: Lenguaje, sexualidad y el *cuerpo a cuerpo con la madre*», en Buxán, Xosé M. (ed.): *conCiencia de un singular deseo*, Laertes, Barcelona, 75-85.
BRONTË, Charlotte (1996): *Jane Eyre*, Cátedra, Madrid.
BRONTË, Emily (2006): *Cumbres borrascosas*, Alianza, Madrid.
CAÑERO SERRANO, Julio (2005): «La literatura *slash*: suversiones populares de nuestros programas televisivos favoritos, o lo que Kirk y Spock (se) hacen cuando no están defendiendo la concordia interplanetaria», en Estévez Saa, José Manuel y Arriaga, Mercedes (eds.): *Cultura y literatura popular: manifestaciones y aproximaciones en (con)textos irlandeses, angloamericanos y otros*, Arcibel, Sevilla, 123-136.

Cawelti, John G. (1976): *Adventure, Mystery and Romance: Formula Stories as Art and Popular Culture*, Chicago University, Chicago.

Chauncey, George, Jr. (1985): «De la inversión sexual a la homosexualidad: la medicina y la evolución de la conceptualización de la desviación de la mujer», en Steiner, George y Boyers, Robert (eds.): *Homosexualidad: Literatura y política*, Alianza, Madrid, 75-123.

Faderman, Lillian (1991): *Surpassing the Love of Men: Romantic Friendship and Love Between Women from the Renaissance to the Present*, The Women's Press, Londres.

Franc, Isabel (2002): «Cómo decírselo», en VVAA: *Otras voces*, Egales, Barcelona-Madrid, 89-108.

Gilman, Charlotte Perkins (2003): «El papel amarillo», en Molina Foix, Juan Antonio (ed.): *El horror según Lovecraft*, Siruela, Madrid, 377-401.

Grahn, Judy (1986): «Strange Country This: Lesbianism and North American Indian Tribes», en Kehoe, Monika (ed): *Historical, Literary, and Erotic Aspects of Lesbianism*, Haworth, Nueva York, 43-57.

Hall, Radclyffe (2003): *El pozo de la soledad*, La Tempestad, Madrid.

Highsmith, Patricia (1991): *Carol*, Anagrama, Barcelona.

Jaime, María Felicitas (1992): *Cris y Cris*, horas y Horas, Madrid.

Kafka, Franz (2008): *La metamorfosis*, Castalia, Madrid.

Levin, Ira (1984): *Las poseídas de Stepford*, Plaza y Janés, Barcelona.

Miller, Isabel (2000): *Un lugar para nosotras*, Egales, Barcelona-Madrid.

Plath, Sylvia (2005): *La campana de cristal*, Edhasa, Madrid.

Quiles, Jennifer (2002): «Bajo las buganvillas», en VVAA: *Otras voces*, Egales, Barcelona-Madrid, 177-188.

Quiles, Jennifer (2003): *Más que amigas*, Mondadori, Barcelona.

Quiles, Jennifer (2006): «Fetiche», en *Rápida infernal*, Egales, Barcelona-Madrid, 447-451.

Quiles, Jennifer (2006): «Invertida», en *Rápida infernal*, Egales, Barcelona-Madrid, 473-494.

Quiles, Jennifer (2006): «Ven», en *Rápida infernal*, Egales, Barcelona-Madrid, 453-472.

Quiles, Jennifer (2006): *Rápida infernal*, Egales, Barcelona-Madrid.

Rich, Adrienne (1996): «Heterosexualidad obligatoria y existencia lesbiana», *Duoda. Revista de estudios feministas*, Universitat de Barcelona, Barcelona, 11, 13-37.

Suárez Briones, Beatriz (1997): «Desleal a la civilización: La teoría (literaria) feminista lesbiana», en Buxán, Xosé M. (ed.): *conCiencia de un singular deseo*, Laertes, Barcelona, 259-279.

Toda Iglesia, María Ángeles (2002): *Héroes y amigos: Masculinidad, imperialismo y didactismo en la novela de aventuras británica, 1880-1914*, Universidad de Salamanca, Salamanca.

Vance, Carol S. (coord.) (1989): *Placer y peligro: explorando la sexualidad femenina*, Revolución, Madrid.

Viñuales, Olga (2000): *Identidades lésbicas*, Bellaterra, Barcelona.

8. CON VOZ PROPIA Y SIN COMPLEJOS: EL DESARROLLO DE LA IDENTIDAD LESBIANA EN LA OBRA DE LIBERTAD MORÁN
Jackie Collins

> *Considero que abordar el lesbianismo como parte de la normalidad cotidiana es la única forma de avanzar en el proceso de socialización de las homosexuales. Precisamente, la Literatura es un instrumento muy útil para avanzar en este proceso.*
> GEMMA RETAMERO

Hace poco más de diez años, apareció en *La Esfera*, el suplemento del diario nacional español *El Mundo*, un artículo en el cual la autora y periodista María Felicitas Jaime explica la aparición de las figuras lesbianas en la cultura contemporánea, sobre todo en la literatura y el cine, como «una cultura que se pone de moda» (1997).

Con la excepción de algunas obras publicadas a finales del siglo XX, los estudios realizados en España nunca habían dedicado mucho espacio ni a las lesbianas ni al lesbianismo en el Estados Español[1]. Además, las representaciones anteriores de las lesbianas en la literatura española contemporánea solían afirmar opiniones tradicionales de corte negativo y heterosexista, proyectando la imagen de una mujer loca, pervertida o peligrosa[2]. De igual forma, mostraban una sexualidad inferior que no debería existir dentro de una sociedad patriarcal. Sin embargo, una década más tarde parece que la protagonista lesbiana va experimentando una evolución significativa y lo que comenzó como una moda pasajera se está convirtiendo en una realidad duradera de la sociedad contemporánea.

En este capítulo examinaré dos de las novelas de Libertad Morán, *A por todas* (2005) y *Mujeres estupendas* (2006), como ejemplo del desarrollo de una

---

1. Por ejemplo: Aliaga, Juan Vicente y Cortés, José Miguel G. (1997): *Identidad y diferencia*, Egales, Barcelona-Madrid; Buxán, Xosé M. (ed.) (1997): *conCiencia de un singular deseo*, Laertes, Barcelona; Soriano, Sonia (1999): *Como se vive la homosexualidad y el lesbianismo*, Amaru, Salamanca.

2. Algunos ejemplos que siguen esta tendencia son: Rufo Gómez, Antonio (1997): *Si tú supieras*, Ediciones B, Barcelona; Soler Espiauba, Dolores (1997): *La mancha de la mora*, Ediciones B, Barcelona; Tusquets, Esther (1997): *Con la miel en los labios*, Anagrama, Barcelona.

identidad lesbiana positiva y autodefinida en la narrativa popular a principios del siglo XXI[3]. Sostengo que la identidad que se va construyendo a base de estas representaciones literarias resiste a la erradicación o la invisibilidad promovidas por los valores y los argumentos patriarcales, los cuales fijan la heterosexualidad como la expresión normal de las emociones y de la sexualidad de la mujer (Wolfe y Penelope, 1993: 3-9). Del mismo modo demostraré cómo tales manifestaciones constituyen un desafío a la cultura patriarcal al ofrecer un sujeto que ya no tiene que desempeñar por obligación el papel de un monstruo, de lo anormal o de alguien cuyo destino es siempre la desgracia, la infelicidad o la autodestrucción: al final de la segunda novela vemos cómo dos de la protagonistas contraen matrimonio. Finalmente, propongo que las obras seleccionadas comprueban el desarrollo de una identidad lesbiana postmoderna en el discurso literario en el Estados Español y, lo que es más, una identidad que se ha fundado en una sexualidad lesbiana abierta y sin complejos.

A POR TODAS (2005)

En el primer texto que se sitúa mayoritariamente en el «ambiente» de Madrid, pero también en Ibiza y Menorca, se percibe un sentido picaresco al tratar la vida de la protagonista principal, Ruth, lo que implica la revelación de la realidad social de los marginados, en este caso las lesbianas, frente a la clase dominante que aquí se puede entender como la sociedad heterosexual. Además, la historia que abarca un año y que transcurre dentro del mundo lesbiano que se encuentra en las grandes urbes españolas, sigue la forma de un relato autobiográfico mediante el cual la narradora cuenta sus experiencias con otras mujeres. El uso de este estilo literario aporta una fuerza significativa a la obra de Morán porque el discurso presenta a la mujer también como sujeto del deseo, no sólo como objeto (de Lauretis, 1993: 142). De esta manera el deseo femenino debilita el poder impuesto desde el orden social al sujeto lesbiano, un poder que a lo largo de la historia le viene quitando la voz y la presencia a este sujeto marginalizado.

Las experiencias de Ruth, y las de sus amigas y amigos, nos ofrecen la perspectiva de una agencia colectiva y no individual, es decir que el sujeto lesbiano no se encuentra aislado sino que forma parte de un grupo multitudinario. Pero cabe señalar que la novela no se basa en ningún mundo utópico o irreal sino todo lo contrario. Con este texto queda patente que lo que pretende Morán es representar al mundo lesbiano lo más fiel posible a la realidad aunque esto

---

3. Existe una tercera novela *Una noche más* (2007), con que se cierra la trilogía de la vida de Ruth y sus amigas y amigos en Madrid. Muchas de los temas tratados en este ensayo se pueden encontrar también en las páginas de este último volumen.

signifique la incorporación de personajes y conductas que no siempre se podrían calificar como positivos. Para esta autora el propósito de su obra es que se mantenga fiel a las verdaderas experiencias de la comunidad lesbiana que habita en grandes ciudades como Madrid. Esto se refleja, por ejemplo, en el comentario que hace Ruth sobre el grupo de amigas que conoce Pilar, cuando dice que «critican los comportamientos de las que llaman sus amigas pero ninguna tiene los ovarios de decírselo a la cara a las susodichas» (105).

Utilizando, más bien, un estilo realista se muestra la experiencia cotidiana de las lesbianas y los gays en la actualidad. Igualmente se incluyen escenas muy gráficas de sexo entre mujeres las cuales, hay que subrayar, no se describen a través de un simbolismo de lo botánico o lo marítimo, como era el caso de las novelas de los años 70, de Esther Tusquets o Carme Riera por ejemplo, sino con un lenguaje directo que implica que esta sexualidad ahora no se siente obligada a esconderse tras imágenes codificadas (Smith, 1992: 91-128; Simonis, 2007: 130-131). En muchas ocasiones la narradora se dirige a «la lectora» o «las lectoras», lo cual produce el efecto de personalizar el texto —como si el público formara parte de este colectivo— y también de eliminar cualquier rastro de vergüenza, ya que en este discurso el sujeto lésbico no se siente con la necesidad de disculparse o esconderse debido a su opción sexual.

Otra estrategia literaria empleada por la autora es el «interludio» colocado entre cada capítulo y que toma la forma de una conversación telefónica entre Ruth y uno de sus amigos o amigas, lo cual brinda al público la posibilidad de reflexionar aún más sobre la trama de la novela. Además, aunque el discurso se basa en la vida cotidiana de un grupo de personas, al mismo tiempo a través de estos diálogos se pueden seguir algunos de los cambios más importantes que se han sucedido en la sociedad española contemporánea. De hecho, a lo largo de la narrativa es posible determinar seis o siete tendencias claves que permiten a la lectora apreciar estos desarrollos significativos.

Quizás el tema principal de ambos textos es la cuestión de la(s) identidad(es) y la sexualidad lésbicas y cómo estos conceptos se construyen en la obra de Morán. Desde la primera página se oye una voz lesbiana en la sociedad española actual, una voz que hasta muy recientemente había permanecido en silencio. En contraste, la voz narradora aquí se presume de tal valor como para tratar la cuestión de la identidad y plantear la noción de las múltiples identidades que se pueden entender como lesbianas. De este modo, y reflejando la teoría pionera de Adrienne Rich (1980) del *continuum* lesbiano, queda muy claro que ser lesbiana no significa únicamente sentir atracción física hacia otras mujeres ni tampoco de disponer de una sexualidad inmutable. Así, a través de las numerosas preguntas que plantea la narradora acerca de cómo averiguar la compatibilidad de una posible novia, la autora presenta un desafío a las teorías esencialistas de la sexualidad y la identidad demostrando que existe una multiplicidad de facetas del ser que se etiqueta como lesbiana (13). De la misma manera se hace referencia a la gran diferencia que existe entre identificarse como lesbiana y mantener relaciones lesbianas (22). Además, como señala

Diane Richardson (1981: 111-124) en su estudio sobre las identidades lésbicas, Ruth aclara los malentendidos relacionados desde siempre con el lesbianismo como por ejemplo que una lesbiana es un hombre atrapado en el cuerpo de una mujer (128).

Pero a la hora de efectuar la crítica, la autora no se limita al mundo de la teoría de la identidad, sino que intenta tratar contenidos relativos a las protagonistas y las historias con las cuales las lectoras lesbianas se puedan identificar. De hecho parece que —por medio de la voz narradora— le resulta lamentable la condición de dicha literatura y la terminología inadecuada e imprecisa que se suele emplear para describir el sexo entre dos mujeres. La narradora comenta que en las novelas en general se pueden observar las siguientes tendencias: «las lesbianas hacen el amor. Siempre. Los gays follan. Los heteros practican el coito. Los animales copulan. ¿Y las lesbianas? Las lesbianas hacen el amor. Claaaro» (14). Dada esta situación, reclama que se representen las experiencias lesbianas con autenticidad y que, debido a esta carencia en la cultura popular, a las autoras lesbianas les corresponda la responsabilidad de crear unas protagonistas lesbianas verosímiles y creíbles para terminar con la «idea preconcebida» que la sociedad en general tiene sobre las lesbianas (15). Según la narradora, para que ese llamamiento se convierta en realidad son las lesbianas mismas las que tienen la responsabilidad de manifestar abiertamente cómo se vive la vida lesbiana día a día (15).

Una vez más, en *A por todas* se hace un llamamiento para que las relaciones afectivas se describan en la literatura lésbica sin tapujos a fin de que se conozca cómo funcionan las relaciones amorosas entre dos mujeres. Como explica la escritora Isabel Franc, «el humor [es] una buena estrategia narrativa; una forma de ver y explicar la realidad —y, en efecto, de introducir datos—, que no va a dejar indiferente a quien se asome a esa ventana» (2007: 161-162). De hecho Morán hace uso de la parodia para tratar el asunto del amor lésbico al presentar un catálogo extenso de las costumbres en las relaciones lesbianas. La narradora contempla «¿Cómo actuar ante la posibilidad de entablar una relación nueva?» con el consejo de hacer:

> una lista de preguntas que hay que hacer a la candidata. Sugiere que lo de buscar la pareja ideal no tiene nada que ver con la atracción, el amor y las emociones, sino que es un proceso mucho más frío y mecánico que se puede llevar a cabo para evitar los disgustos (12-13).

Es imprescindible no subestimar el poder transformador que yace en la escritura, pues según Bonnie Zimmerman (1992), el propósito de la escritura lésbica es ser útil, para permitir que las lesbianas lean como lesbianas, a diferencia de leer entre líneas que es lo que deben hacer con los heterotextos.

Cabe indicar aquí que con la referencia al «planeta bollo» en *A por todas* (15), se hace eco de otra publicación reciente de la literatura lésbica, que demuestra la potencia de tales textos, la de *De otro planeta?* (2006), cuya editora, Núria Rita

Sebastián, recogió en un volumen 34 blogs publicados en Internet y escritos por lesbianas españolas entre 2003 y 2006. En este tomo se oyen múltiples voces lésbicas opinar y comentar sobre muchos aspectos de la vida lésbica. En este sentido, la popularidad entre la comunidad lesbiana de los blogs, como indica la colección de Sebastián, se refleja en el capítulo «Siente a una lesbiana a su mesa», donde Ruth ofrece unos consejos de cómo reaccionar ante la ruptura de una relación (117-121). Hoy en día la escritura no se limita a los libros o a las revistas; de hecho, con el uso de Internet, aumentan las posibilidades de crear discursos lesbianos múltiples a través de innumerables puntos de vista (Haskell, 1996: 50-61; Wolmark, 2000).

Al igual que la crítica efectuada hacia la literatura lésbica, la mención del festival de cine gay permite un comentario sobre la baja calidad de muchas de las películas de esta índole, según Ruth «cada vez más traen peores películas» (93). Los comentarios de la narradora reflejan los estereotipos que existen acerca del comportamiento de gays y lesbianas en el cine. Afirma que «no quiero perder mi tiempo viendo cuatro películas chorras sobre bolleras eternamente enamoradas de sus ex y de maricas preocupados por cómo se les marca el paquete» (94). No obstante, según Morán, a través de la voz narradora, la responsabilidad de comunicación no yace exclusivamente en la comunidad lésbica, sino que se requiere también un cambio cultural significativo a nivel nacional. Su demanda es que el mundo heterosexual:

> en masa lea[n] libros y vea[n] películas con protagonistas homosexuales y lo haga[n] sintiendo que esos personajes son sus iguales y no sólo un experimento sociológico que acomete[n] para satisfacer su curiosidad morbosa (19).

Además, reclama la desmitificación de las relaciones lesbianas en cuanto al sexo, la vida cotidiana y la identidad. Ruth declara que:

> no acabo de entender ese empeño que ellas [las heterosexuales] tienen en afirmar que ser lesbiana es más cómodo cuando esa es una realidad que, en la mayoría de los casos, no conocen ni de lejos (19).

A pesar de mencionar el desconocimiento de la experiencia lesbiana para una gran parte de la sociedad heterosexual, la autora también plantea la idea de que la orientación sexual no limita o excluya los sentimientos y las emociones universales; ya que existen experiencias comunes y la influencia que infringe la vida moderna sobre la conducta humana no distingue la orientación sexual del individuo.

Las varias relaciones amorosas que Ruth mantiene, permiten una exposición de las maneras distintas de llegar al autoreconocimiento de ser lesbiana, demostrando otra vez que no existe una identidad lésbica única y fija (Wilton, 1995: 29-31). La historia de Carmen, por ejemplo, manifiesta las actitudes hacia la sexualidad en la adolescencia «lo que los freudianos denominarían como la típica fase adolescente, etapa pasajera y no determinante», y la presión de la sociedad dominante para llevar una vida canónica (149). La reacción de Roberto ante la confesión de su mujer, Carmen, es muy característica de los que presumen de una tolerancia hacia los y las homosexuales ajenos a su grupo familiar, pero cuando se trata de alguien cercano, la actitud cambia al rechazo —«el lesbianismo todavía es, para muchos, algo que atenta terriblemente contra la propia virilidad» (155).

Por otra parte y a través de la relación que Ruth mantiene con otra novia anterior, Elena, se examina la reacción negativa que algunas lesbianas muestran hacia los hombres heterosexuales (34). La rigidez e intransigencia de Elena ante la presencia de Pedro —que es heterosexual— no sólo hace referencia al asunto del separatismo, sino también al hecho de que la intolerancia no es patrimonio exclusivo de los heterosexuales. Más tarde, a través de la conversación entre Ruth y Pedro (85-88), se vuelve a ofrecer la oportunidad de tratar estos temas. Además, los comentarios de Pedro sobre el carácter violento de Elena permiten tratar un tema que suele ser tabú, el de la violencia entre parejas del mismo sexo (Ristock, 2002: 2-3; Kaschak, 2002: 2).

Otro faceta que se examina dentro del marco de las parejas del mismo sexo es la cuestión de la maternidad, un tema que se considera mediante el personaje de la joven activista Alicia, que es hija de dos madres (36). La inclusión de esta familia poco tradicional refleja los cambios que se vienen presenciando en la configuración familiar en España en las últimas décadas, como afirma María Corisco en un artículo que apareció recientemente en *El Mundo* al advertir que «el modelo tradicional de la familia, todavía mayoritaria en nuestra sociedad, ha ido cediendo espacio en los últimos años a otras fórmulas que están cambiando a toda velocidad el perfil de la familia española» (2009). También con el segundo reencuentro entre Ruth y su ex Olga durante una fiesta de Halloween, se vuelve a tocar el tema de las familias homoparentales al tratar el embarazo entre dos mujeres (77-83).

Dadas las condiciones opresivas bajo las cuales los homosexuales españoles vivían durante los años del régimen franquista y la recién entrada en vigor de la ley de parejas de hecho (la primera en Cataluña en 1998) y de la ley de matrimonio gay (2005), aún resulta difícil encontrar un patrón determinado para las relaciones duraderas entre las parejas del mismo sexo como el que tienen las parejas heterosexuales. Sin embargo mediante la pareja establecida de Juan y Diego que llevan 20 años juntos, se analizan los estereotipos que prevalecen en torno a los gays y las lesbianas en cuanto a las relaciones sexuales (41). A lo largo de su obra Morán pone énfasis en los problemas que surgen entre las parejas y cómo los resuelven o no. De hecho en una llamada telefónica entre Ruth y Juan se mantiene una conversación sobre las pautas de la vida lesbiana y la presión que existe para que se sigan las normas de las relaciones heterosexuales. Más tarde la tensión que existe entre Ángela y Silvia —una pareja que lucha para no perder su relación debido a la infidelidad de una de ellas—

supone un buen ejemplo por medio del cual se aporta consejo y orientación a un público lesbiano que quizás no tenga a quien acudir para aclarar sus dudas o inquietudes en cuanto a sus propias relaciones (188-192).

Pero el resultado de la obra de Morán no es sólo informar, sino también romper con los estereotipos a la hora de considerar el sujeto lesbiano. Este efecto se aprecia a través del cambio en la terminología que algunas protagonistas emplean al hablar de otras mujeres o de ellas mismas, por ejemplo «su nuevo juguete» (109). También se percibe esta ruptura con las pautas tradicionales en las prácticas representadas dentro de la pareja lésbica. Se cree que son los gays los que suelen mantener relaciones abiertas, mientras que las lesbianas son fieles y siempre listas a establecer un hogar cuanto antes. Pero como Ruth le comenta a su amigo Juan «a ver si te vas a creer que lo de la pareja abierta es patrimonio exclusivo de los maricas» (111). Podemos ver de esta forma que tener sexo con alguien sin ningún compromiso parece formar parte también de la conducta aceptada de las lesbianas (122). Asimismo al relatar los hechos de una noche de juerga, esta descripción revela las costumbres y conducta propias del ámbito contemporáneo de las lesbianas jóvenes (177). Otro ejemplo de esta conducta subversiva surge con la descripción de una mujer, Laura, que acude al cumpleaños de Ángela, amiga de Ruth, con la cual se describe una atracción física abierta (184). Dichos comportamientos y actitudes distan mucho de los que se esperan de las lesbianas según las normas tradicionales que suelen restar el deseo sexual de este sujeto. Sin duda alguna la escritura de Morán rompe con muchas de las normas establecidas dentro de la narrativa española, siguiendo la tendencia destacada por Simonis al hablar de una literatura «cada vez más atrevida» (2008: 266).

Es posible que uno de los aspectos más significantes de esta obra sea que el sujeto lesbiano no se proyecta como una figura aislada en el mundo heterosexual. En *A por todas* se ofrece una impresión de las lesbianas en general y una autocrítica de la comunidad lesbiana. La narrativa comienza en la cafetería de uno de los colectivos madrileños a donde Ruth acude para reencontrarse con su mejor amiga Pilar después del verano. Este local evoca un sentido de pertenecer a algo, a no ser la única, pero también hace referencia al desarrollo del movimiento LGBT en España en los últimos 30 años. Para recrear un entorno auténtico se menciona una de las publicaciones del mundo gay español, la revista *Shangay* y la fecha más significativa del año homosexual en España: el Día del Orgullo, el 28 de junio (33).

Al entablar conversación con las amigas, los comentarios de Alicia permiten la presentación de otros dos aspectos fundamentales de este sector de la población, los del activismo y de las divisiones que existen entre los varios colectivos. Se mencionan dos colectivos diferentes el GYLA y el GYLIS y la rivalidad que existe entre ambos. Lo que Alicia les cuenta a Ruth y Pilar sobre la situación de las mujeres dentro del GYLIS tipifica la experiencia auténtica de muchas españolas desde los años 70 y el desarrollo de los colectivos. Por un lado predominan los gays a la hora de tomar decisiones y llevar la voz cantante y por otro se hace caso omiso a las preocupaciones de las lesbianas. Este ejemplo plantea el dilema que existe para las lesbianas, el de si se benefician más al luchar al lado de las mujeres en general o al lado de los hombres homosexuales. En ambos casos suelen volverse invisibles. Ruth sigue con la autocrítica del colectivo al acusar a los dirigentes de discriminar a las lesbianas al no dejarlas participar en actividades sólo para mujeres. Aclara que «ha sido mucho tiempo oyendo hablar de la unidad y la integración y todos juntitos de la mano por la normalización y para acabar con el *ghetto*» (38). Con este comentario se alude a uno de las polémicas más candentes de la política gay que se lleva debatiendo desde los años 90 del pasado siglo.

Una de las objeciones que la comunidad homosexual realiza a las instituciones oficiales es la de no reconocer su pasado, incluso de borrar sus experiencias y testimonios para que no aparezcan a la hora de considerar la historia del país. Sin embargo, la culpa de la desaparición de este sector de la sociedad no la tienen solamente las instituciones dominantes, pues aquí vemos que el comportamiento de individuos dentro del colectivo también contribuye a esta pérdida «al pinchar el enlace de anteriores ediciones [del festival] sólo aparecía la del año pasado, ni rastro de los seis primeros, como si no hubieran existido» (93). Así la autora demuestra de nuevo que hay pocas disimilitudes entre la condición heterosexual y la homosexual en cuanto a los prejuicios y el egoísmo, mientras se subraya la necesidad de actuar de una manera solidaria dentro de la comunidad homosexual. Lo que es más, con este suceso la autora ofrece un tratamiento al problema de las fisuras dentro de los colectivos de gays y lesbianas. La intriga se desarrolla a lo largo de la narrativa observándose la importancia de colaborar dentro de los colectivos en vez de traicionarse y luchar por separados para lograr conquistar los prejuicios y la discriminación, tanto fuera de la sociedad homosexual como dentro. Ruth se inquieta por lo que ocurre con el colectivo y la subvención del Instituto Feminista Nacional (IFI) y le gustaría destapar las irregularidades, la pandilla actúa para poner en evidencia la estafa que habían cometido los dirigentes del GYLA con las subvenciones del gobierno. Esta colaboración recuerda a la literatura feminista de los años 70 que se publicó en los Estados Unidos y el Reino Unido, salvo que en este caso el grupo se forma no sólo de mujeres sino también de hombres. Al contarle a Pedro lo que habían descubierto en cuanto al grupo GYLA, él, como policía, se presta a ayudarles con la investigación (275), por su parte Alicia revela los nombres de los dirigentes que han perpetrado el fraude. Debido a este engaño Ruth y Alicia entran en un debate sobre los pros y los contras de los colectivos, lo cual termina haciendo balance entre la responsabilidad del individuo y la del grupo. No cabe duda alguna de que Morán pretende ofrecer una representación lo más verosímil posible de la comunidad gay y lesbiana en Madrid. Con la descripción de la conducta de los colectivos, en particular el GYLA, se descubre el elitismo y el abuso de poder que a menudo surgen tristemente entre los dirigentes de estos grupos.

Desde los años 90, dentro del movimiento de gays y lesbianas, uno de los asuntos que más se viene tratando es el de la visibilidad lesbiana (Viñuales, 2000: 90-4; Villar Sáenz, 2008: 83). La conversación entre Ruth y Pilar en torno a esto, señala la ineficacia de otras campañas que se habían llevado a cabo anteriormente sin obtener los resultados deseables (226-227). Con la mención del IFI, parece que la autora hace referencia a un organismo nacional que se puede descifrar como El Instituto de la Mujer. Durante la existencia de este organismo se ha proporcionado muy poco reconocimiento y apoyo a la comunidad lésbica española y por otra parte, como reconoce la narradora, en el ambiente gay «la visibilidad de las lesbianas es sustancialmente inferior a la de los gays» (220). Para hacer hincapié en esta situación lamentable se presenta un análisis de la situación en Chueca, la zona rosa de Madrid, en cuanto al predominio de los locales que se dedican a los gays en comparación con los que hay exclusivamente para las lesbianas (220-221). Lo que queda evidente es la doble discriminación que sufren las lesbianas en la sociedad en general, siendo mujeres y siendo homosexuales.

Pero no es la única discriminación que se trata en la obra de Morán. Al celebrar el final de la manifestación del Día del Orgullo se termina con un manifiesto que reclama el final de toda discriminación y la igualdad de derechos. La voz de una mujer declara que:

> estamos aquí más de un millón y medio de gays, lesbianas, transexuales, bisexuales y heterosexuales. Para demostrar que estamos unidos, que seguiremos unidos y que somos merecedores de todo lo que hoy estamos reivindicando. Porque somos personas. Porque somos seres humanos. Porque tenemos derecho a vivir nuestra vida tal y como queramos (331).

Con esta declaración se reconocen las diferencias identitarias de la sociedad actual pero al mismo tiempo se evocan la igualdad y los derechos que cada ser humano debe disfrutar. Al igual que se hace referencia explícita a los acontecimientos concretos del colectivo homosexual, se hace alusión de una manera indirecta a estos cambios sociales: cuando Esther lleva a Ruth a su casa se encuentra en un edificio que está en vías de restauración, observa que «huele a yeso húmedo y polvo acumulado» (201). Esta escena anuncia los cambios sociales que se van presenciando y que presagian el final del antiguo orden. De la misma manera se alude a las transformaciones sociales con la imagen de las monedas que no caben en los cajetines que tienen Ruth y Pilar para cobrar la entrada en la fiesta del Día de la Mujer, «un poco arcaicos, sólo son aptos para pesetas así que los céntimos y los euros no acaban de encajar correctamente» (226). Ambos ejemplos sirven para sugerir la transformación social que España viene experimentando durante los últimos 30 años.

Al final de *A por todas* es posible trazar tres facetas de la existencia lésbica: a nivel personal Ruth está a punto de comenzar una nueva relación con Sara, una relación que le va a afectar considerablemente; a nivel colectivo Alicia informa a Ruth de que va a fundar una asociación de mujeres lesbianas aparte del colectivo; y finalmente a nivel nacional el gobierno está a punto de aprobar la ley que permitiría el matrimonio gay. Así Morán logra crear una identidad lésbica que se resiste a la invisibilidad para hablar con voz propia y reclamar sus derechos dentro de la sociedad actual.

MUJERES ESTUPENDAS (2006)

La segunda novela abre también con una voz narradora femenina, pero ahora se oye la voz de Sara. Una vez más se emplea el interludio como en *A por todas*, pero aquí las conversaciones telefónicas ocurren entre Pilar y su novia Pitu. Con este texto la autora ofrece una perspectiva más personal, con un mayor desarrollo de los personajes al examinar sus actitudes, sentimientos e intenciones más que tratar temas que afectan a la comunidad homosexual en general, con la excepción del asunto de la legalización del matrimonio homosexual que se trata al final de la novela con la boda celebrada entre Pilar y Pitu. El enfoque de *Mujeres estupendas* se centra en la relación amorosa que surge entre Sara y Ruth y las experiencias de Alicia. La autora vuelve a incluir escenas detalladas de sexo entre mujeres, pero al mismo tiempo describe con más rigor los sentimientos y reflexiones sobre el amor, el sexo y lo que significa tener pareja.

Como contraste a la primera novela, en la segunda se emplea una variedad de voces narradoras, una de ellas es la de Alicia, la activista, quien harta de las dificultades que había experimentado anteriormente, establece una asociación sólo para mujeres que se llama Chicas en Acción y defiende este hecho con la explicación de que «ya sabes lo que pasa en los colectivos mixtos, los hombres siempre llevan la voz cantante y las mujeres echan de menos un espacio sólo para ellas...» (38). Mientras Alicia les enseña a Ruth y a Sara el local de la nueva formación sale el tema de que parece imposible que las lesbianas sean capaces de mantener nada más que una amistad entre ellas y que estas amistades se transforman inevitablemente en relaciones sexuales. De hecho, según Ruth «entre lesbianas el concepto *sólo amigas* pierde todo su significado en cuestiones de semanas... Si es que somos lo puto peor...» (41). Aunque no es ningún halago, esta descripción rompe con otro tópico, el de la noción de que entre dos mujeres es imposible que haya relaciones sexuales. Además la sexualidad lésbica no reprimida se puede apreciar al observar cómo Ruth liga con una desconocida en el *Escape*, el hecho de que termine la noche borracha y fuera de control, tampoco se puede juzgar como una conducta positiva (78-9). Así que por su manera de entablar tan fácilmente enlaces sexuales con otras mujeres y por no parecer tomar estas relaciones en serio, resultaría fácil opinar que la protagonista principal actúa de manera irresponsable y cruel en su forma de ligar. Sin embargo ella confiesa que:

> le gusta coquetear y seducir [...] pero no es como muchas de esas chicas, esas falsas seductoras, que van rompiendo corazones a fuerza de tratar mal a las personas a las que enamoran [...] Ruth no es así [...] Nunca ofrece nada que no puede dar. Por eso casi nunca promete amor a nadie (66-67).

Morán no sólo ubica a sus protagonistas en el entorno del ambiente, sino que también las sitúa en ciertas ocasiones dentro del marco de la sociedad en general, lo que hace que el sujeto lesbiano actúe dentro del orden simbólico dominante. Sin embargo, no se puede alegar que la lesbiana forme parte o pertenezca a este orden, más bien tiene acceso y ocupa un lugar desde donde estudia y hace comentarios sobre el comportamiento del mundo heterosexual, «Ruth las observa divertida y con, lo sabe, la curiosidad del entomólogo que observa a sus bichitos» (69). La noche que Ruth sale con las amigas del trabajo se ve a este personaje en medio de un grupo de mujeres heterosexuales, la razón que ella da para actuar de esta manera es:

> porque le gusta el juego. Porque le gusta jugar. Le gusta ver y ser vista. Le gusta poder ser la mirada crítica del grupo. Poner la puntilla a lo que ven y lo que hacen durante esas noches. Porque es un juego en el que nunca se sentirá implicada (64).

El comportamiento de las colegas hacia Ruth refleja los cambios de actitud de algunos sectores de la población española hacia la homosexualidad, así la protagonista principal cuenta que «a sus compañeras, al igual que a cierto sector de heterosexuales que se creen muy modernos y abiertos, les encanta que Ruth sea lesbiana. A algunas incluso les encanta que Ruth finja coquetear con ellas» (65). Aquí surge de nuevo el concepto de la fluidez de la identidad y la sexualidad, porque Ruth llega a la conclusión de que a algunas de estas mujeres, a pesar de su heterosexualidad, les gustaría acostarse con otra mujer.

Al seguir la historia de Alicia, igual que la de Ruth, se entiende que esta autora no quiere caer en la trampa de crear personajes exclusivamente de corte positivo. En el Festival de Cine Gay, Alicia se emborracha hasta tal punto que los de SAMUR tienen que llevarla al hospital. Por casualidad, la enfermera que la acompaña en la ambulancia pertenece al otro colectivo (GYLIS) y al llegar al hospital comenta que le gustaría conocer a Alicia en otras circunstancias. No obstante este episodio sirve para señalar un giro positivo en cuanto al aislamiento experimentado por las lesbianas en el pasado. Si anteriormente se lamentaba de lo difícil que era detectar la presencia de las lesbianas en el ámbito público, aquí Morán aborda los cambios que vienen ocurriendo paulatinamente en la sociedad actual en cuanto a la visibilidad lesbiana (46).

La inestabilidad de la identidad sexual se examina también a través de los cambios que se presencian en el comportamiento de la protagonista más joven, la activista Alicia. Al independizarse de sus madres, comparte piso con David, un chico heterosexual. Primero se escucha la opinión de Pilar cuando comenta a su novia «lo raro de todo es que Ali haya pasado de "no quiero tener nada que ver con varoncitos" a vivir con tres tíos y uno de ellos hetero...» (86). Su trayectoria personal al asumir su bisexualidad sirve perfectamente para reflejar con ironía la experiencia común de muchas jóvenes al darse cuenta de su atracción hacia las personas del mismo género. Igual que la conversación entre Alicia y David en la cocina sobre las dificultades de llevar una relación satisfactoria con alguien repite un aspecto con el que se abrió la primera novela, el de las similitudes que existen entre los seres humanos en cuanto a las emociones y las experiencias afectivas, no importa la identidad sexual.

La vida cotidiana lesbiana se explora en las repetidas conversaciones entre Pilar y Pitu antes de casarse y vivir juntas. Los temas sacados son, por ejemplo, la necesidad de trabajar más horas para ganar suficiente dinero para permitirse el lujo de comprar un piso, las preocupaciones por los miembros de la pandilla, planear unas vacaciones o un fin de semana fuera, hablan también de la mudanza de Alicia a su propio piso y hacen comentarios sobre sus madres y como le pagan el alquiler. Una vez más lo que se demuestra con estos diálogos son los puntos comunes que existen entre las personas, sean heterosexuales, bisexuales, homosexuales, etc.

Mediante la estrecha amistad que existe entre Ruth y Juan, Morán demuestra la posibilidad de la existencia de configuraciones familiares distintas a la tradicional formada por los padres biológicos y sus hijos. Ruth tiene una familia bastante abierta y tiene un hermano que no la ha rechazado por ser lesbiana, sin embargo a ella aún no le resulta fácil contarles sus problemas e inquietudes. No obstante, es posible encontrar el apoyo emocional y psicológico necesario con personas con quienes no se comparte ningún parentesco como en este caso. El hecho de la importancia que tiene el poder contar con individuos que no sean parientes se subraya al tratar Pilar y Pitu la presión que puede ejercer la familia biológica sobre los y las que habiendo asimilado su homosexualidad temen una reacción negativa o el rechazo completo de sus familiares debido a su sexualidad (122). Y con la tragedia de Ana, una ex-novia de Alicia que se suicida a causa del tratamiento cruel y humillante recibido de sus padres —quienes ni siquiera asisten a su entierro— por ser lesbiana, se demuestra el extremo rechazo por parte de la familia biológica que algunas lesbianas y gays sufren aún, a pesar de los cambios sociales (Pérez Sánchez, 2005: 279-289). Como lamenta Alicia «preferirían una hija muerta antes que una hija lesbiana» (219). El rechazo y la opresión a la homosexualidad existen no sólo en el ámbito privado, sino también en el público como atestigua la experiencia de Pilar, quien reconoce que «yo me fui también porque el panorama que tenía en mi puto pueblo era para cortarse las venas» (87). Este comentario sobre lo difícil que es vivir la homosexualidad abiertamente en los pueblos, en contraste con las posibilidades de expresarse libremente en las grandes urbes, se repite al tratarse los sentimientos de Ruth cuando afirma en *A por todas* que vivir en la ciudad en vez de quedarse en el pueblo natal ofrece la posibilidad de «volver a la civilización y al anonimato de mi querida ciudad» (123).

Por medio de la historia de Sara, Morán examina de nuevo la fluidez de la sexualidad dado que antes de asumir su bisexualidad la protagonista cuenta que se había enamorado de Pablo, pero «después de Pablo no ha habido más hombres» (21). Igual que a Carmen en *A por todas*, Sara relata cómo sentía que había que seguir las pautas convencionales, es decir tener novio, buscar piso, casarse y tener hijos. Un tratamiento más extenso del tema de la bisexualidad se realiza cuando Alicia revela a Sara la atracción que siente hacia David y empieza a cuestionar su propia identidad sexual. La inhabilidad de Ruth de aceptar la elección de Alicia demuestra de nuevo que la condición humana de encontrar dificultades con lo que se percibe como diferente no tiene nada que ver con la sexualidad (158-168). Incluso yo propondría que este texto actúa como un reto para la lectora lesbiana al incluir las escenas explícitas de sexo entre Alicia y David, para ver si es capaz de aceptar una sexualidad diferente. Como explica Pertusa Seva:

> una obra literaria lesbiana es aquella en la que no sólo encontramos el establecimiento de fuertes lazos emocionales y/o físicos entre los personajes femeninos, sino en la que también podemos observar el esfuerzo del texto por validar las relaciones lesbianas en una sociedad que se resiste a aceptar y a reconocerlas como parte del espectro social (2005: 27).

En la narrativa de esta autora encontramos un mundo y una serie de protagonistas que demuestra una identidad lesbiana postmoderna, lo que rechaza los estereotipos negativos y permite que se oigan las múltiples voces propias de las lesbianas. En cuanto a la representación del deseo sexual entre dos mujeres, cabe señalar que los encuentros sexuales entre la protagonista principal, Ruth, y sus amantes, entre sus amantes y otras mujeres, son descritos sin ninguna vergüenza, libres de cualquier censura o sentido de culpabilidad.

Susan J. Wolfe y Julia Penelope afirman que la mayoría de las lesbianas pasan la mayor parte de sus vidas invisibles tanto ante sí mismas como ante los otros, siendo la invisibilidad parte de la construcción social de la identidad lesbiana (1993). Más tarde aparece la siguiente observación en la contraportada de la publicación pionera de Olga Viñuales (2000) donde se lamenta que «la invisibilidad y la negación son, sin duda, las dos formas de discriminación más sibilinas que la sociedad es capaz de producir», discriminaciones que muchas lesbianas han sufrido y siguen sufriendo en la España contemporánea. Sin embargo la obra de Morán se caracteriza por el tratamiento de un grupo de personajes, la mayoría lesbianas, cuyas identidades se exponen abiertamente y de manera afirmativa.

En otro artículo de prensa que se publicó en *EPS*, el suplemento de *El País*, seis años más tarde que el susodicho de María Felicitas Jaime, Luz Sánchez-Mellado presenta unas conclusiones de las entrevistas que había llevado a cabo con unas lesbianas españolas, algunas de las cuales entonces gozaban de un perfil nacional (2003)[4]. El propósito de la periodista fue averiguar hasta qué punto se podía hacer referencia pública de las lesbianas actualmente en España. Mientras muchas de las entrevistadas comentan sobre un número cada vez más grande de lesbianas que se encuentran dispuestas a aceptar su sexualidad a nivel privado, al mismo tiempo lamentan la reticencia duradera de muchas en reconocer abiertamente su identidad lésbica. Otros comentarios que aparecen en el artículo plantean la necesidad de que las lesbianas sigan el ejemplo de los hombres gays en España a la hora de hacer las reivindicaciones para que no se queden marginadas con respeto a los derechos y las libertades civiles. Por añadidura, se hacen comentarios sobre una identidad lésbica limitada o restringida y la necesidad de adoptar la teoría *queer* para disfrutar de una definición más amplia de esta sexualidad en el futuro. Parece que los personajes creados por Morán abarcan una diversidad que funciona para aumentar y librar a esta identidad.

Por último, Hélène Cixous propone que la mejor forma que tiene la mujer de recuperar su propia identidad es a través de la escritura ya que por este acto estará accediendo al lenguaje y con él a la capacidad de ser (1995). Así que tanto en *A por todas* como en *Mujeres estupendas*, se ofrece un sujeto lésbico que irrumpe en el ámbito sociocultural, donde suele ser invisible, con ganas de contar sus historias explícitamente y reclamar sus derechos. De esta forma la autora resiste al imperativo de la centralidad del discurso patriarcal al situar en el centro de su narrativa las experiencias lesbianas, las cuales le proporcionan también a este sujeto una voz que a lo largo de muchos años ha sido silenciada.

BIBLIOGRAFÍA

CIXOUS, Hélène (1995): *La risa de la Medusa: ensayos sobre la escritura*, Anthropos, Madrid.

CORISCO, María (2009): «Así es la familia española de 2009», *Magazine: El Mundo*, 9 de enero, Madrid, 43-44.

DE LAURETIS, Teresa (1993): «Sexual Indifference and Lesbian Representation», en Abelove, H.; Aina Barale, M. y Halperin, D.M.: *The Lesbian and Gay Studies Reader*, Routledge, Londres, 141-158.

---

4. Empar Pineda fue la primera lesbiana en declarar su sexualidad abiertamente en los medios de comunicación nacionales en 1979. Al publicarse este artículo de prensa Boti Rodrigo y Beatriz Gimeno eran las presidentas de COGAM (Colectivo de Lesbianas y Gays de Madrid) y FELGT (Federación Estatal de Gays, Lesbianas y Transexuales) respectivamente.

Jaime, María Felicitas (1997): «Una cultura que se pone de moda», *La Esfera: El Mundo*, Madrid, 21 de junio, 1-4.

Franc, Isabel/Van Guardia, Lola (2007): «Del pozo a la hiena: humor e ironía en la llamada literatura lésbica», en Simonis, Angie (ed.): *Cultura, homosexualidad y homofobia. Amazonia: retos de visibilidad lesbiana*, Laertes, Barcelona, 153-62.

Haskell, Lisa (1996): «Cyberdykes: Tales from the Internet», en Goodwin, N.; Hollows, B. y Nye, S.: *Assaults on Convention: Essays on Lesbian Transgressors*, Cassell, Londres, 50-61.

Kaschak, Ellyn (2002): *Intimate Betrayal: Domestic Violence in Lesbian Relationships*, Haworth, NuevaYork.

Morán, Libertad (2005): *A por todas*, Odisea, Madrid.

Morán, Libertad (2006): *Mujeres estupendas*, Odisea, Madrid.

Morán, Libertad (2007): *Una noche más*, Odisea, Madrid.

Pérez Sánchez, Begoña (2005): *Homosexualidad: Secreto de familia. El manejo del secreto en las familias con algún miembro homosexual*, Egales, Barcelona-Madrid.

Pertusa Seva, Inmaculada (2005): *La salida del armario: lecturas desde la otra acera*, Libros del Pexe, Gijón.

Rich, Adrienne (1996): «Heterosexualidad obligatoria y existencia lesbiana», *Duoda: Revista de estudios feministas*, Universitat de Barcelona, Barcelona, 11, 13-37.

Richardson, Diane (1981): «Lesbian identities», en Hart, J. y Richardson, D. (eds.): *The Theory and Practice of Homosexuality*, Routledge & Keegan Paul, Londres, 111-124.

Ristock, Janice L. (2002): *No More Secrets: Violence in Lesbian Relationships*, Routledge, Nueva York.

Sánchez-Mellado, Luz (2003): «Lesbianas sin complejos», *El País Semanal*, Madrid, 29 de junio, 36-46.

Sebastián, Núria Rita (ed.) (2006): *De otro planeta?*, Ellas, Sabadell.

Simonis, Angie (2007): «Silencio a gritos: discurso e imágenes del lesbianismo en la literatura», en Simonis, A. (ed.): *Cultura, homosexualidad y homofobia. Amazonia: retos de visibilidad lesbiana*, Laertes, Barcelona, 107-139.

Simonis, Angie (2008): «Yo no soy ésa que tú te imaginas: representación y discursos lesbianos en la literatura española», en Platero, Raquel (coord.): *Lesbianas. Discursos y representaciones*, Melusina, Barcelona, 233-279.

Smith, Paul Julian (1992): *Laws of Desire: Questions of Homosexuality in Spanish Writing and Film 1960-1990*, Oxford University Press, Oxford.

Villar Sáenz, Amparo (2008): «¿Lesbiana? Encantada, ¡¡es un placer!!: Representación de las lesbianas en Euskal Herria a través de los grupos organizados», en Platero, Raquel (coord.): *Lesbianas. Discursos y representaciones*, Melusina, Barcelona, 61- 84.

Viñuales, Olga (2000): *Identidades lésbicas*, Bellaterra, Barcelona.

WOLFE, Susan J. y PENELOPE, Julia (1993): *Sexual Practice, Textual Theory: Lesbian Cultural Criticism*, Blackwell, Oxford.
WILTON, Tamsin (1995): *Lesbian Studies: Setting An Agenda*, Routledge, Londres.
WOLMARK, Jenny (1999): *Cybersexualities: A Reader in Feminist Theory, Cyborgs and Cyberspace*, Edinburgh University Press, Edimburgo.
ZIMMERMAN, Bonnie (1992): *The Safe Sea of Women: Lesbian Fiction 1969-1989*, Onlywomen, Londres.

9. CONSTRUYENDO UNA TRADICIÓN POÉTICA LESBIANA Y DE OTRAS «RAREZAS» EN SUDAMÉRICA
Violeta Barrientos

> La poesía
> a mí también me desagrada.
> Sin embargo, al leerla con perfecto desprecio, se descubre en ella, después de todo, un sitio para lo genuino.
> MARIANNE MOORE

El contexto latinoamericano ha visto aparecer en los últimos cinco años, además de las existentes, nuevas voces de creadoras de poesía con tema lésbico. No son muchas, pero son. Si hacemos el rastreo de la temática en la poesía sudamericana podríamos afirmar que la poesía de temática o personajes lésbicos escrita por mujeres es escasa, pero ha ido aumentando en número. De hecho, ya se registra una pequeña tradición poética en la región con los nombres de las argentinas Bellessi, Thénon, Rosenberg, la uruguaya Peri Rossi, las peruanas Castañeda, Barrientos, Moromisato y la chilena Soledad Fariña[1] entre otras. Es probable que mucho de este fenómeno tenga que ver con los cambios sociales de la condición de la mujer, con el surgimiento del movimiento feminista y su discurso rebelde al régimen de la heterosexualidad, y con el avance reivindicativo por la visibilidad e iguales derechos de los grupos de activistas LGBT[2].

Para este artículo he usado como criterio de selección de los poemas el tener como tema central la relación lésbica, o como voz y personaje a una lesbiana. En cuanto a las autoras citadas, he preferido escogerlas entre las generaciones recientes. No pocas veces he encontrado aclaraciones de la crítica literaria en cuanto a la poesía lésbica al decir que no necesariamente esta poesía ha sido escrita por lesbianas. Este tipo de aclaraciones me suenan tan intrascendentes como decir no necesariamente *Madame Bovary* fue escrita por una mujer y son una suerte de afirmación temerosa ante una cultura homofóbica y del secreto.

En cuanto a las autoras, diré que toda aquella mujer que ose producir en relación al tema lésbico, toma en sus manos una tradición que durante buen

---

1. Remito a la lectura del artículo de Susana Reisz: «De mujer a mujer. Fragmentos de un discurso amoroso ginocéntrico», *Hueso Húmero*, 34.
2. Por LGBT abrevio decir lesbianas, gays, bisexuales, transexuales.

tiempo estuvo en manos de los hombres y recibiendo un tratamiento limitado al consumo pornográfico masculino. Hoy en día es posible la producción de textos con determinadas características que los convierten en verdaderas bombas políticas anti heteronormativas y no hablo de textos explícitamente lésbicos solamente. El único riesgo del que me gustaría librar a las autoras que escriben poesía lésbica, es el de ser encasilladas en esta categoría, como ha sucedido con la mayor parte de escritoras que antes de ser asimiladas a la tradición nacional a la que pertenecen, son dejadas de lado, reducidas a meras antologías de «literatura femenina».

La tesis que pretendo argumentar en este escrito es que todo texto de poesía lésbica no es sólo erótico ni sexual, sino también político, aunque no hubiese sido la voluntad consciente de la autora. No necesitamos saber si es o no lesbiana; desde ya, el asumir una voz no heterosexual al producir un discurso implica atreverse a incursionar en un terreno como el erótico donde el objeto amoroso femenino ha sido exclusividad de los hombres y donde los hombres han sido los únicos sujetos deseantes. Es una doble trasgresión y lo es más según el contexto que la rodee; no es lo mismo publicar poesía lésbica en España que en Perú o en África.

En cuanto al género por el que se expresa el tema lésbico, la poesía, arte de minorías y también de acciones colectivas, es entre los géneros literarios y las artes, la que más ha expresado y representado lo homoerótico femenino por ser un género marginal al comercio de la obra literaria y tener una enorme libertad y potencial expresivo, en el que cualquier experimentación formal o de contenido es posible.

Distinto es hablar de la homosexualidad en la narrativa, género menos libre del mercado literario industrializado y por lo tanto propenso a redundar en aquello que es del gusto mayoritario, a reproducir y conservar la moral popular que alimenta el interés morboso en la temática. Ejemplo de ello en Sudamérica son las novelas o cuentos del peruano Jaime Bayly, de la generación de macondistas[3] argentinos, chilenos o bolivianos para quienes basta introducir la homosexualidad como novedad en los textos junto con la idea de una América Latina que también habla inglés y se globaliza, cuando el tratamiento que le dan, corresponde al imaginario que desde siglos perpetúa las visiones más atrasadas y conservadoras respecto al tema. Otra es la narrativa que aborda las disidencias sexuales de forma mucho más original y de veras desafiante al entorno, desde el estilo o el contenido, y por esa razón es menos vendida y conocida. Es así como en esta época de rebajamiento cultural, crisis de la política como

---

3. Hablo de los escritores que en la segunda mitad de los años 90, teniendo a la cabeza al chileno Alberto Fuguet, se consideraron la nueva generación contraria a la tradición instalada desde el *boom* latinoamericano y fueron presentados en la antología de cuentos *McOndo*, editada por Alberto Fuguet y Sergio Gómez en 1996. Remito a mi estudio: «¿Qué pasa en McOndo?: avatares de la homosexualidad a partir de sus representaciones literarias actuales», en *De amores y luchas: diversidad sexual, derechos humanos y ciudadanía*.

disciplina del debate —más bien arrinconada por las fuerzas económicas y la vuelta de los discursos religiosos—, de lectores poco competentes por estar más habituados a la evidencia de lo audiovisual que a un ejercicio intelectual más elíptico, la poesía y toda obra que la contenga bajo otro género, es pariente pobre en la literatura pero a la vez, reducto de rebelión política y lingüística.

Los textos literarios escritos por mujeres —así como los de una poética feminista— que proliferaron a partir de la eclosión política feminista en Sudamérica, la aparición de movimientos de mujeres y de sus Ongs, fueron el marco del surgimiento de la temática lésbica. Describiré a modo de ejemplo, la evolución del panorama poético escrito por mujeres en el Perú. Al iniciar la década de los ochenta, cuando habían pasado ya diez años de la acción de los primeros grupos organizados de mujeres sobre todo en la capital, Lima, algunos poemarios *Noches de Adrenalina* (1981), *Memorias de Electra* (1984), *Asuntos circunstanciales* (1984) marcaron la entrada en escena de la que se habría de llamar poesía de mujeres. Sus autoras, Carmen Ollé, Mariela Dreyfus, Rocío Silva Santisteban se vinculaban entre ellas gracias a los círculos de poetas de la Universidad Nacional de San Marcos donde convivían en permanente discusión grupos de diferentes tendencias de izquierda política. La poesía que escribieron ellas privilegiaba una perspectiva del mundo desde su lugar de mujeres. La primera cosa que demarcaba este lugar era su cuerpo[4]. Gracias a él las mujeres eran reconocidas, erotizadas y sexualizadas como pautas mayores, como si su ser se redujera a eso. Esta poesía fue poco percibida en su esencia autorreflexiva existencial y corporeizada, y la mirada masculina de la crítica no tuvo otro casillero donde catalogarla que como poesía erótica. El cuestionamiento de la relación hombre-mujer que era allí planteado fue también convertido en un recurso erótico más atrevido y excitante, neutralizando así su poder subversivo.

Entre 1989 y 1992, como seguidilla al mismo camino abierto por esta poesía, hicieron su aparición poemarios en los cuales algunos poemas revelaban una sensibilidad lésbica más evidente[5]. *El innombrable cuerpo del deseo* (1992) de Violeta Barrientos con una poética más bien lírica, fue el primer poemario en abordar una temática abiertamente erótica y lésbica. La generación de jóvenes poetas que seguía a la del *boom* femenino en los noventa, discutía en aquella

---

[4]. En un programa televisivo, el crítico Marco Aurelio Denegri sostuvo lo siguiente, al recordar los 25 años de publicación de *Noches de Adrenalina* de Carmen Ollé: «*Noches de adrenalina* alborotó el cotarro o el cortijo por haberse atrevido su autora a poetizar lo fisiológico y lo visceral, de suerte que en los poemas desfilan la defecación, la náusea, el orgasmo, los hongos vaginales, la pestilencia, la repugnancia, la diarrea, *and so forth, und so weiter*. Aquello fue un saludable remezón y un choque necesario. [...] Los excesos —que los hay— de *Noches de adrenalina* no son gratuitos y se justifican por tratarse de una obra de liberación y catarsis que tiene una calidad poética que la ha convertido en hito».

[5]. *Morada donde la luna perdió su palidez* (1988) de Doris Moromisato, que intercambiaba reflexiones sobre el ser mujer y visiones sociales en general.

época[6] sobre la continuidad de la tradición fundada por las poetas de la década anterior y la necesidad de hacer visible el homoerotismo como otra de las vivencias posibles de las mujeres. Sin embargo, nos damos cuenta hoy que el contexto aún no era favorable y pasarían algunos años más antes que el tema pudiera ser realmente asimilado.

EL CONTEXTO PARA LA PRODUCCIÓN DEL TEXTO Y SU RECEPCIÓN

Sudamérica es aún un espacio geográfico dividido entre la tradición y la modernidad. Las enormes montañas andinas y la Amazonía tantas veces poetizadas, han sido una barrera natural al desarrollo económico y a la integración de las regiones en un país. La diversidad cultural de los habitantes de las costas, el Ande y la Amazonía va acorde con la disparidad en el goce de derechos ciudadanos entre zonas urbanas y rurales, entre la provincia y la capital. El déficit en la aplicación de derechos y la escasa presencia del Estado en parte de los territorios nacionales hace que los avances legislativos en materia de no discriminación de cualquier tipo estén en el mejor de los casos aún en el papel, sin ser incorporados en el vivir cotidiano sobre todo en aquellas comunidades donde la moral y la religión que históricamente han sometido a las mujeres continúan aún en estos tiempos sujetándola[7].

Las mejores condiciones de vida de las mujeres son el contexto propicio para que éstas dispongan en primer lugar, de las condiciones necesarias —tiempo, dinero, acceso a la cultura— para la producción de un texto poético. El avance en las conquistas por derechos en torno a su sexualidad es el requisito previo para la visibilidad de los textos lésbicos. Por lo general, la crítica literaria evita hacer comentarios en cuanto a la temática lésbica, a lo que se añade la autocensura de muchas autoras. Aun aquellas con una experiencia vital lésbica prefieren abstenerse de tratar el tema lésbico en sus textos eróticos.

La invisibilización de la crítica no es sino parte de la invisibilización social de esta expresión de la sexualidad. Incluso hasta el propio feminismo institucional es débil al defender en sus negociaciones con el Estado, las banderas de

---

6. Doris Moromisato y yo fundamos, junto con otras dos compañeras, la editorial *Noevas* en 1991 con la idea de apoyar la publicación de la producción poética de mujeres. Ambas nos identificábamos plenamente como feministas.

7. En los días en que redactaba este artículo, una pareja de hombres, uno de ellos travesti, fue atacada por una ronda vecinal en la localidad selvática de Tarapoto (Perú). Sólo el travesti fue golpeado, se le desnudó, rapó y obligó a hacer ejercicios como escarmiento *necesario*. En esa misma zona meses atrás se había apuñalado a otro travesti y en 1989 ocho personas, entre gays y travestis fueron asesinados como parte de la limpieza social, a manos del grupo guerrillero MRTA.

una sexualidad lésbica o de una sexualidad no ortodoxa, relegándola a un lugar secundario detrás de temas de más consenso, como la igualdad de derechos civiles y políticos o derechos económicos.

A partir del nuevo milenio, la reivindicación de los derechos en torno a la sexualidad ha llegado de la mano de la reivindicación de la libertad sexual para hombres y mujeres, heterosexuales u homosexuales, como parte de una nueva hornada de derechos —los llamados derechos sexuales y reproductivos— que en algunos países ha sido debate público, conquista o fracaso, lo que no ha hecho sino sacar a la luz un tema por siglos oculto. Las luchas por la no discriminación, el matrimonio homosexual o las uniones del mismo sexo aparecen en los telediarios, programas políticos, son parte de los sermones de las iglesias y de los discursos parlamentarios o electorales. La Academia que había incorporado los estudios de género, ahora acoge a los estudios lesbianos y gays, a teorías sociológicas o filosóficas que explican al sujeto sexuado. De la misma manera, en esta producción de discursos y de textos, la representación de la diversidad sexual no está ajena a los medios y por ende, a la literatura.

Sin embargo, no habría que generalizar. Lo anteriormente descrito en relación a estas diferentes esferas, no ocurre en todos los países. La intensidad de la teoría y práctica en torno a la reformulación de la sexualidad es mucho más fuerte en regiones con un nivel de desarrollo económico y cultural mayor como Europa occidental y EEUU, o Argentina o Brasil en Sudamérica, y lamentablemente, estimo que la «capacidad de contagio» entre estas regiones y otras, no tenga demasiada fuerza. Mientras que en los países desarrollados se habla de un desarrollo de la temática sexual como autónoma, tanto en la Academia como en los derechos, en los países pobres está encadenada a la enfermedad, a la violencia o la reproducción. El sida, la violencia sexual como parte de la estructura cultural, el embarazo adolescente, el aborto, son temas álgidos de elevada estadística. Esto mientras en Europa o EEUU, o en sus proyectos asociados en Brasil o Argentina[8], dejados atrás los problemas que a otros agobian, se investiga en torno a la sexología como disciplina independiente, a la extensión de la edad biológica del goce sexual, a su potenciación y a la diversidad de manifestaciones de la sexualidad. Mientras en una parte del mundo la democracia defiende mal que bien sus fueros ante las creencias religiosas y culturales, en otros lares es fácilmente aplastada por una tradición arraigada, quizás con más partidarios y dinero que un Estado débil. De ahí que defender una sexualidad —a secas— en este contexto, y manifestarse sobre ella en una marcha, en un discurso político o en un texto literario, sea escaso y raro. Existen, por lo tanto, razones más profundas que abordar si pretendemos

---

8. Me refiero a numerosos proyectos internacionales en relación al estudio de la sexualidad que existen actualmente en universidades de América Latina, Asia y África bajo un molde diseñado en la Academia norteamericana y financiados por fundaciones tanto norteamericanas como europeas.

que los derechos, discursos y textos se equiparen de una región a otra, lo que no quita que ya se produzca un pequeño intercambio de élites intelectuales y creadoras de una a otra región, al cual sin embargo, no podríamos limitarnos si pretendemos cambios importantes. Saludo por ello, esta selección de ensayos a cargo de Elina Norandi y la Editorial Egales que abre una puerta a este intercambio.

POÉTICAS NUEVAS Y DIVERSAS

A continuación, he querido referirme a una nueva generación de escritoras sudamericanas con uno o dos libros de poemas publicados principalmente en el siglo XXI. Gabriela Robledo, argentina de Córdoba, ha publicado *Agosto en mapas* (2006) y *Última estación* (1998); Tania Agüero, peruana, publicó las plaquetas de poesía *El canto del huerequeque* y *Creadoras de la noche* y el poemario *Route 66* (2008). Paula Ilabaca es chilena y autora de los libros de poemas *Completa* (2003) y *La ciudad lucía* (2006). Carolina Patiño, poeta ecuatoriana fallecida a los 23 años, publicó el poemario *Atrapada en las costillas de Adán* (2006) ganador del concurso «Buseta de papel»; María Medrano publicó *Despeinada* (1997) ganador del Primer Premio «Buenos Artes Joven» y el poemario *Unidad 3*. Andrea Cabel es autora de *Las falsas actitudes del agua* que fue ganador del concurso «Esquina de papel» organizado por la Municipalidad de Lima en 2006.

En la pequeña muestra recopilada para este artículo, es posible percibir dos poéticas: una que confirma una identidad homoerótica y otra que *queeriza* la heteronormatividad (Patiño, Ilabaca). Sobre la primera, muchos se han preguntado si puede haber una representación lésbica autónoma fuera del lugar que hasta hoy la tradición patriarcal ha dado al objeto amoroso femenino. Si la representación de una mujer como objeto erótico es la misma teniendo a un hombre o una mujer como creadores. Si habrá celebración y no culpabilidad, si habrá morbo y obscenidad, si el lenguaje será necesariamente femenino o no lo será. ¿Qué formas, qué maneras, tiene una poética lésbica?

Recojo también la segunda poética porque me parece pertinente subrayar aquellas creaciones que van explorando y poniendo en evidencia nuevos roles, en este caso sexuales, y representaciones del sujeto femenino. Al escribir este artículo y focalizar la atención en lo que se ha venido haciendo respecto a la poesía de voz femenina que poetiza sobre un objeto erótico de su mismo sexo, no quiero suscribir la existencia real de identidades hetero u homosexuales a las que considero más bien herramientas de lucha política. Abogo más bien por la capacidad de cada ser humano, hombre o mujer de re-crear su sexualidad y sus roles de género, más allá de las constricciones que el poder ha construido sobre los cuerpos.

La poesía de Carolina Patiño y la de Paula Ilabaca contienen una poética *queer*, de igual fuerza transgresora del canon literario amoroso, en la que poco importan los roles eróticos fijos según el género o las identidades sexuales reconocibles enmascaradas bajo la apariencia de un insecto:

> La espalda de Eva se arqueaba de tal forma que su boca colonizaba la entrepierna de Adán. El placer de su compañero fue tan intenso que en recíproca reacción decidió besarla a la francesa con grandes dosis de mordidas en su piel. Finalmente un río los ahogó entre gemidos y ruidosos orgasmos[9].
>
> (Patiño, 2006)

> esa vez noche
> esa vez me palpó la grupa insecta
> antigua maña de peinar vellos
> me contrajo y estiró a su gusto
> hasta quedar pelota de carne
> araña arañita.
>
> (Ilabaca, 2003)

Estas actitudes que borran las marcas de género o los comportamientos sexuales de género, son un escalón más hacia la libre expresión en la poética erótica escrita por mujeres.

UNA AUTOCONCIENCIA NO CULPABLE

Pareciera que hoy el amor lésbico no se representa más con el sentimiento de culpabilidad de antaño que autoliquidaba a quien osara siquiera fantasearlo. Ser señalada como maldita o marginal se convierte ahora en una posibilidad para hacer de esta condición una brecha en el sistema de instituciones, para *renverser le malheur* a la manera como los grupos marginados lo han hecho reivindicándose a sí mismos, y entre ellos, los llamados grupos LGBT o *queer* en los últimos tiempos.

La relación lésbica, o es vivida en un mundo idílico fuera de este mundo: «Ellas, cobijadas pronto en su cielo nuevo de alas convexas,/ se cuentan, a escondidas del padre, los cabellos y/ se destruyen las llagas lamidas» (Cabel, 2007) o es vivida como experiencia maldita, pero no hundida en la decadencia de los personajes que se autodestruían en la poesía de Baudelaire o la narrativa y el cine del siglo XX (verbigracia *El pozo de la soledad*, de Radclyffe Hall,

---

[9]. En las referencias de todas las poesías no constan las páginas exactas de las publicaciones puesto que he trabajado fundamentalmente con otro tipo de fuentes: textos facilitados por las propias autoras y materiales digitales.

La Zorra de D.H.Lawrence, *La bastarda* de Violette Leduc) sino transgresora. De igual forma, quien infrinja el código de su rol de género en el sexo, toma la forma amenazante de una araña (Ilabaca, 2003) o se convierte en una Eva irreverente (Patiño, 2006).

En la poesía más reivindicativa hay una conciencia, no culposa sino rebelde, de penetrar en un terreno vedado por una autoridad suprema, de acceder a una experiencia transgresora. El Dios de la Biblia y su tradición son las entidades que se critican, contra las que se comete la trasgresión, simbolizan el régimen instalado desde que se funda la humanidad con Adán: «Mis fricciones/ no están en el plan de Dios» (Robledo, 2006), «[...] nos aprovechamos de la ausencia de Adán/ para en una mutua constricción/concebir a Caín» dice Patiño (2006).

La rebelión es contra el orden divino o humano que vigila los cuerpos y las conductas, según el poema «Otrosí digo» (2006) de Gabriela Robledo.

El poema de Robledo desafía a todas aquellas instituciones de vigilancia social —la ley, la justicia, la gendarmería, las escuelas y las iglesias— haciendo frente a un posible castigo:

> Demandan expropiar mi cuerpo.
> Es legítimo según la ley.
> El juez regulará copiosos honorarios.
> Se habrá hecho justicia.
> Declararán mi placer de interés público.
> Hallarán la marca incandescente
> de un hierro patriarcal sobre mi espalda.
> Me sepultarán bajo sus escuelas, sus iglesias, sus cortes de justicia
> por subversiva, por guerrillera, por tortillera, por poeta.
> [...]
> Apelaré,
> esa ley que no tiene vigencia en mi cuerpo,
> que me excomulga, me proscribe, me desaparece;
> desnuda en el atrio
> apelaré [...]

Pero también Robledo va más allá, al reconocer en el lenguaje de todos los días, otro depósito de opresión:

> Me arrojaron a un jardín con flores terminadas en «o».
> Sólo podía suspirar Rodolfos, Adolfos y Cristóforos.
> Me pregunté cómo deshojar el amor de Arándana, Giliberta y Sofía.
> Inventamos margaritas con pétalos terminados en «a».
>
> (Robledo, 2006)

Desde otra poética, los versos de Andrea Cabel también revelan la superación del antiguo orden por un nuevo poder:

> Y recordando el evangelio del padre rojo mudo blanco
> sordo amarillo/ amarillo/,
> se toman de la mano, y lo dejan todo, despegando
>
> dejando atrás la selva en naturaleza muerta,
> y se sienten todas, todas lejanas
> unidas en puente infinito transparente como cielo
> trasgredido, como ese mismo cielo de alas
>
> y como nuevo poder de Poseidón mariposa [...]
>
> (Cabel, 2007)

ENTRE LO COLOQUIAL Y LO LÍRICO

Esta nueva generación de poetas hace un aporte desde un mundo concreto y cotidiano y una voz coloquial, recursos poco usados por sus antecesoras cuya poesía lésbica estaba más sumergida en una poética más lírica y abstracta. Al referirse a anteriores ejemplos lésbicos en la poesía peruana, Susana Reisz escribe: «No obstante, incluso en estos mismos textos (que se pueden considerar bastante audaces dentro de su propio contexto social), la cautela enunciativa y la discreta opacidad de las metáforas homoeróticas contrasta no sólo con las libertades de la escritura lesbiana anglosajona sino también con el lenguaje franco y directo de muchas hispanoamericanas» (Reisz, 1996: 138). Basta volver sobre la poesía de Robledo o dar una leída a un poema de María Medrano, «Lima de carey» (1997):

> abro y cierro el cierre de mi bolsito manicure
> y vuelve a llamar ella
> reclamándome la lima de mango de carey.
> Jamás se la voy a dar
> no por la lima
> sino por la historia sentimental
> por tantas lágrimas que hicieron
> barro con el polvillo de mis uñas
> apretando el carey, para evitar otra lágrima
> y mirar fijamente la uña limada, para
> no demostrarle que estoy llorando.

que utiliza un evento doméstico y banal como pretexto para hacer pública una relación intersubjetiva y al mismo tiempo con sorna, hacer de la publicación del texto poético prohibido un hecho completamente natural y a la moda: «Ahora me voy corriendo/ a publicar este poema/ en la revista de moda/ para que todas mis amigas/ sepan que ella me reclama la lima/ de carey» (Medrano, 1997).

La línea lírica, sin embargo, no se ha abandonado, (por ejemplo, Cabel) así como el recurso de la imagen reflejada sobre sí misma[10], tal como lo ilustra a continuación los versos del poema «Efecto narcisista» de Patiño, recurso utilizado con anterioridad en poemas de Barrientos: «Vine a descubrir lo imposible/ mi deseo en un cuerpo igual al mío» (1992) o Moromisato: «Hembra que se habita solitaria/ Amando a aquel otro cuerpo que refleja/ Desesperada» (1998):

>   la veo y me siento
>   toco su cara y su piel
>   le unto caricias
>   mi intento de desamarrarla de defectos
>   hace que la ame más
>   frente al espejo me repito
>   gracias por ser ella
>   gracias por ser yo.
>   (Patiño, 2006)

VELOCIDAD *BUTCH* Y REFRENO SOCIAL

Desde su título, *Route 66*, la poesía de Tania Agüero recoge motivos de la tradición literaria norteamericana, autopistas, bares, autos y motos para dar una idea de la mujer, —quizás más identificada con una actitud *butch*— que se conduce a través de distancias a la conquista del mundo y del amor de otras mujeres: «no pronunciamos palabra/ ¿para qué?/ Esta ceremonia la venimos realizando hace tanto/ un ir y venir en mi moto/ [...]» (Agüero, 2008).

Los escenarios y los instrumentos masculinos van diseñando a una sujeto que los frecuenta con la mayor naturalidad sin siquiera enarbolar una actitud beligerante ante ellos. La presencia de una voz desde la masculinidad femenina es un matiz nuevo en la poesía sudamericana y da cuenta de una mayor libertad en hacer visibles actitudes muchas veces censuradas entre las propias mujeres y feministas por tratarse de una zona gris que roza con la transgeneridad y que se ubica en actitudes ahombradas que no se sabe si rechazar:

>   Se cierne un cálido sopor
>   dentro del auto
>   los vidrios polarizados agolpan tu pecho

---

10. Recurso en la poesía de C. Cavafis o J.E. Eielson.

>   te preguntas si a esa hora tardía
>   ya estará bailando descalza para ti.
>   [...]
>   Escoges un buen lugar
>   donde puedas depositar
>   tus billetes de a dólar
>   estiras tus piernas en la silla
>   te acomodas sin sopesar
>   sientes que su perfume se va acercando
>   [...]
>   (Agüero, 2008)

La búsqueda amorosa de la protagonista que se sitúa desde el lugar de la sujeta activa, que recorre distancias y cruza, infringiendo las reglas de su género, las barreras de lugares habitualmente masculinos o machistas, autopistas y bares: «Al llegar te encuentras/ en la entrada con los vigilantes [...] La barra está llena de borrachos/ los pasillos de bebedores de cuerpos/ sus instintos huelen» (Agüero, 2008) se ve frustrada por la pasividad de las mujeres a las que ama, dominadas de un lado, por el entorno familiar: «El porche de tu casa siempre está concurrido/ tu mamá quiere servirme el té/ yo quiero que se vaya para la cocina» (Agüero, 2008) o por su propia represión. Las mujeres deseadas terminan frustrando la pasión, castrando la energía de aquella que se moviliza por alcanzarlas: «Tu hermanita me trae un pedazo de pastel de chocolate/ apenas se va yo te lo doy en la boca/ no pronunciamos palabra/ ¿para qué?/ Esta ceremonia la venimos realizando hace tanto...» (Agüero, 2008). «Cuando baila/ sus ojos te subyugan/ cómo evitar mirarla/ esos cabellos largos pelirrojos/ te transportan hasta su cama [...] Al fin ella te besa la frente/ sin pensar en lo inútil del tiempo/ ni en lo efímero de los cuerpos» (Agüero, 2008). El coloquialismo y realismo de las situaciones que muestra Agüero, demuestran que la nueva poesía lésbica va hoy a otra velocidad.

A MODO DE CONCLUSIÓN

Hemos visto que la poesía de temática lésbica es política, por el simple hecho de contribuir a la visibilización de uno de los sectores más ocultos y marginados de la sociedad. Ha evolucionado de cierta expresión velada hacia un planteamiento más evidente y descarnado. Su poca o mucha visibilidad dependerá del contexto en que sea publicada por lo que su circulación internacional —ahora quizás favorecida por el Internet— sería lo más beneficioso. De la misma manera, otras poéticas que trabajan una temática o sensibilidad que evidencian una sexualidad transgresora a la heterosexualidad y a los roles de género, van sembrando fisuras en estos órdenes con el mismo impacto desestabilizador. Estos discursos nos hablan de una escritura que se va afianzando de manera osada en la tradición erótica literaria en general, y lo que llama la atención en Sudamérica es que es una particularidad más propia de la escritura de mujeres que de textos escritos por hombres.

BIBLIOGRAFÍA

AGÜERO, Tania (2008): *Route 66*, Lluvia Editores y Ediciones Huerequeque, Lima.

BARRIENTOS, Violeta (1992): *El innombrable cuerpo del deseo*, edición de la autora, Lima.

BARRIENTOS, Violeta (2001): «¿Qué pasa en McOndo?: avatares de la homosexualidad a partir de sus representaciones literarias actuales», en Bracamonte, J.: *De amores y luchas: diversidad sexual, derechos humanos y ciudadanía*, Programa de estudios de género UNMSM, Lima, 213-230.

CABEL, Andrea (2007): *Las falsas actitudes del agua*, Mesa Redonda, Lima.

DREYFUS, Mariela (1984): *Memorias de Electra*, Orellana & Orellana, Lima.

ILABACA, Paula (2003): *Completa*, Contrabando del Bando en Contra, Santiago.

MEDRANO, María (1997): *Despeinada*, Libros de Tierra Firme, Buenos Aires.

MOROMISATO, Doris (1998): *Morada donde la luna perdió su palidez*, Cuarto Lima Editores, Lima.

OLLÉ, Carmen (1981): *Noches de Adrenalina*, Cuadernos del hipocampo, Lima.

PATIÑO, Carolina (2006): *Atrapada en las costillas de Adán*, edición de la autora, Quito.

REISZ, Susana (1996): *Voces sexuadas: género y poesía en Hispanoamérica*, Universitat de Lleida, Lérida.

REISZ, Susana (1999): «De mujer a mujer. Fragmentos de un discurso amoroso ginocéntrico», *Hueso Húmero*, Francisco Campodónico F. Editor y Mosca Azul Editores, Lima, 34, 55-73.

ROBINSON, Hilary (ed.) (2001): *Feminist-Art-Theory: an Anthology 1968-2000*, Blackwell, Londres.

ROBLEDO, Gabriela (2006): *Agosto en mapas*, Ingenio Papelero, Córdoba.

SILVA SANTISTEBAN, Rocío (1984): *Asuntos circunstanciales*, Lluvia Editores, Lima.

10. ÍNDICE BIBLIOGRÁFICO DE LITERATURA LESBIANA EN LENGUA ESPAÑOLA
Thais Morales

Preparar un índice bibliográfico es como intentar abarcar todo el mar con dos manos. O tratar de guardar en un armario (nunca mejor dicho) todo el aire del mundo. Hay algo que siempre, siempre, se escapa. Si el índice en cuestión es sobre literatura lesbiana, las dificultades se vuelven más correosas, ya que se está hablando de un tipo de escritura que no es visible con facilidad. Si las lesbianas son invisibles, también lo son sus bibliotecas.

¿Cuántas veces al leer un libro una especie de sexto sentido nos revela la existencia de una historia no explicada, tan sólo sugerida, acerca de una o dos mujeres lesbianas? Y qué placer ir leyendo desde esa perspectiva secreta que confirma, página a página, una historia de lesbianas. Sin embargo, al cerrar el libro, leer las solapas o las críticas en los diarios y las revistas nuestra historia se desvanece. No existe. Dicho de otra manera: es invisible.

Precisamente esa invisibilidad es la que hace necesarios libros como éste que tenéis entre vuestras manos. Un libro que sirva de mapa o GPS para recorrer la historia oculta de las lesbianas, el *continuum* lesbiano de Adrienne Rich, la historia no contada de las amazonas o como queráis llamar a la existencia silenciada y silenciosa a través de los siglos de mujeres que aman a mujeres. En este capítulo intentaré esbozar un índice de literatura lesbiana en España y Latinoamérica, sabiendo que la lista está incompleta precisamente a causa de la invisibilidad de nuestra historia. ¿Cómo hablar de aquello que, aparentemente, no existe?

En primer lugar se hace necesario explicar a qué nos referimos cuando hablamos de literatura lesbiana. Enfrentarse a esta pregunta requiere sangre fría y tener las ideas muy claras. La primera pregunta que se plantea es: ¿es literatura lesbiana sólo la que escriben mujeres lesbianas? La respuesta es, no necesariamente. Es más, puede haber mujeres, que sean escritoras y además lesbianas, que no escriban textos lesbianos. Y puede haber hombres heterosexuales que escriban textos lesbianos. Tal vez la respuesta tenga que ver, no tanto con la autora, sino con las experiencias de los personajes que aparecen en las novelas. Las escritoras, lesbianas o no, que han escrito textos que pueden calificarse como lesbianos coinciden al definir la literatura lesbiana como aquella que contiene personajes que viven o han vivido experiencias lesbianas.

Por otro lado, en un ámbito diferente al de las autoras —aunque vinculado a él directamente—, están las estudiosas de la literatura lesbiana. Ellas se han ocupado, con mayor claridad, de establecer los criterios básicos para decidir qué elementos hacen que una obra sea lesbiana. Beatriz Suárez Briones opina que la literatura lesbiana es la que explica a las mujeres lesbianas sin que sea necesaria una lectura, digamos, entre líneas, o que nos obligue a interpretar continuamente desde el punto de vista lesbiano el texto. Es decir, que la literatura lesbiana propone una lectura simple, explícita y visible. Por su parte, otra teórica, Angie Simonis, elabora una definición que, a mi entender, resulta muy convincente, en la que aclara que los textos lesbianos contienen experiencias y temas lesbianos, como por ejemplo atracción entre mujeres, sexo lésbico, cuestiones de marginación por orientación sexual y, en definitiva, formas y estilos de vida lésbicos.

Así pues, para elaborar un índice bibliográfico de novelas y obras de poesía lesbianas podemos basarnos en la idea de que este tipo de obras definen y redefinen lo que representa ser lesbiana, en su acepción más amplia, en nuestra sociedad, y nos permiten ver cómo han cambiado las actitudes sociales, políticas y culturales hacia y desde el propio lesbianismo. No hay que olvidar que parte del proceso de volvernos visibles es poder leernos y poder elaborar representaciones del lesbianismo.

En definitiva, las obras que aparecen en este índice son obras de referencia que contribuyen a explicar, entender, descubrir el universo lesbiano, independientemente de que la autora sea heterosexual o lesbiana. Sea como sea, son el texto en sí mismo y su lectura, los elementos que nos llevan a pensar un texto como lésbico o no. El hecho de que la autora sea lesbiana es, en todo caso, un valor añadido que sirve para legitimar y dar más credibilidad a la obra, sin que esta consideración sea excluyente.

La mayor parte de los libros que aparecen en esta lista han visto la luz en editoriales gays y lesbianas, aunque también los hay que han conseguido ser publicados en editoriales generalistas. Este fenómeno es más propio de los últimos años y es una prueba más de que el proceso de normalización en el que ha entrado el universo lesbiano a todos los niveles es irreversible. En cuanto a las obras latinoamericanas, Elina Norandi ha hecho posible que en este índice haya muchas más de las que yo sola habría podido encontrar. La autopublicación, especialmente en poesía, funciona muy bien en esos países, complementada con unos circuitos de distribución alternativos que son, en sí mismos, una garantía de... lesbianismo literario.

NARRATIVA

ALIERN PONS, Francesca (1997): *Un otoño, toda una vida*, Antinea, Castellón.
ALONSO, Odette (2006): *Con la boca abierta*, Odisea, Madrid.
ÁNGEL, Albalucía (1984): *Las andariegas*, Argos Vergara, Barcelona.
APELLÁNIZ, Arancha (2002): *La Abadía*, Egales, Barcelona-Madrid.
ARCOS, Lais (2005): *Dame unos años*, Egales, Barcelona-Madrid.
ARCOS, Lais (2004): *72 horas*, La Tempestad, Barcelona.
ARGÜELLES, Aida (2008): *Dime que me amas*, Odisea, Madrid.
BALLETBÓ-COLL, Marta y SIMÓN CEREZO, Ana (2002): *Hotel Kempinsky*, Egales, Barcelona-Madrid.
BARBERO, Teresa (1967): *El último verano en el espejo*, Destino, Barcelona.
BARRANDEGUY, Emma (2002): *Habitaciones*, Catálogos, Buenos Aires.
BARRERA, Rayna (2001): *Sandra, secreto amor*, Plaza y Valdés, México.
BELLVER, Pilar (2006): *La Vendedora de Tornillos o El tratado de las almas impuras*, Elipsis, Barcelona.
BIARGE, Marta (2008): *Petra*, Maikalili, Barcelona.
BUENDIA, Consol (2005): *Andén siete*, Ellas, Sabadell.
BUSTELO, Gabriela (2001): *Planeta hembra*, RBA, Barcelona.
CANTERO, Mar (2007): *El árbol de los pájaros alegres*, Ellas, Sabadell.
COMPANY, Flavia (1999): *Dame placer*, Emecé, Barcelona.
COMPANY, Flavia (2000): *Melalcor*, Muchnik, Barcelona.
COMPANY, Flavia (2009): *Con la soga al cuello*, Páginas de Espuma, Madrid.
COMPANY, Flavia (2009): «La carta perdida de Andrea Mayo», en Freixas, Laura (ed.): *Cuentos de amigas*, Anagrama, Barcelona, 213-234.
CUESTA, Cristina (2006): *La hija del lago*, LesRain, Madrid.
DE BURGOS, Carmen (1917): *Ellas y ellos o ellos y ellas*, Alrededor del Mundo, Madrid.
DE BURGOS, Carmen (1931): *Quiero vivir mi vida*, Biblioteca Nueva, Madrid.
DE BURGOS, Carmen (1990): «El permisionario», en *La flor de la playa y otras novelas cortas*, Castalia, Madrid, 365-410.
DUARTE, Carmen (2006): *La danza de los abanicos*, Egales, Barcelona-Madrid.
ECHALECU TRANCHANT, Carlota (1998): *Los ojos del ciervo*, Egales, Barcelona-Madrid.
ETXEBARRÍA, Lucía (1998): *Beatriz y los cuerpos celestes*, Destino, Barcelona.
ETXENIKE, Luisa (1996): *Efectos secundarios*, Bassarai, Vitoria.
FAGÉS, Marta (2008): *Amores prohibidos*, Odisea, Madrid.
FERRER, Renée (2007): *Los nudos del silencio*, Rubeo, Barcelona.
FRANC, Isabel (1992): *Entre todas las mujeres*, Tusquets, Barcelona.
FRANC, Isabel (2004): *No me llames cariño*, Egales, Barcelona-Madrid.
FRANC, Isabel (2006): *Las razones de Jo*, Lumen, Barcelona.
FRANC, Isabel (2008): *Cuentos y fábulas de Lola Van Guardia*, Egales, Barcelona-Madrid.
GALÁN, Mabel (2002): *Desde la otra orilla*, Odisea, Madrid.

GALÁN, Mabel (2004): *Donde comienza tu nombre*, Odisea, Madrid.
GALERA, Geovanna (2003): *El cielo en tus manos*, Lumen, Barcelona.
GALERA, Geovanna (2008): *Por primera vez*, Egales, Barcelona-Madrid.
GARCÍA, Concha (2009): *Miamor.doc*, Egales, Barcelona-Madrid.
GARCÍA-ARROYO, Ana (2007): *Colegios caros de curas*, Ellas, Sabadell.
GIMENO, Beatriz (2005): *Su cuerpo era su gozo*, Foca, Madrid.
GIMENO, Beatriz (2008): *Sex*, Egales, Barcelona-Madrid.
GÓMEZ GARRIDO, Marta (2001): *Vidas de cristal helado*, Atlantis, Madrid.
GÓMEZ OJEA, Carmen (2000): *Nunca soñé contigo*, Lóguez, Salamanca.
GÓMEZ PEREIRA, Marosa (2001): *Un amor bajo sospecha*, Egales, Barcelona-Madrid.
GONZÁLEZ FREI, Irene (1995): *Tu nombre escrito en el agua*, Tusquets, Barcelona.
GUIRAO, Olga (2002): *Carta con diez años de retraso*, Espasa, Madrid.
GUZNER, Susana (2001): *La insensata geometría del amor*, Plaza & Janés, Barcelona.
GUZNER, Susana (2004): *Punto y aparte*, Egales, Barcelona-Madrid.
GUZNER, Susana (2005): *Detectives BAM*, Ellas, Sabadell.
GUZNER, Susana (2007): *Aquí pasa algo raro*, LesRain, Madrid.
ILLY NES (1999): *Morbo. Sara & Caterine. Romance en Méjico*, Ed. Pilar Sánchez Morales, Madrid.
ILLY NES (2002): *Ámame*, Egales, Barcelona-Madrid.
ILLY NES (2004): *El lago rosa*, Edicions Bellaterra, Barcelona.
JAIME, María Felicitas (1992): *Cris & Cris*, horas y Horas, Madrid.
JAIME, María Felicitas (1994): *Pasiones*, horas y Horas, Madrid.
JAIME, María Felicitas (2003): *Cenicienta en Chueca*, Odisea, Madrid.
KRAUSE, Ethel (1991): *Infinita*, Joaquín Mortiz, México.
LEVI CALDERÓN, Sara (1991): *Dos Mujeres*, Diana, México.
LILLO, Asia (2006): *Diario de una aupair bollo en USA*, Egales, Barcelona-Madrid.
MACBOLLIX (2006): *Relatos y reflexiones de una oveja de color imposible*, LesRain, Madrid.
MARFUL, Inés (2008): *Instrucciones para olvidar*, Egales, Barcelona-Madrid.
MARTÍ, Alexandra (1998): *Claudia e Irene*, La Tempestad, Barcelona.
MARTÍ, Olga (2005): *Sígueme*, Odisea, Madrid.
MARTÍN, Mónica (2006): *Sin control*, LesRain, Madrid.
MARTÍNEZ, Mado (2007): *Secretos compartidos*, Odisea, Madrid.
MARTÍNEZ, Mila (2009): *No voy a disculparme*, Egales, Barcelona-Madrid.
MATAS GASCÓN, Pilar (2006): *Entre él, tú y el arcoiris*, Milenio, Lérida.
MAYORAL, Marina (1994): *Recóndita armonía*, Alfaguara, Madrid.
MOIX, Ana María (1985): *Las virtudes peligrosas*, Plaza & Janés, Barcelona.
MOLLOY, Sylvia (2005): *En breve cárcel*, Alfaguara, México.
MORALES, Thais (2005): *Efecto retrovisor*, Ellas, Sabadell.
MORALES, Thais (2009): *Una aparición inesperada*, Egales, Barcelona-Madrid.
MORÁN, Libertad (2003): *Llévame a casa*, Odisea, Madrid.
MORÁN, Libertad (2005): *A por todas*, Odisea, Madrid.
MORÁN, Libertad (2006): *Mujeres estupendas*, Odisea, Madrid.

Morán, Libertad (2007): *Una noche más*, Odisea, Madrid.
Morán, Libertad (2006): *Mujeres estupendas*, Odisea, Madrid.
Mulder, Elisabeth (1946): *Preludio a la muerte*, Apolo, Barcelona.
Nestares, Carmen (2001): *Venus en Buenos Aires*, Odisea, Madrid.
Nestares, Carmen (2008): *Métetelo en la cabeza*, Odisea, Madrid.
Nuñez, Inés (2007): *Amor im... perfecto*, Egales, Barcelona-Madrid.
Palma, María José (1996*)*: *Las pasiones de una sombra*, Ópera Prima, Madrid.
Pedraza, Pilar (1987): *La fase del Rubí*, Tusquets, Barcelona.
Peñas, Esther (2008): *Los silencios de Babel*, Odisea, Madrid.
Peri Rossi, Cristina (1988): *Solitario de amor*, Grijalbo, Barcelona.
Peri Rossi, Cristina (2007): *Cuentos reunidos*, Lumen, Barcelona.
Pertusa, Inmaculada y Vosburg, Nancy (2009): *Un deseo propio: Antología de escritoras españolas contemporáneas*, Bruguera, Barcelona.
Pessah, Mariana (2005): *Malena y el mar*, Libertaria, Porto Alegre.
Pisano, Margarita (2004): *Julia, quiero que seas feliz*, Surada, Santiago de Chile.
Pizarnik, Alejandra (2003): *Prosa completa*, Lumen, Barcelona.
Prescolí, Isabel (2005): *Los estigmas de Eva*, Ellas, Sabadell.
Prescolí, Isabel (2007): *Mi exaltada siciliana*, Egales, Barcelona-Madrid.
Prescolí, Isabel (2007): *El perfume de Valkyria*, Ellas, Sabadell.
Prescolí, Isabel (2009): *Liszt tuvo la culpa*, Egales, Barcelona-Madrid.
Puchol, Montse (2007): *En alas de la libélula*, LesRain, Madrid.
Puenzo, Lucía (2004): *El niño pez*, Beatriz Viterbo Editora, Rosario.
Queralt, María del Pilar (2005): *Tórtola Valencia*, Lumen, Barcelona.
Quiles, Jennifer (2006): *Rápida infernal*, Egales, Barcelona-Madrid.
Quintero, Paz (2005): *Destino programado*, La Tempestad, Barcelona.
Quintero, Paz (2009): *Un vuelo con escalas*, Odisea, Madrid.
Regueiro, María Concepción (2007): *Vistas al río*, Ellas, Sabadell.
Roff, Reina (1976): *Monte de Venus*, Corregidor, Buenos Aires.
Roffiel, Rosamaría (1997): *Amora*, horas y Horas, Madrid.
Roffiel, Rosamaría (2003): *El para siempre dura una noche*, Sentido Contrario, México.
Ruiz, Sofía (2006): *Sexutopías*, Egales, Barcelona-Madrid.
Salado, Minerva (ed.) (2008): *Dos orillas*, Egales, Barcelona-Madrid.
Torres Molina, Susana (1983): *Dueña y señora*, La Campana, Buenos Aires.
Tusquets, Esther (1978): *El mismo mar de todos los veranos*, Lumen, Barcelona.
Tusquets, Esther (1991): *El amor es un juego solitario*, Lumen, Barcelona.
Tusquets, Esther (1985): *Varada tras el último naufragio*, Lumen, Barcelona.
Tusquets, Esther (1997): *Con la miel en los labios*, Anagrama, Barcelona.
Valdés, Zoe (1999): *Querido primer novio*, Planeta, Barcelona.
Van Guardia, Lola (1997): *Con pedigree (Culebrón lésbico por entregas)*, Egales, Barcelona-Madrid.
Van Guardia, Lola (2000): *Plumas de doble filo*, Egales, Barcelona-Madrid.
Van Guardia, Lola (2002): *La mansión de las tríbadas*, Egales, Barcelona-Madrid.
Vicente, Ángeles (2005): *Zezé*, Ediciones Lengua de Trapo, Madrid.

Vigo, Cristina (2009): *Diez días para G*, Egales, Barcelona-Madrid
VVAA (2002): *Otras voces*, Egales, Barcelona-Madrid
VVAA (2007): *El espejo de los deseos*, LesRain, Barcelona.

POESÍA

Agüero, Tania (2008): *Route 66,* Lluvia Editores y Ediciones Huerequeque, Lima.
Alonso, Odette (2003): *Cuando la lluvia cesa*, Torremozas, Madrid.
Alonso, Odette (2005): *El levísimo ruido de sus pasos*, Ellas, Sabadell.
Arcos, Lais (2006): *Ouroboros o la espiral del amor*, Ellas, Sabadell.
Barrera, Reyna (1993): *Material del olvido*, Mario del Valle Editor, México.
Barrera, Reyna (2000): *Lunario. Siete lunas para Sandra*, Papeles Privados, México.
Barrientos, Violeta (1992): *El innombrable cuerpo del deseo*, edición de la autora, Lima.
Barrientos, Violeta (2008): *Cosas sin nombre*, en la frontera, Buenos Aires-Lima.
Barrientos, Violeta (1992): *Elíxir*, Noevas, Lima.
Bellessi, Diana (2008): *Tener lo que se tiene. Poesía Reunida*, Adriana Hidalgo, Buenos Aires.
Bosch, Gloria (1994): *De carne y verso*, Libertarias, Madrid.
Bosch, Gloria (1997): *Dédalo del deseo*, Huerga & Fierro, Madrid.
Bosch, Gloria (2003): *Una llamada tuya bastará para sanarme*, Carena, Barcelona.
Bosch, Gloria; Almada, Nora y Aldunate, María José (2007): *Desnudario*, Jirones de Azul, Sevilla.
Cabel, Andrea (2007): *Las falsas actitudes del agua*, Mesa Redonda, Lima.
Cardoza, Melissa (2004): *Textos zafados*, Fem-e-libros, México.
Colchado, Patricia (2005): *Blumen,* Pájaro de fuego, Lima.
de la Tierra, Tatiana (2004): *Píntame una mujer peligrosa*, Chibcha Press, Nueva York.
Dreyfus, Mariela (1984): *Memorias de Electra*, Orellana & Orellana, Lima.
Fuertes, Gloria (1973): *Cuando amas aprendes geografía*, Ed. Del Curso Superior de Filología, Málaga.
Fuertes, Gloria (1980): *Obras incompletas*, Cátedra, Madrid.
Fuertes, Gloria (1981): *Historia de Gloria: Amor, humor y desamor*, Cátedra, Madrid.
Fuertes, Gloria (1997): *Pecábamos como ángeles*, Torremozas, Madrid.
Fuertes, Gloria (2006): *Mujer de verso en pecho*, Cátedra, Madrid.
Gimeno, Beatriz (2009): *La luz que más me llama*, Olifante, Zaragoza.
Ilabaca, Paula (2003): *Completa*, Contrabando del Bando en Contra, Santiago.
Jiménez, Amparo (1996): *No me alcanza*, Centro de Documentación y Archivo Histórico Lésbico, México.

Martínez Sagi, Ana María (1932): *Inquietud*, edición de la autora, Barcelona.
Martínez Sagi, Ana Maria (1969): *Laberinto de presencias: antología poética*, Gráficas Celaryn, León.
Medrano, María (1997): *Despeinada*, Libros de Tierra Firme, Buenos Aires.
Méndez de la Vega, Luz (1979): *Eva sin Dios*, Marroquín, Guatemala.
Méndez de la Vega, Luz (1980): *Tríptico (Tiempo de amor, Tiempo de llanto y Desamor)*, Marroquín, Guatemala.
Morán, Silvia (2002): *Ella es tristeza*, Omega, México.
Moromisato, Doris (1998): *Morada donde la luna perdió su palidez*, Cuarto Lima Editores, Lima.
Moromisato, Doris (2004): *Diario de la mujer esponja*, Flora Tristán, Lima.
Ollé, Carmen (1981): *Noches de adrenalina*, Cuadernos del Hipocamo, Lima.
Patiño, Carolina (2006): *Atrapada en las costillas de Adán,* edición de la autora, Quito.
Peri Rossi, Cristina (2004): *Estrategias del deseo*, Lumen, Barcelona.
Peri Rossi, Cristina (2005): *Poesía completa*, Lumen, Barcelona
Peri Rossi, Cristina (2006): *Habitación de hotel*, Plaza & Janés, Barcelona.
Peri Rossi, Cristina (2009): *Playstation*, Visor, Madrid.
Pizarnik, Alejandra (2005): *Poesía Completa*, Lumen, Barcelona.
Robledo, Gabriela (2006): *Agosto en mapas*, Ingenio Papelero, Córdoba.
Roffiel, Rosamaría (1994): *Corramos libres ahora*, Femsol, México
Salado, Minerva (2000): *Herejía bajo la lluvia*, Torremozas, Madrid.
Sánchez Saornil, Lucía *(1996): Poesía*, Pre-Textos-Ivam, Valencia.
Sánchez, Pat (2003): *Y esta danza de cuervos en mi estómago*, Omega, México.
Silva santisteban, Rocío (1984): *Asuntos circunstanciales*, Lluvia Editores, Lima.

11. UNA SELECCIÓN BIBLIOGRÁFICA SOBRE TEORÍA Y CRÍTICA LESBIANA
Elina Norandi

Las páginas que siguen componen una muestra, que en ningún momento pretende ser exhaustiva, de la producción que existe publicada originalmente en lengua castellana, en el ámbito de la teoría lesbiana. Se trata de un recuento de títulos que analizan la creación literaria lesbiana, por una parte, constituyendo gran parte del actual *corpus* teórico-crítico literario lesbiano con el que contamos y, por otra, se han consignado obras que conformarían el conjunto teórico que trabaja sobre el devenir del lesbianismo en sentido político e histórico. Ambos focos de interés han sido considerados en tanto que necesarios para seguir haciendo crítica literaria lesbiana. La idea de este capítulo es la de ofrecer a futuras investigaciones una herramienta útil que permita saber qué se ha hecho hasta ahora en ambos sentidos, al mismo tiempo que invita a reflexionar en relación a aquello a lo que denominamos teoría lesbiana. Si bien es verdad que ya son muchos los estudios llevados a cabo y tenidos en cuenta como teóricos, la realidad es que a la hora de definir qué constituiría este *corpus* para seguir estudiando las realidades lesbianas, queda aún por discutir si se incluyen en él los aportes hechos desde la militancia política, desde el estudio del pasado, desde los estudios culturales, desde el análisis conceptual, etc. y qué lugar ocupa cada uno de ellos.

Se entiende que el análisis de la literatura lesbiana parte de la crítica y de la discusión teórica lesbiana y en tanto que ésta se ha centrado ampliamente en los sentidos políticos e históricos que la experiencia lesbiana ha tenido, los títulos que siguen son producciones sobre literatura, historia, cultura y política lesbiana, aspectos considerados fundamentales para hablar de teoría. Aun así, siguen abiertas muchas posibilidades de incluir en lo teórico diferentes perspectivas de pensamiento y de análisis.

Sin ánimos de caer en el debate entre el activismo y la academia, más allá de aquello publicado por editoriales que se reconocen a sí mismas como fuente de aporte a la consolidación de la teoría, han sido incluidos títulos que explícitamente se centraban en el análisis literario o en el análisis político e histórico del lesbianismo y por eso aparecen aquí algunas obras publicadas por el ámbito asociativo.

En cualquier caso, el listado que a continuación aparece pone en evidencia algunos matices en los que vale la pena detenerse para seguir haciendo teoría lesbiana y teoría literaria lesbiana. Matices que, en gran medida, nos devuelven a los debates y a las preguntas que, para consolidar nuestro propio cuerpo teórico, necesitamos despejar porque nos sitúan en preguntas en relación al peso de lo político en nuestra producción, al del bagaje del feminismo o al de la teoría en sentido tradicional para considerar la participación o no en ella de nuestras reflexiones: es curioso, por ejemplo, caer en la cuenta de que existe un vacío notorio, en publicaciones académicas de programas feministas y de género, de la temática lesbiana. Asimismo resulta interesante observar por qué en determinados marcos temáticos es más fácil que en otros encontrar la alusión directa y explícita a la cuestión lesbiana mientras que en otros ésta es indirecta o no se encuentra implícita; además de constatar que existe un número considerable de volúmenes que contienen ensayos relativos al tema pero que se centran en la homosexualidad masculina dedicando tan sólo uno o dos capítulos a la experiencia lesbiana.

Por último aclarar que no se han tenido en cuenta los muchísimos artículos que aparecen publicados únicamente en la red, no porque muchos de ellos no presenten un interés relevante, sino porque debido a la cantidad de los mismos y al dinamismo del medio deberían ser objeto de otro tipo de compilación.

ALFARACHE LORENZO, Ángela G. (2003): *Identidades lésbicas y cultura feminista*, Plaza y Valdés, México.
AMMANN, Gretel (2000): *Escritos*, Xarxa Feminista de Catalunya, Barcelona.
BALDERSTON, Daniel y QUIROGA, José (2005): *Sexualidades en disputa: homosexualidades, literatura y medios de comunicación en América Latina*, Universidad de Buenos Aires y Libros del Rojas, Buenos Aires.
CASTAÑEDA, Marina (2006): *La nueva homosexualidad*, Paidós, México.
CASTAÑEDA, Marina (2000): *La experiencia homosexual*, Paidós, México.
CAREAGA PÉREZ, Gloria (2001): *Orientación Sexual en la lucha de las mujeres*, El Closet de Sor Juana, México.
CAREAGA PÉREZ, Gloria y CRUZ, Salvador (comp.) (2004): *Sexualidades diversas, aproximaciones para su análisis*, Miguel Porrúa y Universidad Nacional Autónoma de México, México.
CASTREJÓN, María (2008): *... Que me estoy muriendo de agua. Guía de narrativa lésbica española*, Egales, Barcelona-Madrid.
CORDERO, Diana (2005): *Acoples subvertidos*, Fem-e-Libros, México.
ESPINOSA ISLAS, Sara (2007): *Madres lesbianas. Una mirada a las maternidades y familias lésbicas en México*, Egales, Barcelona-Madrid.
ESPINOSA MIÑOSO, Yuderkys (2007): *Escritos de una lesbiana oscura: reflexiones críticas sobre feminismo y política de identidad en América Latina*, En la Frontera, Buenos Aires.

FALQUET, Jules (2000): *Breve reseña de algunas teorías lésbicas*, Fem-e-libros, México.
FLORES, Valeria (2005): *Notas lesbianas. Reflexiones desde la disidencia sexual*, Hipólita, Rosario de Santa Fe.
FUSKOVA, Ilse y MAREK, Claudina (1994): *Amor de mujeres. El lesbianismo en la Argentina hoy*, Planeta, Buenos Aires.
GARCÍA RAYEGO, Rosa y SÁNCHEZ GÓMEZ, María Soledad (eds.) (2008): *Que sus faldas son ciclones. Representación literaria contemporánea del lesbianismo en lengua inglesa*, Egales, Barcelona-Madrid.
GIMENO, Beatriz (2005): *Historia y análisis político del lesbianismo*, Gedisa, Barcelona.
GIMENO, Beatriz (2008): *La construcción de la lesbiana perversa*, Gedisa, Barcelona.
ILLY NESS (2002): *Hijas de Adán: las mujeres también salen del armario*, Hijos de Muley-Rubio, Madrid.
JULIANO, Dolores (2004): *Excluidas y marginales*, Cátedra, Madrid.
MIRA, Alberto (1999): *Para entendernos. Diccionario de cultura homosexual, gay y lésbica*, La Tempestad, Barcelona.
MOGROVEJO, Norma (2000): *Un amor que se atrevió a decir su nombre: La lucha de las lesbianas*, Plaza y Valdés, México.
MOGROVEJO, Norma (2004): *Teoría lésbica, participación política y literatura*, Universidad de la Ciudad de México, México.
MOGROVEJO, N., PESSAH, M., ESPINOSA, Y. y ROBLEDO, G. (2009): *Desobedientes. Experiencias y reflexiones sobre poliamor, relaciones abiertas y sexo casual entre lesbianas latinoamericanas*, En la frontera, Buenos Aires.
MUJICA FLORES, Inmaculada (2007): *Visibilidad y participación social de las mujeres lesbianas de Euskadi*, Ararteko, Vitoria.
PERTUSA SEVA, Inmaculada (2005): *La salida del armario. Lecturas desde la otra acera*, Libros del Pexe, Gijón.
PISANO, Margarita (2001): *El triunfo de la masculinidad*, Surada, Santiago de Chile.
PLATERO, Raquel (coord.) (2008): *Lesbianas. Discursos y representaciones*, Melusina, Barcelona.
QUILES, Jennifer (2002): *Más que amigas*, Plaza & Janés, Barcelona.
SANFELIU GIMENO, Luz (1996*): Juego de damas: aproximación histórica al homoerotismo femenino*, Universidad de Málaga, Málaga.
SARDÁ, Alejandra y HERNANDO, Silvana. (2001): *No soy un bombero pero tampoco ando con puntillas. Lesbianas en Argentina: 1930-1976*, Editorial Bomberos y Puntillas, Buenos Aires.
SAU, Victoria (1998): *Mujeres lesbianas*, Sidecar, Valencia.
SEBASTIÁN, Núria Rita (ed.) (2006): *De otro planeta? 34 blogs mantenidos por lesbianas españolas*, Ellas, Sabadell.
SIMONIS, Angie (ed.) (2007): *Cultura, homosexualidad y homofobia. Amazonia: retos de visibilidad lesbiana*, Laertes, Barcelona.
SIMONIS, Angie (2009): *Yo no soy ésa que tú te imaginas. El lesbianismo en la narrativa española del siglo XX a través de sus estereotipos*, Universidad de Alicante, Alicante.

Trujillo Barbadillo, Gracia (2009): *Deseo y resistencia (1977-2007). Treinta años de movilización lesbiana en el Estados Español*, Egales, Barcelona-Madrid.
Vélez-Pelligrini, Laurentino (2008): *Minorías sexuales y sociología de la diferencia. Gays, lesbianas y transexuales ante el debate identitario*, Montesinos, Barcelona.
Velasco, Almudena y Palacio, Cristina (2007): *Simplemente Mujeres,* Manual de Comunicación, Madrid.
Viñuales, Olga (1999): *Identidades lésbicas*, Bellaterra, Barcelona.
Viñuales, Olga (2002): *Lesbofobia*, Bellaterra, Barcelona.
VVAA (1999*)*: *Homo. Tod@ la historia*, 24 vols., Bauprés, Barcelona.
VVAA (2008*)*: *Cuadernos de existencia lesbiana*, Librería de Mujeres, Buenos Aires.

CAPÍTULOS DE LIBROS

Bengoechea, Mercedes (1997): «Gramática lésbica. Lenguaje, sexualidad y el cuerpo a cuerpo con la madre», en Buxán, Xosé M. (ed.): *conCiencia de un singular deseo*, Laertes, Barcelona, 73-85.
Barrientos, Violeta (2008): «La lesbiana en *El segundo sexo* de Simone de Beauvoir y la teoría *queer*», en Moromisato, Doris (ed.): *La Segunda Mirada. Memoria del Coloquio «Simone de Beauvoir y los Estudios de Género»*, Flora Tristán, Lima, 42-48.
Bornay, Erika (1995): «Las hijas de Safo», en Bornay, E.: *Las hijas de Lilith*, Cátedra, Madrid, 321-337.
Everly, Kathryn (2004): «Mujer y amor lesbiano. Ejemplos literarios», en Cruz, Jacqueline y Zecchi, Bárbara (eds): *La mujer en la España actual ¿Evolución o involución?*, Icaria, Barcelona, 297-314.
Fariña Busto, María Jesús (2006): «Soy lesbiana, soy hermosa. Formulaciones de la sexualidad lesbiana en textos de escritoras hispánicas», en Buxán Bran, X. M. (ed.): *Lecciones de disidencia*, Egales, Barcelona-Madrid, 115-130.
Galván González, Victoria (2006): «Calas sobre el amor lesbiano en la literatura española anterior al siglo XX», en Delgado Cabrera, Arturo y Mateo del Pino, Ángeles (eds.): *Iguales en amor, iguales en deseo. Cultura, sexualidad y disidencia*, Aduana Vieja, Valencia, 105-142.
Guerra, María José (2001): «Juego de intersecciones o cómo se conjugan diversos vectores de discriminación», en Guerra, M. J.: *Teoría feminista contemporánea. Una aproximación desde la ética,* Instituto de Investigaciones Feministas, Universidad Complutense de Madrid, Madrid, 142-159.
Grup de Lesbianes Feministes (2001): «El vestido nuevo de la emperatriz», en Asamblea de Mujeres de Córdoba Yerbabuena: *Feminismo. Es... y será*, Universidad de Córdoba, Córdoba, 91-96.

Herrero, María Dolores (1997): «La crítica literaria lesbiana o las voces doblemente silenciadas», en Ibeas, Nieves y Millán, María Ángeles: *La conjura del olvido: escritura y feminismo*, Icaria, Barcelona, 197-212.

Llamas, Ricardo y Vila, Fefa (1997): «Spain: Pasión for live. Una historia del movimiento de lesbianas y gays en el Estado Español», en Buxán, Xosé M. (ed.): *conCiencia de un singular deseo*, Laertes, Barcelona, 189-224.

Mérida, Rafael M. (2008): «La literatura del lesbianismo y la Edad Media», en Mérida, R. M: *Damas, santas y pecadoras. Hijas medievales de Eva*, Icaria, Barcelona, 45-66.

Mogrovejo, Norma (2006): «Movimiento lésbico en Latinoamérica y sus demandas», en Lebon, N. y Maier, E.: *De lo Privado a lo Público. 30 años de lucha ciudadana de las mujeres en América Latina*, Siglo XXI, México, 195-207.

Norandi, Elina (2006): «La trilogía de Lola Van Guardia: un fenómeno de fans entre las jóvenes lesbianas», en Gil Gómez, Alicia (coord.): *Mujeres Jóvenes ¿Nuevos feminismos?*, Universitat Jaume I, Castellón de la Plana, 257-262.

Ortega, Esther (2005): «Reflexiones sobre la negritud y el lesbianismo», en Grupo de trabajo *queer* (ed.): *El eje del mal es heterosexual. Figuraciones, movimientos y prácticas feministas queer*, Traficantes de sueños, Madrid, 67-71.

Osborne, Raquel (1993): «¿Heterosexualidad versus lesbianismo?», en Osborne, R.: *La construcción sexual de la realidad. Un debate en la sociología contemporánea de la mujer*, Cátedra y Universidad de Valencia, Madrid, 111-126.

Oxbrow, Gina (2006): «Digo que estoy enamorado de ella: ¿Qué significa?» Azar, destino, sexo y amor en *La pasión* de Jeanette Winterson», en Delgado Cabrera, Arturo y Mateo del Pino, Ángeles (eds.): *Iguales en amor, iguales en deseo. Cultura, sexualidad y disidencia*, Aduana Vieja, Valencia, 173-185.

Pertusa, Inmaculada (2008): «*Dame placer*, de Flavia Company: la seducción de la pasión (textual) lesbiana», en Ferrús, Beatriz y Calafell, Núria (eds.): *Escribir con el cuerpo*, Ediuoc, Barcelona, 111-121.

Pertusa, Inmaculada y Vosburg, Nancy (2009): «Un deseo propio: a Chloe le gusta Olivia», en Pertusa, I. y Vosburg, N.: *Un deseo propio: Antología de escritoras españolas contemporáneas*, Bruguera, Barcelona, 7-44.

Petit, Jordi y Pineda, Empar (2008): «El movimiento de liberación de gays y lesbianas durante la transición», en Ugarte Pérez, Javier (ed.): *Una discriminación universal. La homosexualidad bajo el franquismo y la transición*, Egales, Barcelona-Madrid, 171-197.

Pichardo, José Ignacio (2006): «Mujeres lesbianas y derechos humanos», en Maquieira, Virginia (ed.): *Mujeres, globalización y derechos humanos*, Cátedra, Madrid, 345-398.

Pineda, Empar, Garaizabal, Cristina y Vázquez, Norma (2001): «Aquí, ¿qué pasa con el lesbianismo?», en Asamblea de Mujeres de Córdoba Yerbabuena: *Feminismo. Es... y será*, Universidad de Córdoba, Córdoba, 143-150.

Pineda, Empar (2007): «Lesbiana, yo soy lesbiana, porque me gusta y me da la gana», en Herrero Brasas, Juan A.: *Primera Plana: La construcción de una cultura queer en España*, Egales, Barcelona-Madrid, 316-325.

Platero, Raquel (2007): «Mucho más que matrimonio. La representación de los problemas de lesbianas y gays en la agenda política española», en Bustelo, María y Lombardo, Emanuela: *Las políticas de igualdad de género en España y Europa*, Cátedra, Madrid, 131-159.

Rivera Garretas, María-Milagros (1994): «Lo personal es político y la razón lesbiana», en Rivera Garretas, M. M.: *Nombrar el mundo en femenino. Pensamiento de las mujeres y teoría feminista*, Icaria, Barcelona, 113-148.

Ruiz Román, Paloma (2006): «Modos de representación de la sexualidad lesbiana: coexistiendo con la heteronormatividad», en Bosch Fiol, Esperanza; Ferrer Pérez, Victoria y Navarro Guzmán, Capilla (coords.): *Los feminismos como herramientas de cambio social*, Universitat de les Illes Balears, Palma de Mallorca, vol. I, 359-368.

Ruiz Román, Paloma y Moreno Hernández, Esperanza (2006): «La sexualidad lesbiana en Internet. Un lugar de transformación y creación de posibilidades», en Gil Gómez, Alicia (coord.): *Mujeres Jóvenes ¿Nuevos feminismos?*, Universitat Jaume I, Castellón de la Plana, 284-289.

Schwarz, Patricia (2008): «Las lesbianas frente al dilema de la maternidad», en Pecheny, Mario; Figari, Carlos y Jones, Daniel (comp.): *Todo sexo es político*, Libros del Zorzal, Buenos Aires, 193-213.

Simonis, Angie (2006): «En busca del lenguaje perdido... Sobre la crítica feminista lesbiana en España», en Simonis, A. (comp.): *Educar en la diversidad*, Barcelona, Laertes, 121-136.

Simonis, Angie (2009): «Lesbofilia: la asignatura pendiente del feminismo español», en Vigara Tauste, Ana María (dir.): *De igualdad y diferencias: diez estudios de género*, Huerga & Fierro, Madrid, 283-313.

Suárez Briones, Beatriz (1997): «Desleal a la civilización. La teoría (literaria) feminista lesbiana», en Buxán, Xosé M. (ed.): *conCiencia de un singular deseo*, Laertes, Barcelona, 257-279.

Suárez Briones, Beatriz (2001): «De cómo la teoría lesbiana modificó a la teoría feminista (y viceversa)», en Bengoechea, Mercedes y Morales, Marisol: *Transformaciones de las sexualidades y el género*, Universidad Alcalá de Henares, Madrid, 55-68.

Toda Iglesia, María Ángeles (2003): «Cómplices hostiles: las relaciones entre gays y lesbianas en la narrativa de David Leavitt y Sarah Schulman», en Parra Membrives, Eva (ed.): *Márgenes y minorías en la literatura*, Ediciones del Orto, Madrid, 193-206.

Toda Iglesia, María Ángeles (2004): «La sexualidad invisible: el caso de *Las horas*», en Palma, Miriam y Parra Membrives, Eva (eds.): *Cuerpo y género: La construcción de la sexualidad humana*, Ediciones Jerezanas, Cádiz, 363-390.

Toda Iglesia, María Ángeles (2006): «Entre mundos y mitos: imágenes de lesbianas en la narrativa chicana», en Ingenschay, Dieter (ed.): *Desde aceras opuestas. Literatura-cultura gay y lesbiana en Hispanoamérica*, Iberoamericana Vervuert, Madrid, 283-299.

Toda Iglesia, María Ángeles (2007): «¿Cuántas cervezas? Dos versiones de un cuento de Alicia Gaspar de Alba», en Espejo, Ramón et al (eds.): *Critical Essays on Chicano Studies*, Peter Lang, Berna, 245-254.

Toledo Garibaldi, Sandra Emma (2007): «La sexualidad disidente. El movimiento lésbico en México», en García, N.; Millán, M. y Pech, C. (cords.): *Cartografías del feminismo mexicano, 1970-2000*, Universidad Autónoma de la Ciudad de México, México, 161-191.

Torras, Meri (2000): «Feminismo y crítica lesbiana», en Segarra, Marta y Carabí, Àngels: *Feminismo y crítica literaria*, Icaria, Barcelona, 121-141.

Torras, Meri (2002): «Degenerando y regenerando el género: mujeres masculinizadas», en Riera, C.; Torras, M. y Clúa, I.: *Perversas y divinas. La representación de la mujer en las literaturas hispánicas: El fin de siglo y/o el fin de milenio actual*, Ex-cultura, Caracas, 125-132.

Trouillhet Manso, María (2005): «De amores miméticos más allá del orden heterosexual. *El amor es una droga dura*, de Cristina Peri Rossi y *El mismo mar de todos los veranos*, de Esther Tusquets», en Riera, C.; Torras, M.; Clúa, I. y Pitarch, P. (eds.): *Los hábitos del deseo. Formas de amar en la modernidad*, Ex-Cultura, Caracas, 549-555.

Trujillo Barbadillo, Gracia (2008): «De la clandestinidad a la calle: las primeras organizaciones políticas de lesbianas del Estado Español», en Ugarte Pérez, Javier (ed.): *Una discriminación universal. La homosexualidad bajo el franquismo y la transición*, Egales, Barcelona-Madrid, 199-223.

ARTÍCULOS DE REVISTAS

Acereda, Alberto (2002): «Gloria Fuertes. Del amor prohibido a la marginalidad», *Romance Quarterly*, Heldref, Washington, 49, 228-240.

Alfarache Lorenzo, Ángela G. (2001): «Las mujeres lesbianas y la antropología feminista de género», *Omnia. Estudios de Género*, Universidad Nacional Autónoma de México, México, 41, 91-102.

Burgos Díaz, Elvira (2003): «El pensamiento de Monique Wittig y su presencia en la teoría de Judith Butler», *Thémata: Revista de Filosofía*, Universidad de Sevilla, 31, 15-32.

Castro, Elena (2000): «Identidad lésbica y sujeto femenino: el papel de la escritura en *En breve cárcel*, de Silvia Molloy», *Letras femeninas*, Asociación Internacional de Literatura y Cultura Femenina Hispánica, Tucson, 26, 11-26.

Celaya Carrillo, Beatriz (1998): «Identidades lesbianas en España: construcción y articulación de una identidad colectiva en tres revistas españolas», *Arizona Journal of Hispanic Cultural Studies*, University of Arizona, Tucson, 2, 63-86.

CENCERRADO MALMIERCA, Luis Miguel y CEDEIRA SERANTES, Lucía (2006): «La visibilidad de lesbianas y gays en la literatura infantil y juvenil editada en España», *Educación y Biblioteca*, Organización de Estados Iberoamericanos para la ciencia y la cultura, Madrid, 18, 89-102.

CRUZ HERNÁNDEZ, Laura Alejandra (2007): «Metodología Lesbiana», *La Ventana*, Universidad de Guadalajara, Guadalajara, 25, 211-217.

CUADRA, Ivonne (2003): «La identidad lesbiana en *Dos mujeres* de Sara Levi Calderón», *Revista de literatura mexicana contemporánea*, University of Texas, El Paso, 18, 63-70.

CUADRA, Ivonne (2007): «*No me llames cariño* de Isabel Franc: la novela detectivesca lesbiana en España», *Confluencia: Revista hispánica de cultura y literatura*, University of Northern, Colorado, 2, 29-41.

DONOSO, Silvia (2002): «Generando nuevas formas de familia: la familia lésbica», *Orientaciones: Revista de Homosexualidades*, Fundación Triángulo, Madrid, 4, 67-86.

D'UVA, Mónica (2003): «Poder y control en el relato biográfico. Un caso paradigmático: Alejandra Pizarnik», *Orientaciones: Revista de Homosexualidades*, Fundación Triángulo, Madrid, 6, 127-136.

GÓMEZ, Ana (2002): «Parejas lesbianas y maternidad en la Psicología», *Orientaciones: Revista de Homosexualidades*, Fundación Triángulo, Madrid, 4, 43-66.

MARTÍNEZ I ÀLVAREZ, Patrícia (2008): «Decir el amor como política lesbiana: reinvenciones de lo religioso en textos de mujeres (Europa y América, siglos XII-XVII)», *Debate feminista*, México, 38, 193-234.

MARTÍNEZ I ÀLVAREZ, Patrícia (2008): «De la querencia y del amor: reflexiones sobre política lesbiana a partir de documentos de mujeres religiosas en América y Europa (ss. XII-XVII)», *Duoda. Estudios de la diferencia sexual*, Centre de Recerca de Dones de la Universitat de Barcelona, Barcelona, 34, 75-110.

MOLLOY, Silvia (1999): «De Safo a Baffo: diversiones de lo sexual en Alejandra Pizarnik», *Estudios: revista de investigaciones literarias*, Universidad Simón Bolívar, Caracas, 3, 133-140.

NORANDI, Elina (2008): «La Trilogía de Lola Van Guardia», *Duoda. Estudios de la diferencia sexual*, Centre de Recerca de Dones de la Universitat de Barcelona, Barcelona, 34, 209-217.

PLATERO, Raquel (2006): «¿Invisibiliza el matrimonio homosexual a las lesbianas?», *Orientaciones: Revista de Homosexualidades*, Fundación Triángulo, Madrid, 10, 103-120.

PLATERO, Raquel (2007): «Matrimonio entre personas del mismo sexo e identidad de género: Los límites de la igualdad», *América Latina en Movimiento: Sexualidades Disidentes. Diversidades II*, ALAM, Quito, 420, 32-34.

PRIEGO, María Teresa (1997): «Selena: la reina del *Chili Beans*», *Debate Feminista*, México, 16, 243-247.

QUIROZ ENNIS, Rossana (1998): «Sobre la etimología de la tortilla», *Debate Feminista*, México, 18, 269-277.

Rodríguez Martínez, Pilar (2003): «Crítica lesbiana: lecturas de la narrativa española contemporánea», *Feminismo/s: revista del Centro de Estudios sobre la Mujer de la Universidad de Alicante*, Universidad de Alicante, Alicante, 1, 87-102.

Rodríguez Barberá, María Jesús (2006): «Safo de Lesbos», *Ateneo: Revista cultural del ateneo de Cádiz*, Cádiz, 6, 125-132.

Ruiz, Bladimir (2004): «Las fronteras sexuales de la identidad: Lesbianismo y feminismo en *Amora* de Rosamaria Roffiel», *Letras Femeninas*, Asociación Internacional de Literatura y Cultura Femenina Hispánica, Tucson, 30.2, 143-166.

Sánchez Amillategui, Fernando (2002): «Evolución del movimiento lesbiano y gay o ¿que sea posible un nuevo paradigma generacional?», *Orientaciones: Revista de Homosexualidades*, Fundación Triángulo, Madrid, 4, 113-128.

Sardá, Alejandra; Posa, Rosa María y Villalba, Verónica (2005): «Lesbianas en América Latina: de la inexistencia a la visibilidad», *Orientaciones: Revista de Homosexualidades*, Fundación Triángulo, Madrid, 9, 37-53.

Torras, Meri (2006): «Adicciones y complicidades: Placer, cuerpo y lenguaje o la osadía narrativa de Flavia Company», *Arbor*, CSIC, Madrid, 721, 623-633.

Vila Núñez, Fefa (1995): «Sobre silencios y omisiones: siendo lesbiana en América Latina», *Cuadernos de África y América Latina: Revista de análisis sur-norte para una cooperación solidaria*, Sodepaz, Madrid, 19, 61-66.

LAS AUTORAS

ELINA NORANDI es profesora titular de Historia del Arte en la Escuela Superior de Arte y Diseño *Llotja* de Barcelona. Máster en Estudios de las Mujeres por el Centro de Investigación Feminista *Duoda* de la Universitat de Barcelona, al que pertenece como investigadora y profesora. También imparte clases, como profesora invitada, en el programa de diplomatura «El feminismo en América Latina: Aportaciones teóricas y vindicaciones políticas» de la Universidad Nacional Autónoma de México (UNAM). Ha publicado numerosos artículos y ensayos, en diversos medios, relativos a la iconografía artística producida por mujeres y a la representación plástica y literaria de la experiencia lesbiana.

ANGIE SIMONIS es licenciada en Filología Hispánica y cursa el doctorado en el Centro de Estudios de la Mujer de la Universidad de Alicante. Hasta ahora sus investigaciones se han centrado en el lesbianismo y su trabajo en impartir talleres sobre cine, literatura y mitología de mujeres como medio de fomentar el feminismo, difundiendo su cultura y tradición. En 2007 vio la luz el proyecto de edición *Amazonia: retos de visibilidad lesbiana* (*Volumen 2* de *Cultura, Homosexualidad y Homofobia*), Editorial Laertes, (en colaboración con Félix Rodríguez González) y en 2005 la compilación *Educar en la Diversidad*, Barcelona, Laertes.

ELENA CASTRO es doctora en Literatura Hispánica por la Universidad de Texas en Austin (EEUU) y licenciada en Filología Hispánica, con especialidad en literatura, por la Universitat de les Illes Balears. En la actualidad es profesora titular de literatura contemporánea española en Louisiana State University, Baton Rouge (EEUU). Es especialista en poesía y su investigación, dentro de la crítica poética, se centra en los estudios de género, teoría *queer* y los estudios culturales. Entre otros ensayos ha publicado diversos artículos sobre la poesía lésbica española y en la actualidad trabaja en un libro sobre el mismo tema.

NORA ALMADA es arquitecta y Máster de Literatura Comparada-Estudios Culturales. Especializada en literatura de autoras, es coordinadora de talleres de escritura creativa y lectura crítica. Ha sido integrante del Grupo de gestión para la apertura del Centro de Cultura de dones Francesca Bonnemaison. Es responsable de contenidos de *Literata, agenda literaria de Barcelona* y ha escrito artículos de arquitectura en *El Dominical* de *El Periódico de Cataluña, Espais Mediterranis, Interiores* y *Casa viva*. Como poeta ha publicado *Desnudario* (Sevilla, 2007) y ha participado en numerosas antologías.

María Castrejón Estudió Filología Hispánica en la Universidad Complutense de Madrid. En la actualidad está concluyendo la tesis doctoral centrándose ya por completo en la narrativa lesbiana española. Sus publicaciones son las siguientes: colaboración en la antología de literatura femenina *La vida escrita por mujeres* IV, haciendo referencia a la narrativa de Esther Tusquets y Ana María Moix, publicada por Círculo de Lectores en 2003; en 2004 participó con un capítulo acerca de la novela *Lo raro es vivir* en un monográfico sobre Carmen Martín Gaite para Ediciones del Orto, y en 2008, ha publicado ... *Que me estoy muriendo de agua. Guía de narrativa lésbica española* con la Editorial Egales.

Meri Torras es profesora de Teoría de la Literatura y Literatura Comparada en la Universitat Autònoma de Barcelona. Es coeditora de *Feminismos literarios* (1999) y de *Corporac(c)iones* (2008), así como editora de «Cuerpos. Géneros. Tecnologías» (2004), *Corporizar el pensamiento. Escrituras y lecturas del cuerpo en la cultura occidental* (2006) y *Cuerpo e identidad* (2007). Ha publicado los ensayos *Soy como consiga que me imaginéis. La construcción de la subjetividad en las autobiografías epistolares de Gertrudis Gómez de Avellaneda y Sor Juana Inés de la Cruz* (2003) y *Tomando cartas en el asunto. Las amistades peligrosas de las mujeres con el género epistolar* (2001).

María Ángeles Toda Iglesia es profesora titular del Departamento de Literatura Inglesa y Norteamericana de la Universidad de Sevilla y miembro del Grupo de Investigación «Estudios Norteamericanos». Sus líneas de investigación incluyen la narrativa norteamericana reciente de temática lésbica y la literatura británica del siglo XIX, en particular novela de aventuras y literatura homosexual, desde una perspectiva de estudios de género y postcoloniales. Es autora de *Héroes y amigos: el amigo del héroe en la novela de aventuras británica, 1880-1914*, y de artículos y capítulos de libro sobre H.R.Haggard, G.A. Henty, Oscar Wilde, E.M. Forster, David Leavitt, Sarah Schulman y autoras chicanas lesbianas.

Jackie Collins es profesora asociada del departamento de Idiomas Modernos en la Universidad de Northumbria (Inglaterra). Su campo de investigación tiene como enfoque la representación literaria y cinematográfica de las culturas lésbicas en la España contemporánea. Ha publicado varios artículos sobre la obra de Lola van Guardia/Isabel Franc dentro del ámbito de la novela detectivesca. Últimamente prepara dos tomos, una antología que se titula *Lesbian Realities/Fictions in Contemporary Spain* y *Crime Scene Spain: Investigations of Place in Contemporary Spanish Crime Fiction*, una colección de artículos sobre la novela negra española.

Violeta Barrientos Silva es doctora en Literatura por la Universidad de París 8. Egresada de la maestría de sociología política de la Universidad Nacional Mayor de San Marcos (Perú). Trabajó durante diez años en el área de derechos humanos y violencia política en América Latina, los derechos sexuales y de la mujer, y actualmente en la no discriminación y erradicación de la homofobia. Ha ejercido la docencia en los programas de Género y de Literatura de la UNMSM. Es poeta y ha publicado numerosos artículos de crítica literaria y sobre diversidad sexual.

Thais Morales es licenciada en Periodismo por la Universitat Autònoma de Barcelona. Ha publicado cuentos, poesía y dos novelas *Efecto retrovisor* y *Una aparición inesperada*. Especialista en temas de historia del lesbianismo también ha publicado los ensayos «Pulp lésbico: el género del deseo» en *Cultura Homosexualidad y homofobia. Amazonia: retos de visibilidad lesbiana de* Angie Simonis (eda.), y «La invisibilitat lesbiana en el franquisme», además de artículos y reportajes en revistas como *Nosotras, Dos punto dos, Sales* y *Zero*.

Títulos de la Colección
G

Identidad y diferencia
Juan Vicente Aliaga
José Miguel G. Cortés

Galería de retratos
Julia Cela

El libro de los hermosos
Edición de Luis Antonio de Villena

En clave gay
Varios autores

Lo que la Biblia realmente dice sobre la homosexualidad
Daniel H. Helminiak

hombres de mármol
José Miguel G. Cortés

Hasta en las mejores familias
Jesús Generelo

De Sodoma a Chueca
Alberto Mira

La marginación homosexual en la España de la Transición
Manuel Ángel Soriano Gil

Sin derramamiento de sangre
Javier Ugarte Pérez

Homosexualidad: secreto de familia
Begoña Pérez Sancho

10 consejos básicos para el hombre gay
Joe Kort

Teoría Queer
David Córdoba, Javier Sáez y Paco Vidarte

Los homosexuales al rescate de la civilización
Cathy Crimmins

Primera Plana
Juan Antonio Herrero Brasas (ed.)

El vestuario de color rosa
Patricia Nell Warren

Sin complejos: guía LGTB para jóvenes
Jesús Generelo

El marica, la bruja y el armario
Eduardo Nabal Aragón

**Ética marica.
Proclamas libertarias para una militancia LGTBQ**
Paco Vidarte

Madres lesbianas en México
Sara Espinosa Islas

**Amor sin nombre.
La vida de los gays y las lesbianas en Oriente Medio**
Brian Whitaker

**Una discriminación universal.
La homosexualidad bajo el franquismo y la Transición**
Javier Ugarte Pérez

**Tal como somos:
un libro de autoayuda para gays, lesbianas,
transexuales y bisexuales**
Manuel Ángel Soriano

Del texto al sexo:
Judith Butler y la performatividad
Pablo Pérez Navarro

Masculinidad femenina
Judith Halberstam

... que me estoy muriendo de agua.
Guía de narrativa lésbica española
María Castrejón

El laberinto queer
Susana López Penedo

Miradas insumisas.
Gays y lesbianas en el cine
Alberto Mira

Tu dedo corazón.
La sexualidad lesbiana: imágenes y palabras
Paloma Ruiz
Esperanza Romero

Que sus faldas son ciclones
Rosa García Rayego (eds.)
y Mª Soledad Sánchez Gómez

Deseo y resistencia.
Treinta años de movilización lesbiana
en el Estado español (1977-2007)
Gracia Trujillo Barbadillo

Identidad y cambio social.
Transformaciones promovidas por el movimiento
gay/lesbiano en España
Jordi M. Monferrer Tomás

Ellas y nosotras.
Estudios lesbianos sobre literatura escrita en castellano
Elina Norandi (coord.)